関西学院大学研究叢書　第112編

求償権の基本構造

統一的求償制度の展望

渡邊 力
Tsutomu Watanabe

関西学院大学出版会

求償権の基本構造
――統一的求償制度の展望

渡邊　力

はしがき

　本書は、2001年から2004年にかけて発表した3つの論文（後掲・初出一覧参照）をもとにして、2005年に名古屋大学大学院法学研究科博士課程へ提出した学位論文に若干の加筆・修正を施したものである。

　本書が研究対象とする「求償権」は民法のさまざまな場面で問題とされており、これまで多様な議論が繰り広げられてきた。それにもかかわらず、求償権にはいまだに不明瞭な点が数多く存在している。また、求償権に関する議論そのものが不十分な箇所も少なくない。このような状況のもと、近時の裁判例に数多く現れてきているように、とりわけ保証人の代位弁済者としての地位を保護・強化することが強く要請されている。そのためには、解釈論上、「保証人の求償権」の実態、すなわち実質的根拠を明確に把握することが不可欠であろう。また、実務的に重視される保証の場面に限らず、一般的に代位弁済者の地位の確立を考えるならば、民法で問題とされる各種求償権の実質的根拠を明確化する必要が認められる。さらには、民法改正という将来像を見据えるならば、究極にはそれらを包含した求償制度の確立が望まれるのではなかろうか。

　もとより、そのすべてを現時点で明らかにするには時間的にも能力的にも限界がある。それのみならず、本書で採用する帰納的な研究手法をもってすると、まずは各求償場面における従来の議論を題材として一定命題の抽出を試みたうえで、この命題の真偽または妥当性を世に問う必要があるだろう。この意味で、本書は統一的求償制度の構築に向けた「基礎研究」と位置づけられる。このような試みが功を奏し、各求償権の実質的根拠および機能に関する共通命題ないし共通枠組に対して一定の評価が与えられるならば、つたない本書を世に出す価値が多少なりとも存在するといえよう。

　本書は私にとってはじめての論文集である。ここにいたるまでには、数多くの方々のご助力をいただいた。とりわけ加賀山茂先生（現明治学院大学大

学院教授)には、大阪大学法学部の専門ゼミに始まり、同大学大学院修士課程、および名古屋大学大学院博士後期課程でのご指導にいたるまで、はかり知れない学恩を受けている。今にして思えば、学部生のときに、——おそらくは「もっと勉強しなさい」という趣旨であったと思われるが——『模範六法』を頂戴したことが、民法・解釈学の世界に興味を抱くきっかけとなった。のちに加賀山先生が名古屋大学に転任されたことを受けて、大阪大学大学院修士課程において、潮見佳男先生(現京都大学大学院教授)に修士論文および本書の出発点となった補助論文のご指導を賜った。その際に赤字で丁寧に修正していただいた草稿は、いまだに手元にあって、折に触れての発奮材料となっている。また、千葉恵美子先生(現名古屋大学大学院教授)にも、修士論文の審査に加わっていただいたことがご縁となり、さらには時期を同じく名古屋大学に転任されたということもあって、公私にわたって大変お世話になっている。このように、まったくタイプの違う3人の先生方に親しくご指導をいただく機会に恵まれたことで、ひとつの問題をさまざまな角度から検討できることを教わった。その一方で、3人の先生方に共通する明確な点がある。それは、民法学に対する大変に熱くも真摯な研究姿勢である。私自身、その熱波に打たれて研究を進めてきたところが大きいが、これからは私自身のうちに強力な推進力のある熱源を持ちたいと願っている。

　他方で、名古屋大学時代には、加藤雅信先生、伊藤高義先生の大学院ゼミに参加させていただき、語りつくせない多くのものを得ることができた。さらに、名古屋大学には多くの院生諸氏が在籍していたが、途中でやってきた私を大変に温かく迎えてくれた。専門分野を超えて議論のできる自由な雰囲気に触れた3年間は、大変有意義なものであった。このように、よき先生、よき先輩、よき友人に恵まれたことは、私の人生にとってこの上ない幸せである。この場を借りて、心より御礼を申し上げたい。

　最後に私事にわたるが、私の父はスポーツ科学の分野で研究・教育を36年間にわたってまっとうし、2005年3月に大学を定年退官した。私には何も言わない父であったが、ここにいたるまでには相当な苦労をかけてきた。奇しくも私の博士号取得と父の定年退官の時期が重なったことは、せめてもの恩返しになっただろうか。また、これまでやさしく見守ってくれた母と兄

弟姉妹には感謝しきれない思いがある。さらには、学部生・院生時代に耳の病気で何度も入院・手術を余儀なくされたとき、その後も何かと大変なときにあたって私を温かく支えてくれた妻理恵の存在なくしては、本書は成り立ちえなかったことを申し添えさせていただきたい。

　本書の刊行は、関西学院大学からの出版助成によって可能となった。関西学院大学の長い歴史と素晴らしい伝統に思いを馳せながら、関係者各位のご助力に心より謝意を表したい。また、本書の上程をお引き受けくださった関西学院大学出版会、とりわけ事務局の田中直哉氏と浅香雅代氏に厚く御礼を申し上げる。

　　　2005 年 12 月

　　　　　　　　　　　　　　　　　　　　　　　　　　　　　　渡邊　力

〈目　次〉

はしがき ——————————————————————— 3

序　章 ——————————————————————— 11
　　1　問題背景と議論状況
　　2　問題の所在と分析視角

第1章　求償権に関する従来の議論 ————————————— 27
　　第1節　詳細な求償関係規定が存在する場合　28
　　　　第1款　連帯債務における求償関係
　　　　第2款　保証における求償関係
　　　　第3款　物上保証における求償関係
　　第2節　詳細な求償関係規定が存在しない場合　59
　　　　第1款　共同不法行為における求償関係
　　　　第2款　使用者責任における求償関係
　　　　第3款　第三者弁済における求償関係
　　　　第4款　その他の求償場面
　　第3節　弁済による代位と求償権の関係　93

第2章　求償権の統合可能性 ──共通枠組の抽出── ——————— 119
　　第1節　緒論　119
　　第2節　各求償権の根拠に関する横断的検討　120
　　　　1　序説
　　　　2　横断的検討
　　　　3　根拠面での統合可能性
　　第3節　事後求償権の統合可能性　130
　　　　1　共通枠組の提示
　　　　2　問題点
　　第4節　事前求償権の特殊性　134
　　　　1　事前求償権の根拠および事後求償権との関係
　　　　2　他の場面への類推適用の問題

第3章　求償型不当利得論 ──不当利得による求償権 ──────── 141
　　第1節　緒論　141
　　第2節　日本における求償型不当利得論　142
　　　　1　適用場面
　　　　2　実質的根拠
　　　　3　要件および効果
　　第3節　ドイツにおける求償型不当利得論　148
　　　　1　学説紹介
　　　　2　ドイツ求償型不当利得論のまとめ
　　第4節　小括 ──求償型不当利得の判断枠組　164
　　　　1　適用範囲に関する準則
　　　　2　実質的根拠および機能
　　　　3　要件および効果

第4章　実質的根拠面での求償権統一化 ──────────── 179
　　第1節　緒論　179
　　第2節　求償権の実質的根拠および機能
　　　　　──求償型不当利得との関係　180
　　　　1　不当利得の実質を指摘する見解
　　　　2　不当利得による求償権
　　　　3　委任および事務管理による求償権
　　　　4　求償権の実質的根拠および機能
　　第3節　求償権統一化の可能性と必要性　188

第5章　錯誤無効の場面における求償権 ──────────── 193
　　第1節　緒論　193
　　第2節　ドイツの裁判例　196
　　　　1　序説
　　　　2　分析
　　　　3　検討
　　第3節　ドイツの学説　206
　　　　1　序説

　　　　　2　肯定説
　　　　　3　否定説
　　　　　4　折衷的見解
　　　　　5　小括
　　　第4節　日本での展開可能性　212
　　　　　1　序説
　　　　　2　想定される場面の検討
　　　　　3　選択権の可否
　　　第5節　小括　218

第6章　統一的求償制度への架橋 ──────────── 223
　　　第1節　緒論　223
　　　第2節　メディクスの求償制度論　224
　　　　　1　求償の意義および目的
　　　　　2　求償の手段
　　　　　3　求償の根拠
　　　　　4　小括
　　　第3節　日本における統一的求償制度の素描　232
　　　　　1　緒論
　　　　　2　要件および効果面での統一化の視点
　　　　　3　統一的求償制度としての枠組の提示

結　章　まとめと展望 ──────────────── 265
　　　　　1　本書のまとめ
　　　　　2　今後の展望

　　　初出一覧　274
　　　索引　275

序章

1　問題背景と議論状況

(1)　用語の統一性と議論の個別性

　ある者が債務者に代わって債務を弁済した場合に、弁済者が債務者に対して求償するという関係は、我々の生活において種々の場面で問題となる。このような関係を規律するにあたって、民法上、「求償」ないし「求償権」という言葉が随所にみられる[1]。一般的には、「求償」とは「賠償または償還を求めること」とされ、「求償権」とは「弁済その他自己の出捐をもって他人の債務を弁済した者がその他人に対して有する償還請求権」と定義づけられている[2]。また、法律用語辞典によれば、「求償」とは「一般的には、弁済した者が、他人に対してその返還又は弁済を求めること」とされ[3]、「求償権」とは「弁済した者が、他人に対して、その返還又は弁済を求める権利」とされる[4]。このように用語の問題としては、連帯債務、保証または使用者責任の場面を主として念頭において、求償関係が統一的に説明されている[5]。しかし、具体的な適用場面を想定し、要件・効果の問題を考えるならば、求償権を個別の場面ごとに考察することが一般的である[6]。

(2)　場面の整理

　求償関係が問題とされる具体的場面については、民法の規定形態によって、①詳細な求償規定が存在する場合、②「求償」ないし「求償権」という用語が用いられているが、詳細な規定が存在しない場合、③規定が存在しない場合とに分けられよう。まず①の場面の例として、連帯債務者相互間（民法442-445条）、保証人・債務者間（民法459-464条）、物上保証人・債務者間（民法351条または372条）の求償関係がある。さらに、連帯債務者間

の求償権規定を準用するものとして、共同保証人間の求償関係（民法465条）がある。次に②の場面の例として、錯誤で他人の債務を弁済した場合における弁済者・債務者間（民法707条2項）、使用者責任における使用者・被用者間（民法715条3項）、土地工作物責任における土地所有者または占有者と他の有責者間（民法717条3項）の求償関係がある。さらに、担保目的物を第三者が取得した場合にも求償関係が問題とされ、担保権者に費用を支出した買主は売主に対して「その費用の償還を請求できる」と規定されている（民法567条2項）。最後に③の場面の例として、使用者責任における被用者から使用者への求償権（いわゆる逆求償）、共同不法行為者相互間の求償関係、および第三者弁済における弁済者・債務者間の求償関係がある。これら③の場面では、直接の求償関係規定は存在しないと考えられており、学説および判例によって解釈論上「求償権」の存否が問題とされている[7]。

　本書では、求償関係に関する詳細な規定の存否という視点から、上記①の場面とそれ以外の場面とに二分して検討を進める。

(3) 解釈問題の乱立する現状

　以上のような各種の求償関係において、求償権の根拠および要件・効果をいかに捉えるかが立法当時から大いに争われてきた。たとえば③の場面のように、根拠規定の存在しない場合には、求償権の成否自体が大いに争われてきた。さらに言えば、このように求償権の成否に議論が集中した結果として、要件・効果論にはなかなか議論が立ち入っていない感がある。たとえば、全部義務を履行した共同不法行為者の「求償しうる範囲」が明確でないにもかかわらず、ほとんど議論されていない。このような現状のもとで、果たして共同不法行為者の一人が他の共同不法行為者に先んじて全部義務を履行したがるであろうか。他方で、②の場面のように条文上で単に「求償」ないし「求償権」という語が用いられているだけでは、権利の実態が明確とはいえない。そこで、このような場面でも求償権の根拠および要件・効果が争われている。これに対して、前記①の場面のように詳細な求償規定がおかれている場合には、要件および効果面に一定の明確性が担保されている。しかし、求償権の

実質的根拠については大いに争われている。このように、求償権に関しては、いまだに重要な問題点が数多く積み残されているといえよう。

　本書では、求償権の実質的根拠の解明に重点をおくことから、個別具体的な解釈論の展開には踏み込まない。しかし、実践的な問題解決の視点から遠く離れてしまわないためにも、ここで具体的な問題点を確認しておきたい。第一に、前記①から③の場面で、それぞれ求償権の根拠をいかに解するか見解が分かれている。とりわけ、使用者責任における「逆求償」には根拠条文がなく、その根拠をいかに解するかが重要な問題とされている。また受託保証人の事前求償権についても、保証人による出捐より前に求償権が認められる点に特殊性があることから、実質的根拠ないし法的性質が大いに争われている。第二に、各所で求償権の「要件」に関する問題点が指摘されている。たとえば、連帯債務および共同不法行為の場面において、「各自の負担部分を超える弁済」が必要か否かが争われている。これに関して、連帯債務における通説は当該要件を不要と解する一方で、共同不法行為における通説はこれを必要と解しており、両場面で解釈に相違がある。さらに、この両場面で各債務者の負担部分の決定規準が問題とされている。第三に、求償権の「効果」面でも様々な争いが存在している。たとえば、求償権の制限事由として、連帯債務では弁済者による「通知」が必要とされ（民法 443 条）、これが保証にも準用されている（民法 463 条）。そして、このような「通知」が共同不法行為でも必要とされるか否かが問題となりうる。他方で、共同不法行為のように求償権を直接規定する条文が存在しない場合には、求償権の行使範囲が問題となる。さらに、使用者責任の場面では、使用者が被用者に求償しうる範囲を制限すべきかが争われている。第四に、以上のような求償権の根拠および要件・効果についての争いに加えて、弁済による代位の法的性質が問題とされている。とりわけ、弁済によって移転する原債権と求償権との関係が大いに争われており、重要判例がいくつか存在する。

（4）　問題解決の必要性

　以上のように、求償権に関する議論は多岐にわたり、長らく混迷状態にあ

る。しかし、近時とりわけ保証の場面で重要視されているように、「他人の債務を弁済した者」の法的地位を確立する必要が認められる。このような地位の確保によって、保証人をはじめとする代位者による弁済が促進され、ひいては債権回収の保護・強化にも資することとなる。したがって、求償権に関する混迷状態を早急に打開する必要があることは衆目の一致するところであろう。すなわち、求償権という権利の判断枠組[8]を明確化する必要があるということである。そしてそのためには、まず求償権の実質的根拠および機能を明らかにすべきである。なぜなら、ある権利に関して、その実質的根拠および機能が明らかとなることによって、はじめてこれに適した形で要件・効果を導き出しうるからである。しかしながら、求償権の実質的根拠および機能自体が、従来から激しく議論されているにもかかわらず、いまだに解明されているとは言い難い。これこそが、現状のような混迷状態の続く主な原因であるといえよう。そこで、この点に関する従来の議論を詳細かつ客観的に分析および検討することによって、まずは求償権の実質的根拠および機能を明確に把握する必要がある。

(5) 本書の基本コンセプト

　上述した各求償権を検討するにあたっては、従来のように個別の場面ごとに検討するのではなく、求償権の判断枠組を統一的に把握するという視点が有意義である。なぜなら、「求償権」という用語が統一的に使用されているからというだけでなく、求償権が問題となる場面に「一定の共通性」が存在するからである。

　たとえば、連帯債務と連帯保証とは極めて類似の法状況にあることが認識されている。実際のところ、負担部分が0対100の連帯債務の場面を想定すれば、連帯保証の場面とほとんど区別がつかないことが理解できよう。それにもかかわらず、両場面に適用される求償権規定は、前者が連帯債務の民法442条であり、後者が保証の民法459条以下である。このような両場面の極度の類似性にもかかわらず、連帯債務と保証という二つの場面で求償権規定の根拠が異なると解することは、はたして妥当なのであろうか。

他方で、物上保証人が自己の担保物件の喪失を阻むために債務者の債務を弁済した場合には、保証の求償権規定が準用される（民法351条または372条）。その一方で、この場面は利害関係を有する第三者の弁済にも該当する（民法474条）。そこで、このような物上保証人が債務を弁済した場面を想定するならば、物上保証における求償権と第三者弁済における求償権とは同一の権利であるか、少なくとも同種の性質を有するとの予測が立つ。さらには、物上保証に保証の求償権を準用していることから、物上保証と保証の求償権、または保証と第三者弁済の求償権も、実は同一の性質を有する権利だといえるのではなかろうか[9]。

かりに、上述のような一定の共通性を前提としうるならば、従来、共通の基盤が存在する問題状況であったにもかかわらず、各場面を切り離して検討してきたことが、現在のように議論の錯綜する一因になっていると指摘できる。もう少し踏みこんで言えば、先にあげた様々な争いに対して、統一的な視点を得ることによって一定の解釈指針を導きうるということである。具体的には、各求償権の実質的根拠ないし機能面に共通性が認められるならば、「原則として」求償権の要件および効果を統一的に解すべきことになる。そのうえで、各場面に個別の相違点が認められ、かつその相違点を反映した解釈が必要であれば、「例外的に」異なった解釈が可能になる。少なくとも従来の議論には、このような統一的視点から問題を解決しようという意識が低かったといえるであろう。

ところで、各求償権の実質的根拠および機能を解明するにあたって、不当利得による求償権（いわゆる求償型不当利得）の判断枠組に関する議論が参考になる。なぜなら、不当利得の機能面での類型化の議論にともなって、「不当利得による求償権」の実質的根拠および機能に関して一定の議論が蓄積されているからである（求償型不当利得論）。さらには、求償型不当利得の適用場面を考察する際に、他人の債務の弁済と目される事例を対象として広く共通の枠組で捉えている点も、統一化の視点を得るにあたって参考となろう。そこで、実質的根拠および機能面で求償権統一化の視点を導くためには、求償型不当利得の判断枠組の検討がひとつの分析視角となり、そこから一定の示唆を得ることができると考える。

ここまで、求償権の問題状況を整理しつつ、本書の基本コンセプトを簡単に述べた。次に、その際に重要となる求償権統一的把握の視点および求償型不当利得論から得られる示唆について、本論に入る前にさらに詳しい説明を加えつつ、本書の目的を達成するための具体的な課題を明示しておく。

2　問題の所在と分析視角

(1)　従来の個別検討の流れ

前述のように、求償規定の有無を問わず、求償権は従来様々に論じられてきた。とりわけ、ここ数十年、信用保証協会による保証において、求償権の行使による出捐の回収という役割が高まってきたこともあり、保証人の有する求償権の重要性が再認識されている。従来、保証を含む各種の求償関係は、発生原因である債権者と弁済者との外部的関係に付随する問題として、それぞれの事案ごとに個別に議論されてきた。学説上、求償関係が問題となる場面を横断的、統一的に論じるものはほとんどみられない。これは、そもそも求償権という権利を統一的に捉えようとすること自体が無理かつ無意味であると理解されてきたからである。このことは、柚木見解に端的に現れているので、ここで詳しくみておくことにする[10]。

当該見解は、「およそ民法典の諸所に散在している求償制度を一括して、これを綜合的に把握検討しそれによって統一的な理論を発見することができれば、……というほのかな期待のもとに……、諸種の求償制度を徹底的に再検討してみると、かような試みが不可能であるばかりでなく無意味なものですらある。ということがようやく判明するに至ったのである」と述べる。これに続けて、そもそも求償という語のニュアンスが曖昧であることを指摘したうえで、求償を三つの場面[11]に分類する。そして、「いずれも、法律が色々な見地から一応確定した関係が、実質的な見地からみて公平を失する場合に、これを内部的に清算し直す制度である。という点において軌を一にする」との共通点を認めながらも、「三者共通の要素は全くこれだけなのであって、

求償権の根拠・要件ないし効果等はそれぞれについて全く異なるものであって、これを統一的に把握するということは、解釈論としてはもちろん、立法論としても到底これを考えることをえないものである」と断ずる。さらに続けて、せめて共通性が問題となりうるものとして、連帯債務者の一人または保証人（ないし物上保証人）の求償権を統一的に理解しうるか否かという点があると指摘したうえで、「一見両者の間に強い親近関係が存するかのようにみられるのであるけれども、両者が全く異なった制度であることは、大陸の法制が両者を全く別個の場所で規律し、その求償権に関する規定も用語も全く別異である。という事実からもこれを理解することができよう」という。そして、フランス、ドイツおよびスイスの法制度を概観し、「こういう次第で、連帯債務と保証債務との両者についてすら、その『求償権』を統一的に把握することは、困難でもあり無意義でもある」と結論づける。このような理解が、現在においても一般に支持されていると思われる。

　しかし、求償権という権利を統一的に把握することが、解釈論として困難であり、かつ無意義であるということに対して、一切疑問の余地はないのであろうか。本書の目的は、このような従来の理解に疑問を投じ、求償権の統一的把握が不可能であるのか、そして、そもそも意義なきことであるのか、という点について再考を試みることにある。そのため、求償権が問題となりうる場面を統一的に把握することの意義ないし必要性を次に考える。

(2) 統一化の意義ないし必要性

　求償が問題となる場面には極度の類似性が認識されることがある。たとえば、先述のように、連帯債務と連帯保証、物上保証と利害関係のある第三者弁済、ないしは保証の場面を見比べると分かりやすい。このような類似の状況において、ある者が同様の行為をなしたにもかかわらず、場面ごとにまったく異なった法的評価を受けることになれば、著しく法的安定性を欠くことになるだろう。ひいては行動の規準を奪われる結果となる。そこで、場面ごとに類似性が想定されるのであれば、同様の法的評価を与える法の解釈が必要となることには言を待たない。

その際に問題となるのは、場面ごとの「類似性」の有無をどのような視点で判断すべきかということである。これに関して、先にも触れたように、求償権の判断枠組を明らかにするためには、まずは求償権の実質的根拠および機能を解明する必要がある。なぜなら、求償権の実質的根拠および機能が明確化されることによって、はじめてその実質的根拠および機能に資するように要件・効果が確定されうるからである。したがって、法的安定性を有する求償制度の確立にとっては、各種求償権の「実質的根拠および機能面での同質性」の有無の解明が重要になる。

　かりに求償関係が問題となる場面相互間に強度の類似性、すなわち「実質的根拠および機能面での同質性」が明らかにされたとすると、これらの場面を個別に検討することは、統一的法秩序内にある他の類似の利益状況との整合性を見誤る可能性を生じさせる。したがって、このような同質性が明らかにされたならば、むしろ求償関係を個別に検討することは妥当でないということになる。

　さらに言えば、求償権が問題となる場面間に基本的な共通性を認識できるならば、従来個別に検討されてきた各求償権について比較検討の基盤を整備することができる。このような準備作業を経ることによって、共通性を基礎においた統一的視点に立って、場面ごとの具体的な相違点を反映させつつ、導入部であげた要件および効果面での争いに一定の解決指針を与えることが可能となるであろう。

(3)　課題設定①　── 統一的把握の可能性を探る

　それでは、求償権を統一的に把握することが「困難」という点について、このような統一的把握の可能性は、現実的に存在しないのであろうか。繰り返し述べているように、連帯債務と連帯保証、物上保証と第三者弁済の場面には、極度の類似性が認められる。それのみならず、連帯債務における求償権を保証と関連させて説明する見解、また、いわゆる不真正連帯債務における求償関係を連帯債務における求償関係との関連で把握する見解が有力に主張されている。この問題に関して、先に引用した柚木見解自身も指摘してい

るように、「求償権」が問題となる場面に、少なくとも何らかの共通しうる要素はありそうである。たしかに、これにつき「衡平（公平）」という共通性があるといってみても、法的な説明にはならないと批判されることは正当である。しかし、単に衡平というだけでなく、「求償権の実質的根拠および機能面での同質性」を具体的に説明できるのであれば、求償権の判断枠組を統一的に把握することは可能といえるのではなかろうか。この問題について、林見解が示唆に富む指摘をしているので、次にみてみよう[12]。

　この見解は、「債権は本来債務者が弁済し、債務内容を実現するものであるが、保証人や物的担保提供者が、代わって弁済することも多い。金融取引では、債権の確保のために、そのような場面はしばしば生ずることである」という。これに続けて、「しかし、本来の債務者でないものが、弁済その他の方法で債務を消滅させると、本来の債務者は何らの出捐もなく債務から免脱され、その第三者は、何らの債務も負わないのに、出捐をしていることになる。この間の利害を調整するためには、第三者から債務者に対して、少なくともその出捐に見返る給付を請求させることが必要である。それが、一般的に求償権と呼ばれるものである」と述べたうえ、これが求償権成立の「実質的根拠」であると指摘する。さらに、この「実質的根拠」の説明は、各場面で規定される個別の「法律的根拠」の説明とは区別されている。このことからすると、個別の法律的な根拠の問題とは別に、求償権の実質的根拠については統一的に把握する可能性があるという指摘を言外に含んでいるように思われる[13]。

　以上からすると、求償権の判断枠組を統一的に把握する必要があると主張するためには、求償権の実質的根拠および機能面での同質性の有無を探ることが出発点となろう。そこで、本書第1章において、まずは求償権が問題とされる主な場面での従来の議論を個別かつ客観的に分析する。この結果をもとに、第2章において、求償権の統合可能性の有無を明らかにする。これをもって本書の第一の課題としたい。

(4) 課題設定②　──　求償権と求償型不当利得の関係を探る

次に、多少結論を先取りすることになるが、求償権統一化のための分析視角について説明を加えておく[14]。

第1章以下で詳しく触れるが、各求償権の根拠に関して、不当利得を指摘する見解が散見される。その一方で、不当利得法の分野において、不当利得返還請求権を機能的に類型化して把握するという「不当利得の類型論」のなかで、「求償不当利得」という類型が抽出されることがある[15]。このような「求償不当利得類型」を機能面で統一的に把握するという視点は、「求償権」自体が機能面で統一的に把握できることを示唆しているように思われる[16]。

そもそも不当利得の解釈論においては、従来のように不当利得を「衡平」という視点から統一的に捉えるのではなく、これを機能的に類型化して捉えようとする方向性が学説における趨勢といえる。そのなかでも、「求償利得」という類型を認める見解が存在する[17]。この「求償利得」と「求償権」とを比較してみると、「求償利得」が問題とされる場面でも、「求償権」が問題とされる場面と同じく、債務者と弁済者間の清算関係が問題となっていることに気づく。さらに、不当利得は財産法体系の投影体であるという視点[18]を参考にするならば、「求償権」と「求償利得」とは機能面で一定の関係にあるといえるのではなかろうか。このような視点からすると、「求償型不当利得」の解釈論が「求償権」の解釈論に一定の示唆を与えうると思われる。そこで、「求償権」と「求償型不当利得」との関係がいかなるものかを解明する必要がある[19]。すなわち、「求償型不当利得」は「不当利得による求償権」そのものというのか、また、「求償型不当利得」が「不当利得による求償権」であるとして、「その他の求償権」といかなる関係に立つのであろうか。先述したように、求償権の判断枠組を解明するにあたって、実質的根拠および機能面での統一化の視点を提示するという本書の目的を達するためには、この関係の解明がひとつの鍵を握っている。そこで、「求償権」と「求償型不当利得」の関係解明を本書のもうひとつの重要課題と位置づける。

以上の視点を得るためには、日本ではこれまで本格的に論じられてこなかった「求償型不当利得論」を詳細に検討し、その判断枠組を明確化する必

要がある。その際、日本における求償型不当利得論の不明瞭な点を補うために、ドイツの議論との比較検討を分析の視角とする。なぜなら、日本の不当利得規定がドイツ法をモデルにしたという条文構造上の類似性に加えて、不当利得の類型論はドイツから日本に持ち込まれた理論だからである。さらに、不当利得を機能的に分析するという類型論の視点は、ドイツにおける不当利得論の特徴といえるからである。したがって、当該分野においては、とりわけドイツの議論を比較対象とする要請は強いといえる。

(5) 統一的求償制度の将来像と本書の位置づけ

以上の諸点を解明できたとするならば、求償権の統一的把握が可能になると同時に、実質的根拠および機能面での共通性を基盤として求償権の判断枠組を捉え直す必要が生じるであろう。さらにこれを突き詰めるならば、究極には統一的求償制度の構築という将来像が現れる。

本書は、そのための基礎研究と位置づけられ、まずは求償権の実質的根拠および機能面での同質性を帰納的手法によって明らかにすることを主な目的としている[20]。しかし、本書での検討結果をもとにして、統一的求償制度の構築に向けた一定の視座を提示することは許されよう。この点に関して、日本と同じく求償権の個別検討が一般的なドイツにおいて、メディクスが求償型不当利得の視点をもとに求償制度の統一的な説明を試みている[21]。そこで、本書第6章において、メディクスの求償制度論を紹介しつつ、これを日本法との比較対象として検討を加えることによって、統一的求償制度の構築に向けての一定の方向性を見定めたい。このような検討をもとにして、日本での統一的求償制度の構築に向けた全体像と問題点を指摘する。

(6) 錯誤で無効な代位弁済と求償関係

ところで、ドイツでは求償型不当利得論との関連で「誤想弁済者の選択権理論」が問題とされている[22]。これは、ある者が他人の債務を自己の債務と誤信して弁済した場面を議論の対象としており、「弁済が錯誤で無効(取消)

の場面における求償権」の問題と言い換えることができる。もう少し具体的に言えば弁済給付が錯誤で無効（取消）となれば、本来的には受領した債権者に対する給付型不当利得が問題となるところ、弁済者が錯誤無効（取消）を有効な第三者弁済とみなすことによって、債務者に対する求償型不当利得の行使を選択的に認めるべきことを主張する理論である。そこで、ドイツにおける当該議論の焦点は「給付型不当利得と求償型不当利得の関係」ないしは「錯誤取消の追認」にあり、その利点として、とりわけ受領者である債権者が無資力の場合に弁済者の保護に資すると指摘される。

一方、日本においては、第1章で検討するように、民法707条によって「錯誤による他人の債務の弁済」の場面が規定されている。すなわち、債権者が証書を滅失するなど同条1項所定の要件を充たす場合には給付型不当利得が制限され、給付を受領した債権者が保護される。その結果として、同条2項によって債務者に対する求償権が弁済者に認められる。

以上を比較すると、基本的に想定される場面設定は同じであるが、日本では債権者保護に主眼があることに対して、ドイツの理論は弁済者保護に主眼がおかれているといえる。そこで本書第5章では、日本民法707条の解釈問題からは距離をおき、不当利得の一般論として展開される「誤想弁済者の選択権理論」に関して、ドイツにおける判例および学説を詳細に分析する。これにより、弁済が錯誤で無効の場面における「不当利得による求償権」の成否を一般的に検討することが可能となる。そのうえで、当該理論の日本での展開可能性を考察する。その結果として、統一的求償制度内において、他人の債務の弁済が有効な場合と無効な場合との対比構造のなかで求償権の判断枠組を定立することができよう。

（7）　本書の構成

最後に本書の構成を述べておく。まず第1章では、求償権の根拠に関する議論に絞って客観的な分析および検討を試みる。はじめに、詳細な求償権規定が存在する場合として、連帯債務、保証、物上保証の順に検討する。ついで、詳細な規定の存在しない場合として、共同不法行為、使用者責任[23]、第三

者弁済、さらにその他の場面として、錯誤による他人の債務の弁済事例と土地工作物責任の順に検討を加える。その後、弁済による代位の制度趣旨および求償権と代位の関係について、判例および学説を検討する。これに続く第2章では、求償権の根拠に関する従来の議論の分析結果をもとに、まずは求償権の根拠面での共通枠組の抽出可能性を検討する。これにより、求償権の統合可能性についてまとめる。次に第3章では、求償型不当利得に関する日本およびドイツの議論を詳細に検討し、求償型不当利得の判断枠組を明確化する。そのうえで第4章では、前章の検討結果を踏まえて、まずは不当利得による求償権の実質的根拠および機能を明らかとする。この一連の作業をもとに、第2章での検討結果をも踏まえつつ、統一的な形で求償権の実質的根拠および機能の解明を試みる。次に第5章では、ドイツにおける誤想弁済者の選択権理論を詳細に検討し、その際の判断規準を明確化する。これにより、日本法への示唆を得て、錯誤無効の場面における求償権の判断枠組を検討する。最後に、第6章では、メディクスの求償制度論を検討することにより、統一的な求償制度という枠組に関する一定の示唆を得る。これにより日本での議論枠組を相対化しつつ、弁済による代位の問題をも含めて、日本で統一的な求償制度を構築するための全体像を素描する。以上の検討をもとに、結章における本書のまとめへとつなげたい。

注　序章

(1) 周知のとおり、2004年12月に「民法の一部を改正する法律」が公布され、2005年4月に民法典が現代語化されるとともに、保証など一部が内容的に改正された。そのため、本書でも、条文の引用を現代語化に対応して改めた。なお、本書で扱う「求償」にまつわる諸規定ついては、内容面での変更は行われていない。

(2) 新村出編『広辞苑』(岩波書店、第5版、1998年) 680頁。なお、民法現代語化に対応して、「出捐」という用語は「財産」に改められた。しかし「出捐」とは、従来「当事者の一方がその意思に基づいて自己の財産を減少さ

せ、それにより他人の財産を増加させること」と定義されており(『法律用語辞典』(有斐閣、第2版、2000年) 686頁)、「財産」と完全に同義で使用されているわけではない。そこで、本書では、条文の引用箇所を除いて、従来通り「出捐」という用語を使用する。

(3) 前掲注 (2)『法律用語辞典』249頁。具体的な場面として、「他人のために債務の弁済をした者(例えば、連帯債務者の一人、保証人)が、その他人に対して返還を求める場合、他人の行為によって損害賠償義務を負う者が、その他人に対して弁済を求める場合(民715③、国賠1②等)などがある」とされる。さらに「他人のために損害を受けた者が、その賠償を請求することをいう場合もある(民934②等)」とされる。

(4) 前掲注 (2)『法律用語辞典』249頁。具体的には「例えば、連帯債務者の一人又は保証人が債務を弁済し、他の連帯債務者又は主たる債務者が、それによって債務を免れたときに、その分について返還を求める場合(民442・459等)などがある」とされる。

(5) 求償に関する諸規定、および求償と不当利得または代位との関係を整理するものとして、松本恒雄「④求償(代位)」法教164号(1994年) 20-21頁参照。

(6) これに対して、求償権に統一的な説明を加える文献も若干存在している。たとえば、富岡淳「求償権という観念においては、どういう点を問題にすべきか」椿寿夫編『講座・現代契約と現代債権の展望・第2巻・債権総論(2)』(日本評論社、1991年) 245-273頁参照。また、いわゆる不真正連帯債務の場面を中心としつつ、連帯債務の場面をも含めて統一的な視点から求償関係を検討するものとして、長谷川貞之「不真正連帯債務の類型的思考と求償関係・負担部分 (一)」駿河台16巻1号(2002年) 27頁以下(とりわけ68-79頁)、同「不真正連帯債務(下)」NBL770号(2003年) 102-104頁参照。他方で、弁済による代位の側から求償権を統一的に説明するものとして、椿寿夫「求償権の意義・機能と有無・範囲」『代位弁済——その実務と理論【新版】』銀法別冊1号(1995年) 55-58頁参照。これらに対して、求償不当利得の視点から求償権の実質的根拠を説明するものとして、潮見佳男『債権総論Ⅱ——債権保全・回収・保証・帰属変更』(信山社、第3版、2005年) 277-278頁、481-482頁および568-573頁〔初出『債権総論』(信山社、初版、1994年) 301-302頁、388頁および531-535頁〕参照。

(7) 共同不法行為および第三者弁済の場面で求償権が成立すること自体には、現在のところ異論はない。

(8) 本書でいう「判断枠組」とは、ある権利の成立をめぐって、その根拠また

は法的性質、および要件・効果を総合的に判断するための枠組を指すものとする。なお、「根拠」には「実質的根拠」と「形式的根拠（法律上の根拠）」とがありうるので、両者は区別されるべきである。また、「法的性質」という用語は多義的なので、本書では「権利の担う機能」に意味合いを限定して検討を進めたい。

(9) 後者について身近な例をあげるなら、三人兄弟の長男ＡがDから30万円を借り受けて、次男Ｂのみが保証人になっていたとする。この場合に、Ｂが保証人としてＤに30万円を弁済したとすると、ＢはＡに対して保証人の求償権を有する。他方で、Ｄの取立てに際して、偶然に居あわせた三男Ｃが30万円を有効に第三者弁済をしたとすると、ＣはＡに対して第三者弁済における求償権を有することになる。この両場面において、Ｂの有する求償権とＣの有する求償権とを同種の権利と捉えることが素直な感覚ではないだろうか。

(10) 柚木馨「保証人の求償権をめぐる諸問題（上）――求償権の根拠および要件について」金法261号（1961年）22頁。

(11) 本書の分類とは若干異なる。詳細は、柚木・前掲注(10)22頁参照。

(12) 林良平「弁済による代位における求償権と原債権――信用保証委託契約を中心として」金法1100号（1985年）52頁。

(13) 他に求償権統一化の視点を提供する見解として、富岡・前掲注(6)245-273頁、潮見・前掲注(6)277-278頁、481-482頁および568-573頁参照。

(14) 第3章「求償型不当利得論」で詳細に検討する。

(15) 第3章で詳しく触れるが、本書は「求償利得」を不当利得の一類型とすべきことを主張するものではなく、「不当利得による求償権」が認められるのか、認められるならばその実質的根拠および機能は何かを検討対象としている。

(16) 求償型不当利得論では、他人の債務の弁済とみられる事例を広く検討対象とする。そこで、このような広義での「他人の債務の弁済事例」における「不当利得による求償権」の枠組を考えることは、求償権統一化の視点を導くことにつながる。

(17) なお、「求償利得」を独自の類型とせず、いわゆる「支出利得」、または「非給付利得」のなかの一場面と捉える見解がある。いずれにしても、「求償利得」が不当利得のなかで問題とされ、その判断規準が問題とされていることが重要である（この点も第3章で詳述する）。以上につき、四宮和夫『事務管理・不当利得』現代法律学全集10-ⅰ（青林書院、1981年）202-209頁、藤原正則『不当利得法』（信山社、2002年）14-15頁、291-297頁参照。

(18) 加藤雅信『財産法の体系と不当利得法の構造』（有斐閣、1986年）841頁以下、

とりわけ 860-862 頁、また 872-873 頁参照。なお、加藤見解は従来の類型論を採用するものではなく、したがって求償利得類型の析出を主張するものでもない。本書は、そこで展開される財産法の体系と不当利得の関係に関する捉え方を参考にして、求償権と求償型とされる不当利得の関係を考察するものである。その際に、「求償利得」の類型化に拘泥するものではないことを再度付言しておきたい。

(19) 求償と不当利得の関係について、松本・前掲注（5）21 頁、潮見・前掲注（6）277-278 頁、481-482 頁および 570-573 頁参照。

(20) 本書は、従来の議論を題材として帰納的に共通命題の抽出を試みるものである。そこで、一定の検証を経ることなく、冒頭で触れた問題のすべてに答えを提供することはできない。

(21) D. Medicus, Bürgerliches Recht, 20., Neubearb. Aufl., 2004, S. 630 ff.

(22) 第 5 章で詳述する。

(23) 共同不法行為と使用者責任は、ともに「不真正連帯債務」の一場面とされることがある。ただし、この「不真正連帯債務」という概念自体に争いがあり、現在では、不真正連帯債務ということから何も導き出しうるものではなく、場面ごとに個別に検討されるべき問題であって、連帯債務ではないものを総称するところに唯一の意義があるにすぎないと有力に主張されている。たとえば、淡路剛久『連帯債務の研究』（弘文堂、1975 年）234-235 頁、四宮和夫『不法行為』現代法律学全集 10-ⅱ（青林書院、1985 年）709 頁参照。そこで、本書では両場面を分けて個別に検討したい。

第1章

求償権に関する従来の議論

　本章では、各求償権に関する従来の日本の議論を紹介し、客観的かつ詳細な分析を加える[1]。求償権に関する議論の対象は多岐にわたるが、序章で述べた本書の分析視点から、ここでは「求償権の根拠」に関する議論に対象を絞ることにする[2]。この分析結果をもとに、続く第2章において、求償権の根拠面での類似性の有無を探る。

　以下では、まず求償関係の詳細な規定が定められている場面として、①連帯債務、②保証、③物上保証の各場面を分析の対象とする。ついで、詳細な規定を有しない場面（または規定のない場面）として、④共同不法行為、⑤使用者責任、⑥第三者弁済の各場面をみていく。そして、これまであまり議論されてこなかったが、求償権に若干言及する文献のある場面として、⑦錯誤で他人の債務を弁済した場面と、⑧土地工作物責任の場面について、検討を加える。なお、求償関係が問題となる場面は以上に尽きるものではないが、これまで求償権の根拠に関して一定の議論が積み重ねられてきた上記8つの場面をここでの検討の対象とする。

　他方で、求償権が成立する場合には、弁済による代位の成否が問題となることがある。この弁済による代位の制度趣旨には従来から争いがあり、これによって移転する原債権と求償権との関係も様々に争われている。学説によっては、原債権を求償権そのものとみる見解も存在している。そこで本章第3節において、弁済による代位と求償権の関係について、従来の議論をまとめる必要がある。

第1節　詳細な求償関係規定が存在する場合
第1款　連帯債務における求償関係

1　緒論

　連帯債務における求償関係については、民法442条1項において、「連帯債務者の一人が弁済をし、その他自己の財産をもって共同の免責を得たときは、その連帯債務者は、他の連帯債務者に対し、各自の負担部分について求償権を有する」と規定される。さらに、同条以下で求償権に関する詳細な規定がおかれている。このような求償関係規定が存在していることから、求償権の成否自体は特に問題とされていない。しかし、求償権の実質的根拠および機能については、民法442条から一義的に明らかとなるものではなく、様々に争われている。また、求償権の要件・効果面でも争いがある。ここでは、本書の目的を達成するために、求償権の根拠に絞って従来の見解をみていく。

　ところで、近時、一部連帯ないし不等額連帯といわれる問題と関連して、その際の求償関係が問題とされることがある。この場合には、一部連帯の仕方によっては債務の充当などが異なる可能性があり、負担部分との関連で求償額も異なりうることが指摘されている[3]。このことからすると、一定の場合には連帯債務者間の求償権は制限される可能性がある。ただし、本書との関連で言えば、一部ではあっても連帯する部分では求償が認められるので、その場合には、求償権の根拠いかんが問題となる。したがって、本書では一部連帯理論が連帯債務における求償関係に影響を与えうることを指摘するにとどめたい。

2 求償権の根拠

　連帯債務者間の求償権を定めた民法442条の実質的根拠をどのように捉えるかについては、種々の見解が存在する。これらの見解は、連帯債務の特殊性をもとに結論を導くものと、それ以外のものとに大別できる[4]。

(1) 連帯債務の特殊性から結論を導こうとする見解

　　a　かつては、「連帯債務の性質ないし本質」から当然に求償権は認められるとする見解があった[5]。

　たとえば、一債務者の全額の弁済は自己の債務の弁済であるから求償権は生じないとするローマ法の解釈に関する通説を理論上は正しいとしながらも、近世の立法においては「公平の観念に基づき連帯債務者間には当然に求償関係が生ずる」と規定されており、日本の民法典もこれに従って求償権の規定を設けているとする。そして、求償権は組合や委任などの特別の関係から生じるのではなく、当該規定にもとづいて、「その性質上当然に求償権を生ずる」とみる見解がある[6]。

　また、我が民法のいうところの連帯債務は単に対外関係においてのみ全部の債務を負うということであり、「対内関係に於ては各自の負担部分」を観念することができ、その負担部分以上の弁済をなすことは「他人の債務の弁済」であり、「理論上当然求償権を生ずる」とする見解がある[7]。その結果、求償関係の存在は「連帯債務の本質に属する」と説明している[8]。さらに、他の連帯債務者は法律上の原因なく利得を得たものではなく、連帯債務関係にもとづいて利得したものであるから、不当利得ではなく、他方、弁済をなした債務者は義務なくして他人のために事務を管理したものでもないので、事務管理ではないとする[9]。

　　b　次に、連帯債務者間の求償権の根拠について、「委任又は事務管理」に求める場合と、「公平の要請」に求める場合とに分けて捉える見解が

ある[10]。すなわち、「何人かが連帯債務を負った借金をする形をとった場合でも、一人だけが実質的の借主であり、他の債務者はこれを担保する趣旨にすぎなかった場合において、後者が弁済したときは、あるいは委任事務処理費用として（民法650条）、あるいは事務管理の費用として（民法702条）償還を請求できる」と解しつつ、他方で「全員が債務者から利益をえている場合（甲乙丙が連帯債務で借りて三等分して使用したなど）は、その受けた利益以上に弁済したときは、他の者からこれを償還させるのが公平に合する」と解する[11]。

　　c　　出捐を分担するという「債務者間の主観的関係」を連帯債務の性質として捉え、この性質を求償権の根拠とみる見解がある[12]。当該見解は、「債権者に対する関係で全部を弁済すべき義務があることは、内部関係でも全部を負担することを当然とするものではない。のみならず、民法は、連帯債務者間には当然に負担部分があることを予定している」のであり、「連帯債務が契約によって生ずる場合にはもちろんのこと、法律の規定から生ずる場合にも、債務者の内部関係としては共同分担という主観的な関係があるのが普通であるから、出捐分担の主観的関係を包容したものをもって連帯債務の性質と理解するのが適当である」とする[13]。

　　d　　連帯債務の属性から求償権を認めるべきことを主張する見解がある[14]。当該見解は、次の(2)aでみる相互保証説に対して、「連帯債務者間に実体関係として相互保証関係や一人の者が他の者を保証する関係がある場合には適切な説明である」としつつ、「共同事業関係のような場合（この場合には、連帯債務者は、連帯債務を負担することになった債権者からの給付によってそれぞれ全部的な利益を受けているのであって、相互に保証し合っているのではない）を相互保証で説明するのは不適切であり、その場合を含めて相互保証関係から求償権が生ずるというならば、442条は注意的規定であって規定は本来いらなかったことになる」が、「はたしてそういえるかは疑問である」とする。そこで、「結論として、442条は、連帯債務者間の実体関係から求償権が生じうる場合（この場合には、442条は注意規定と

なる）も、そうでない場合（この場合には、442条は公平から求償権を付与したことになる）をも含めて、連帯債務の属性として求償権を承認した、と理解すれば足りるように思われる」とする。

(2) 連帯債務の特殊性以外に求償権の根拠を求める見解

　　a　まず、連帯債務の有する「相互保証的性質」から当該求償権の根拠を導こうとする見解があり[15]、これが現在の通説といいうる。ただし、このなかでも若干説明の異なるものが存在するので、ここで詳細にみておく。

　　(a)　まず、「連帯債務は、債権者に対する関係においては、各自全部を賠償すべき義務」であって、「連帯債務者の一人が債権者に対して全部の弁済をしても、それは自己の債務の弁済にほかならない」という連帯債務に関する従来の説明を前提とする[16]。しかし、「債務者の内部関係においては各自負担部分があり、自己の負担部分をこえて共同の免責を与えたときは、他の債務者の負担部分に応じて共同分担を請求しうる」のであり、「これが連帯債務における求償関係である」という。そして、このような「連帯債務における全部義務は担保義務であり、債務者間における負担部分がその固有義務である」という「連帯債務における相互保証的性質」を前提として、「求償関係は連帯債務の性質上当然のもの」と説明する見解がある[17]。同じく、「連帯債務が、債務者相互の人的担保制度であることから、当然、要請される内部関係である」とか[18]、「自己の負担部分を超える弁済は、内部関係においては他人の債務の弁済であるから、その他人に対する求償権が与えられることになる」と説明する見解がある[19]。

　　以上の見解は、相互保証理論を採用している点で、保証との関連性を意識しているといえよう。ただし、他人の負担部分を「保証」そのものと捉えているわけではなく、求償権の根拠に関しても、直接に保証の求償権を指摘するわけではない。前述のように、「連帯債務の性質上当然」、「当然の内部関係」、そして「他人の債務の弁済であるから」と説明している[20]。

(b)　「連帯債務は、なんらかの一体性をもった複数人が自己固有の負担部分を超えて相互保証的に全部の債務を負うもので、負担部分を超えたところは、いわば『保証債務』を負っているので、債権者に対する債権担保の機能を有するものであると認識され」、したがって、「負担部分を超えて共同の免責を得せしめた連帯債務者は他の連帯債務者に対して、あたかも保証人が主たる債務者に求償権を有するように、当然に求償し得る」とする見解がある[21]。

この見解は、先の (a) 説とは異なって、相互保証説を媒介としつつ、保証における求償権を引き合いに出している。ただし、保証そのものと捉えているわけではない点に注意が必要である。

(c)　相互保証説を媒介として、保証の求償権に根拠を求める見解がある。これも二つに分けられる。

①　当該求償権の根拠は委託を受けた保証人の求償権の場合と同様であると端的に指摘する見解がある[22]。この見解は、連帯債務では「各債務者の債務は主観的に共同の目的を有する」ことから、「債務者の内部関係では出捐を分担すべき割合が定まっている」とみる。その結果、「連帯債務者の一人がその負担部分を超えて弁済することは、債務者相互の内部関係では主たる債務者の委託を受けて保証人となった者の弁済と同様に（459条）、実質的には他人の債務を弁済するものであるから、他の債務者に対して求償権を生ずるのである」とする。

この見解は、相互保証説を前提として、「当然に求償権が発生する」と説明するのではなく、受託保証の求償権規定にその根拠を明示的に求める点で、先の (a) (b) 説とは異なっている。

②　「連帯債務を通常の債務（負担部分）と連帯保証（連帯部分）との結合」と考える相互保証理論モデルを前提として、「連帯債務に関する規定は、すべて、弁済の規定と保証の規定から導くことができる」とする見解がある[23]。これによれば、求償権に関しても、「連帯保証人による債務者本人への求償権」が根拠として指摘されることになる。結論としては、先の受託保証人の求償権に根拠を求める見解と一致することになろう。ただし、この

見解は「連帯債務における共同関係とは、相互保証の関係であり、主観的な共同関係の有無には関係なく、全ての連帯債務者が相互保証関係にある」という点を強調していることからすると[24]、いわゆる不真正連帯債務とされる共同不法行為の場面も連帯債務に含まれることを意識しているといえる。そこで、他の相互保証説とは一線を画する見解といえよう。

　　　b　連帯債務者間の求償権の根拠を「不当利得」に求める見解がある。これにも二種類のものがある。

（a）　連帯債務者の一人が弁済その他の出捐をなすことにより、他の債務者の債務も消滅したか、または減少したときは、他の債務者はその弁済した債務者の費用によって「実質上不当の利得をなす結果となる」ことから、求償権を与えることで「総債務者の公平を期した」とする見解が存在する[25]。

（b）　「連帯債務の相互保証機能」を念頭におくならば、「相互保証関係にある当事者間における責任財産レベルでの利得・損失の調整を図るために認められたのが、連帯債務者の求償権」であるとし、「責任財産レベルにおける利得・損失の調整という不当利得返還請求権の実質を有するものである（求償利得）」と捉える見解が存在する[26]。さらに、「相互保証関係にある連帯債務者の一人が弁済することにより、責任財産レベルでの不当利得が生じていて、これが求償権の実質的基礎を形成している。このとき、このような求償権についての理解を基礎として、その内容・属性について連帯債務者相互間で特約が結ばれたとき、求償権の発生原因が求償特約であるととらえられることになる」とする。

3　小括

　以上の諸説を総覧する。まず、(1)の諸見解は、連帯債務の性質から求償権の根拠を説明しようとする。そこで、連帯債務における求償権の根拠を他

の求償場面と基本的に区分して捉える立場といえる。これに対して、(2) の諸見解は、連帯債務以外の求償場面との共通性を有しうる立場といえる。そのなかでも (2) a の見解は、相互保証理論を媒介としていることから、程度に差はあるものの、保証または連帯保証における求償権との共通性を意識している[27]。とりわけ、(2) a (c) ①②説は保証との共通性を明示的に強調していると評価できる。さらに、(2) a (c) ②説は、不真正連帯債務における求償場面をも含めて相互保証説での説明を試みている。他方で、(2) b (b) 説は、連帯債務の相互保証的性質を前提とするものであるが、求償権の本質について不当利得の一類型とされる求償不当利得の視点から説明を加えている。この見解も、不当利得の実質という点を媒介として、他の求償場面との共通性を認識するといえる。これに加えて、(2) b (a) 説も不当利得に根拠を求める点で他の求償場面との共通性を有しうる。ただし、当該見解が衡平説に立った不当利得の理解を前提としていることからすると、結果的には当事者間の衡平に根拠を求めているにすぎず、具体的な説明としては不十分である。

　以上のように、連帯債務における求償権に関しては、相互保証理論を媒介とすることによって、他人の債務の弁済という性質、ないしは端的に保証との類似性を意識する傾向がうかがえる。

第2款　保証における求償関係

1　緒論

　次に、詳細な求償関係規定の存在する保証の場面を検討したい。保証の場合には、保証人が自己の出捐をもって主債務者を免責させたときに、保証人が主債務者に対して求償権を取得することは条文上明らかであり、主債務者と保証人との関係に応じた求償規定がおかれている。まず、主債務者から委託を受けた保証人の求償権は民法459条（および民法460条、461条）、委

託のない保証人の求償権は民法462条に規定がある。さらに、民法463条で求償権の制限、民法464条で連帯債務または不可分債務の保証人の求償権、民法465条で共同保証人間の求償権が規定されている。これに対して、主債務者は本来的に全額を自ら負担すべきであるので、そもそも保証人に対して求償するということは問題とならず、規定もおかれていない。

ところで、近時、保証の議論においては、個人保証と機関保証とに分けて論じるべきことが有力に主張されている[28]。その際に、個人保証の特徴として、個人的情誼的側面が強調され、求償金の回収について保証人が実際には強い期待感を抱かないことが多いといわれている。逆にいえば、機関保証でこそ求償権の重要性が認められるということになるだろう。このような指摘は、本書との関連でも重要である。しかし、民法においては、このような「実態認識から切り離された保証制度が設けられている」のであり、「求償金回収は、民法の保証に関する規律の持つ最大の関心事のひとつだと言ってよい」と指摘されている[29]。たしかに、保証人の権利として求償権が存在しているということ、そしてこの権利を明確化すべきであるということと、保証人がその権利を行使しない場合があるという社会実態とは切り離して議論されるべきであろう。そこで、本書では、個人保証と機関保証という区別をせず、民法に規定される保証における求償権を議論の対象とする[30]。

以下では、まず保証人が実際に弁済した後に成立する「事後求償権」の根拠に関する議論を検討する。次に、受託保証人にのみ認められる、いわゆる「事前求償権」について、事後求償権とは別に検討を加える。最後に、特殊な保証形態とされる連帯保証と共同保証の場面における求償権に関する議論を検討する。

2 事後求償権の根拠

まずは保証人の事後求償権の根拠に関する従来の学説をみる。前述のように、保証においては、求償権に関する詳細な規定が存在していることから、保証人の求償権を全面的に否定する見解は存在していない。

(1) 保証人と主債務者との内部的法律関係に根拠を求める見解

a 委任および事務管理の費用償還請求権に根拠を求める見解がある[31]。すなわち、債務者との関係では、保証が「他人の債務を弁済するという実質」を有することを前提として、保証人の求償権は、保証人が他人の債務を弁済する立場に応じて、主債務者との内部関係から生じるものと解する。具体的には、委託があるときは委任事務処理の費用償還請求権（民法650条）、また、委託がないときは事務管理にもとづく費用償還請求権（民法702条）に該当すると説明する。ただし、民法がその範囲について特別の規定を設けたから、これらの規定は保証には適用されないとする。これが現在の通説である。

b 委任と事務管理の費用償還請求権に加えて、不当利得にも根拠を求める見解が存在する。その説明の仕方に相違があるので分説する。

(a)「保証債務は債権者と保証人との間の関係にして主たる債務者と保証人との間の関係は之と関係する所なし」という理解を前提として、主債務者と保証人との内部関係は「一に其間に存する法律関係に依りて定まる」ものであり、したがって、「保証人が保証債務を履行し主たる債務者をして債務を免れしむるも」、保証人は自己の債務を履行したにすぎず、「当然主たる債務者に対し求償権ありとなすを得ず」とする見解がある[32]。この見解は、主債務者と保証人との間に、委任、事務管理もしくは不当利得の関係が存在すると理解することによって、求償権はそのそれぞれを根拠として生じるものであり、保証人の求償権に関する規定はそれらに若干の修正を加えるものにすぎないという。

(b) これに対して、求償権が当然に生じることを前提とする点で、(a)説と異なる見解がある[33]。主張内容は同じく、委託がある場合に委任事務処理の費用償還請求権（民法650条）を根拠としつつ、委託がない場合を二つに分けて、主債務者の意思に反しない場合は事務管理の費用償還請求権（民

法702条)、その意思に反する場合は不当利得の返還請求権(民法703条以下)に根拠を求める。なお、この見解は、民法が特別の求償権規定を設けているので、これらの規定が保証に直接適用されることはないと説明する。

(2) 保証の性質に根拠を求める見解

a 「保証人は、債権者に対する関係においては、自己の債務を弁済するものであるが、主たる債務者に対する関係においては、他人の債務を弁済することになる。したがって、保証人が自己の出捐によって共同の免責をえたときは、保証人は当然に主たる債務者に対して求償権を有する」と解する見解がある[34]。なお、求償しうる範囲の問題として、求償関係は主債務者と保証人の内部的な法律関係によって異なるので、委任事務処理費用の償還（民法650条）、事務管理（民法702条）、不当利得（民法703条）に準じた内容の規定が設けられたと説明する。

当該見解は、求償範囲の問題として委任、事務管理または不当利得の規定を指摘する点で先の（1）b説と変わらないが、他人の債務の弁済という保証の性質自体から求償権が発生すると解している点に特徴がある。

b 上のa説と同じく「他人の債務を代位弁済するという本質」に着目し、「義務によらない代位弁済の場合と同様に、保証人は主債務者に求償権を取得」するという見解がある[35]。この見解は、法的性質および範囲の点で委任事務処理費用および事務管理費用償還請求権を指摘しているので、結論は（1）a説と同様である。他方で、不当利得を指摘しない点で（2）a説とは異なっている。

c 「保証人は主たる債務者が負う債務の最終的な負担者ではない」という性質に着目し、「弁済した保証人は、主たる債務者に対して弁済額全部につき求償できる」とする見解がある[36]。当該見解も、実際の求償権規定に関して、委任事務処理費用および事務管理費用償還請求権を指摘する点では（1）a説と同様である。

(3) 不当利得の実質に根拠を求める見解

「保証人の求償権の実質は、人的担保により拡張された責任財産のレベルでの負担の帰属割当てをめぐる不当利得の問題として捉えるのが適切である」とする見解が存在する[37]。すなわち、「主たる債務者は、本来、みずからの行為による弁済がなければ、最終的に債権に基づき自己の一般財産に執行を受け、債権者を満足させなければならなかったところ、保証人による弁済がなされた場合には、保証人の出捐（＝人的担保の実行）において自己の一般財産（責任財産）の減少を免れるという利得を得ている」とする。そして、「保証人の代位弁済により、債務者の責任財産に帰属するはずの損失が保証人に割り当てられ」ており、「責任財産レベルにおいて利得と損失の調整、すなわち、責任財産レベルでの負担の帰属割当ての調整を図る必要」が生じ、そのための手段が「保証人の事後求償権である」とする。この意味で「本質的に不当利得返還請求権の属性を有する（いわゆる求償利得）」と解している。

(4) 小括

以上の諸見解について、保証人の求償権が当然に生じるものではないことを前提とする（1）b（a）説と、当然に生じることを前提とするそれ以外の見解とに分けられる。現在、（1）b（a）説を採る見解は存在せず、保証人の求償権は当然に認められているといえる。

次に、（1）の諸見解は、保証人の求償権規定の根拠を保証人と主債務者との内部的な法律関係に求めている。そのなかでも、委任の費用償還請求権（民法650条）と事務管理の費用償還請求権（民法702条）に根拠を求める点に相違はないが、これらに加えて不当利得（民法703条）に根拠を求めるかどうかで意見が分かれる。これに対して、（2）の諸見解は、委任や事務管理ないし不当利得を根拠として指摘するだけでなく、「他人の債務の弁済」という保証の性質を強調する。ただし、他人の債務の弁済であるとか、保証人が最終的責任負担者ではないからと説明しても、求償権が認められるための実質的な説明としては不十分なように思われる。この点、（3）の見解は、不当

利得の類型論における求償不当利得の視点に立って、不当利得の属性から求償権の実質的根拠ないし機能を説明するものである。

　他方で、(1)(2)の諸見解は、受託保証人の求償権の根拠または範囲に関して、委任の事務処理費用償還請求権を指摘する点では一致している。これに対して、委託を受けて保証人となること自体が委任（準委任）であることに疑いはないとしても、保証債務の履行としての保証人の出捐が委任の事務処理費用にあたるか否かには問題があると指摘されている。この点に関して、従来はあまり検討されてこなかったが、近時、委託を受けた保証人の事前求償権との関連で問題とされることが多い。そこで、事前求償権の箇所でこの問題に触れることにしたい。

　最後に、求償権の統一化という本書の視点から諸説を概観する。まず、(1)の見解に立って、内部的な法律関係から求償権が認められるとした場合には、基本的には保証人と主債務者との関係のみを意識しているといえる。ただし、内部的な法律関係に着目して求償関係を捉える見解は他の求償場面でも存在していることからすると、他の場面との関連性が問題となろう。次に、(2)の諸見解は、「他人の債務の弁済」という点に着目していることからすると、先にみた連帯債務や、のちにみる第三者弁済との共通性を有しうる。最後に(3)の見解も、他人の債務を弁済した場合における不当利得の属性に着目する点で、連帯債務をはじめとした他の求償場面との共通性を考慮する見解といえる。

3　事前求償権

　保証人の求償権については、前述の事後求償権が原則となる。しかし、民法459条1項前段および民法460条所定の事由が存在する場合には、委託を受けた保証人に限り、現実に弁済その他の免責行為をなす前に求償権（いわゆる「事前求償権」）を行使しうる。この事前求償権については、のちにみる最高裁判決の出現にともなって、近時様々な議論が展開されている。ここでは、実質的根拠面での統一化という本書の視点から、事前求償権の根拠な

いし制度趣旨、および事前求償権と事後求償権との関係に絞って検討を加える。

その際に、従来、受託保証人の事前求償権は委任の費用前払請求権との関連で語られることが通常であったことから、まずは事前求償権の根拠を委任の費用前払請求権（民法649条）に求めるか否かという観点から学説を分類し、検討する。そのうえで、事前求償権の根拠に言及する判例をみる。このような流れに対して、近時、委任の費用前払請求権に根拠を求めるか否かとは別の視点から、事前求償権の制度趣旨ないし実質的根拠を検討する見方が出てきている。そこで、受託保証人の事前求償権の趣旨ないし実質的根拠に関する学説を次にみておく。そして最後に、事前求償権と事後求償権との関係についての諸学説をまとめたい。

(1) 事前求償権と委任の費用前払請求権との関係

受託保証人の事前求償権について、まずは委任事務処理費用の前払請求権に根拠を求める見解（a説）と、これを否定する見解（b説）とに大別される。

a　委任事務処理費用前払請求権に根拠を求める見解

(a)　保証人の事後求償権に関して、委託を受けた場合には委任の事務処理費用償還請求権に根拠を求めうることを前提として、委託を受けた保証人のみが委任事務処理費用の前払請求権（民法649条）を原則として有しうるところ、民法はこれを特別の場合に限って事前求償権として規定したとみる見解がある[38]。この見解は、委託内容に弁済自体が含まれるか否かを取り立てて検討することなく、保証債務の弁済が委任の事務処理費用にあたるとする。

ところで、このように委任の費用前払請求権に根拠を求めるとしても、事前求償権が一定の場合に制限される理由が問題となる[39]。まずは、委任事務処理費用前払請求権が常に認められると、信用を与えるという保証の趣旨に合致せず、当事者の意思に反するということを理由とする見解がある[40]。

また、保証人は必ずしも主債務者のために免責行為をなすとは限らないから、民法は所定の特別の場合にのみ事前求償を認めたと説明する見解がある[41]。最後に、保証人となっただけでは、直ちに弁済しなければならないとは限らないから、委任事務処理費用の前払を請求できる場合を制限したと説明する見解がある[42]。

　(b)　これに対して、(a)の見解と結論は同じであるが、説明の仕方が異なるものがある。すなわち、保証における委託の内容を分析的に捉え、直接には保証契約の締結のみが委託内容であるとしつつ、委託内容としての保証契約の内容に弁済が含まれているため、保証債務の弁済は委任にもとづく出捐として、委任事務処理費用としての性格を有すると捉える見解である[43]。

b　委任事務処理費用前払請求権に根拠を求めることを否定する見解

　以上に対して、委任事務処理費用前払請求権に事前求償権の根拠を求めることを否定する見解がある。そのなかでもいくつかの見解に分かれている。

　(a)　受託保証人の事後求償権については委任事務処理費用償還請求権として性格づけるが、事前求償権については、「保証債務という債務が通常の債務と異なり、常には履行されないという特別な性格をもった債務である」ということから、「民法459条1項前段及び同460条各号が定める場合に事前求償権が認められるのは、同649条が適用されないからではなく、保証が委託された場合の費用の内容を具体化したにとどまる」とする見解がある[44]。すなわち、「主たる債務者が主債務を履行することによって消滅するという可能性がきわめて小さい場合に限って、保証債務として支払うべき額が費用にあたる」とする。これは、事前求償権を「事務処理費用の前払請求」に根拠づけるというよりも、「現在の費用支払請求に準ずるものとして弁済費用の前払請求を認める」ものと指摘されている[45]。

　(b)　次に、保証における事前求償権の規定は、委任の規定を排除するものであり、両規定は性格が異なるとする見解がある[46]。たとえば、比較法

的見地および事前求償権の沿革についての詳細な検討を踏まえたうえで、「我が民法の解釈上、事前求償権を 649 条に関連づけるべき必然性はなく、むしろ適切でない」とする[47]。また、「委任費用は前か後かに支払われるべきもので、両者併存することはなく、前払いが、後払いのための担保的役割を果たすものでもない」という点も理由として指摘されている[48]。

（c）さらに、前記（a）（b）の見解とは異なった理由から、「事前求償権を委任事務処理費用前払請求権に関連づけることには無理がある」とみる見解がある[49]。その理由として、物上保証人の求償権との関連で問題を捉えた場合に不当な結果となることを指摘する。すなわち、「担保権の実行を受けた場合と第三者弁済をした場合との両者について事後求償権が認められることは」、物上保証の「民法 351 条より明らかである」ことに対して、前者の場合は「委託によって引き受けた責任の実現であり、委任に基づくものである」といえるが、後者の弁済の場合は「直接の委任内容には含まれず、少なくとも委任を専ら委託者のためにするものとみる限り、その費用の前払請求をなしうるものではない」といえることから、このように事前求償を認める場合と認められない場合とが出てくるのはおかしいという。さらに、「保証人・物上保証人による債権者の満足の場合を、すべて委任事務処理『費用』で捉えきることにも困難がある」と指摘する。

（d）また、委託を受けた保証人の保証委託内容が保証契約の締結に限られるという前提に立って、保証人の弁済は委任によらないということから、そもそも事後求償権は委任事務処理費用償還請求権によっては性格づけられず、事前求償権についても、委任事務処理費用の前払請求権としては性格づけられないとする見解がある[50]。

c 事前求償権に言及する裁判例

この点に関する下級審判決がある[51]。当該判決では、委託を受けた物上保証人に事前求償権が認められるか否かという問題の前提として、受託保証人の事前求償権が判断の対象とされた。すなわち、受託保証人と主債務者間

の関係は委任契約関係であって、その保証の履行は委任事務処理にほかならないから、受託保証人は民法649条にもとづいて必要費の前払を請求することができるはずではあるが、「受託保証人が保証債務の履行に必要な費用の前払を常に主たる債務者に対して請求できるとすれば、受託保証人が保証を引受けることによって主たる債務者に信用を供与しようとする保証本来の趣旨を無意味にし、保証の委任に関する当事者の意思にも反する結果となるため、民法は、保証の委任については同条（筆者注：民法649条）を適用しないこととした上、同法第459条第1項前段及び第460条各号所定の場合に限って例外的に保証人に事前求償権を認めることとしているのである」とする。この判決は、上のa（a）説と同旨であるといえよう[52]。これに対して、最高裁は当該判決の上告を棄却した。ただし、その判決理由において求償権が委任事務処理費用であるとは表現されておらず、原審と同様に解したか否かは定かではないとされている[53]。

d　まとめ

ここまで、事前求償権の根拠に関して、委任の事務処理費用前払請求権を指摘するか否かという観点から問題を概観してきた。現在のところ、aの見解のように委任の事務処理費用前払請求権に根拠を求める見解が通説といえる。しかし、bのように委任事務処理費用前払請求権と結びつけない見解も近時有力となりつつあるように思われる。後者のように委任の事務処理費用前払請求権に根拠を求めないとすると、結局のところ事前求償権（民法459条1項前段および民法460条）の趣旨または実質的根拠をどのように捉えるのかが問題となる。これに関して、b（b）（c）の見解は、政策的観点から法の認めた特別の権利であると捉えているが、その内容については見解が分かれる。他方で、前者のように事務処理費用前払請求権に根拠を求めるとしても、それとは別に事前求償権の趣旨または実質的根拠を問題とする見解がある。そこで、事前求償権の趣旨または実質的根拠を次にみておく。

(2) 事前求償権の趣旨または実質的根拠

a 事前求償権は委任における費用前払請求権に相当すると理解しつつ、民法459条1項および民法460条各号の場合に事後求償権しか認められないのであれば、「保証人の保護に欠ける」から事前求償権が認められたと説明する見解がある[54]。

b 保証における委託の内容は保証契約の締結のみであって、保証人の弁済までは委任の内容に含まれないが、「いやしくも依頼して保証人になってもらった以上は、保証人が委任にもとづいて損失をこうむるようなことがあってはならないという趣旨から、場合を限って例外的に事前求償を認め」たものであるとする見解がある[55]。

c 民法が事前求償権を認めた趣旨について、「事後求償権の保全のため、という目的でのみ成立する権利である」と捉える見解がある[56]。

d 「事前求償権規定の沿革および起草趣旨に照らしても、事前求償権は、保証人が自己の損害を防止するためにみずからの免責または担保を請求しうるために認められた特別の権利、つまり解放請求権の一種として理解」すべきとみる見解がある[57]。

e 事前求償権を「委任の費用前払請求権と構成するのは説明にすぎない」ものとし、「事後求償権を担保する機能を有しているのは事実だが」、「これを認める実質的根拠は、保証人の債務が拡大することを防止するためである」とする見解がある[58]。

以上について、aとbの見解は、保証人の保護や、受託保証人が委任から損失を被ることの不当性を事前求償権の根拠としている。しかし、この種の価値判断のみでは、事前求償権の制度趣旨ないし実質的根拠の説明としては不十分と思われる。これに対して、cからeの見解は事前求償権の制度趣旨

ないし実質的根拠を説明している。まずcの見解は、事前求償権の根拠として、事後求償権に対する保全ないし担保機能を指摘する。また、dの見解は、受託保証人についての免責または担保請求といった解放請求権の一種であると指摘する。そしてeの見解は、これらcとdの見解の折衷的な見解とみることができる。そこで、現在の学説上、事前求償権については、cの見解とdの見解とに大別できるであろう。

　他方で、本書の視点からすると、他の場面との関係が問題となるが、これらの学説は受託保証の場面でのみ事前求償権の趣旨を検討している。ただし、のちに触れるように、事前求償権規定が物上保証に類推適用されるか否かが問題とされている。この意味では、保証と物上保証の場面間の類似性が問題にされているといえよう。

(3) 事前求償権と事後求償権の関係

　事前求償権の根拠または趣旨については、以上のような見解の対立がある。いずれの見解を採るにしても、事前求償権が事後求償権といかなる関係にあるのかが問題となる。すなわち、事前求償権と事後求償権とは同一の権利なのか、それとも個別に独立した権利なのかという問題である[59]。

　　a　「求償権はあくまでも一個の権利であり、事前求償権と事後求償権とは、それぞれ法的性質を異にする二個の求償権ではありえない」との見解が存在する[60]。これは、「事前求償権が発生したのち、保証人の出捐によって主債務者が免責されたときは、事後求償権のみが存在することとなり、事前求償権を語る余地は存しない」し、また、「求償権は、原則として免責事由発生後に事後求償権として発動するが、一定の要件のもとに事前求償権の姿を取りうる」が、「このことは、決して二つの請求権が存することを意味しない」とする[61]。また、事前求償権が民法459条1項前段と民法460条とに規定されており、民法460条に統一して規定されていないということは、事前求償権と事後求償権とを分けて捉えないことの理由になるという[62]。

b　以上に対して、判例は、事前求償権と事後求償権とはその発生要件を異にするだけでなく、事前求償権においては、民法461条で主債務者を保護するために抗弁権が設けられており、両者の法的性質は異なるものであるとする[63]。この判例と同様の見解が存在する[64]。そのなかでも、さらにいくつかの見解に分かれる。

　①両者併存するとの見解[65]、②保証人を負担から解放するという観点からは両者同一の目的を有するが、具体的内容をもつ給付という観点から別個の給付請求権であり、それぞれの給付請求権ごとに求償権の属性を決定すべきであるとする見解[66]、③形式的には両者併存するが、事前求償権の行使は、その担保的な性格により、事後求償権の範囲でのみ認められるとする見解[67]、④それぞれ独立した存在ではあるが、両者の間には特殊な関連があり、事前求償権の事後求償権保全という目的からすると、事後求償権が弁済を受けて初めて事前求償権も消滅するとの見解[68]、⑤事前求償権は保証人の免責行為後の求償権確保を目的とするものであって、独立の債権というよりは保証人の地位に付随し、その利益を保護するための「権利的地位」と解されるのであって、事後求償権の発生後もその存続を認めるとしても、それは事後求償権と併存し、対等の資格で競合する権利というよりも、事後求償権を担保するためのものであるとの見解[69]、⑥事前求償権は事後求償権とは別個の権利ではあるが、事後求償権発生後は、事前求償権について認められた権利が事後求償権に移行し、事後求償権についても、事前求償権について認められた権利の行使が可能であるとする見解[70]、⑦事前求償権を免責請求権と捉えることによって両者はまったく別個の権利であるとし、保証人の代位弁済後に免責請求権が残る余地はないとする見解[71]がある。

　以上の諸説は、a説を総称して一個説または一元説、b説を総称して二個説または二元説などと呼ばれることがある。このように大別されうるとしても、事前求償権の根拠と関連して、それぞれの説の内部においてもニュアンスの異なった説明がなされている。この点に関して、諸学説の「基本的立場の厳しい理論対立にもかかわらず、その具体的な処理結果では大差なく、む

しろ、各説が望ましいとする処理方向はほぼ同一である」との指摘がある[72]。すなわち、a説においては、「時効につき、権利の同一性を崩しかねない」し、b説においては、両求償権をまったく別個独立の権利とするのではなく、「両者の牽連性を肯定」しているといえ、結局のところ、両説ともに「事前求償権の事後求償権への機能的従属性を認める方向」にあるという。また、それぞれの説の内部での対立に関しては、「事前求償権の沿革的分析、制度の趣旨、法文の体裁さらには第三者との利害調整など」にかかわる問題であり、それらについての実質的議論が重要であるという。さらに、事前求償権と事後求償権とが同一か別個かという問題設定自体を疑問視する見解も示されている[73]。

(4) 小括

受託保証人に認められる事前求償権の根拠または趣旨については、これまでみてきたように、様々な見解が主張されており、判決もいくつか出されている。通説は、委任の費用前払請求権に根拠を求めている。しかし、近時、委任に根拠を求めることが妥当かという視点とは別に、事前求償権の制度趣旨ないし実質的根拠を検討する方向にあるといえる。ただし、そのなかでも学説が分かれており、いまだに解決をみない問題といえよう。

以上の点と関連し、事前求償権と事後求償権の実質的根拠に共通性があるか否かが問題となる。学説上は、両求償権の関係について、大局的には一元説と二元説とが対立している。一元説を採れば、両求償権の実質的根拠を同一のものとみることになり、二元説を採れば別個のものとみることになろう。なお、いずれの見解を採るにしても、事前求償権と事後求償権との牽連性が認められており、前者の後者への機能的従属を認める方向にあると指摘されている。そこで、受託保証人の事前求償権と事後求償権とは、個別に検討されている一方で、一定の関係性が認められているといえよう。

他方で、本書の視点からみると、事前求償権については、事後求償権と明確に区別された形で、受託保証人に固有の問題として議論されることが一般的であり、他の求償場面との共通性は基本的には意識されていないといえる。

ただし、物上保証への類推適用の可否が問題とされており、この点では保証と物上保証との類似性が意識されている。このような物上保証への類推適用の問題については、後に物上保証の箇所で検討を加えたい。

4 特殊な保証形態における求償関係

　最後に、特殊な保証形態における求償関係を検討する。この特殊な保証形態としては、連帯保証と共同保証があげられる。連帯保証とは、保証人が主債務者と連帯して債務を負担する場合をいい、共同保証とは、一個の債務について複数の保証人がいる場合をいう。前者の連帯保証において、連帯保証人と主債務者の内部関係としての求償関係については、通常の保証と異なるところはなく、民法459条以下の規定が適用される。したがって、連帯保証における求償権を通常の保証と別異に問題とする必要はない[74]。また、共同保証においても、主債務者との関係では、保証人の求償権の問題は通常の保証と変わらない[75]。これに対して、共同保証人相互間の求償関係については、保証人相互の問題として、通常の保証と異なる特徴を有する[76]。したがって、共同保証人相互間の求償関係について、ここで別異に検討する必要があると考える。

　共同保証人の一人が弁済その他の出捐行為をなした場合には、主債務者に対する求償権が生じると同時に、他の共同保証人に対しても求償権が生じる（民法465条）。このような本条の規定は、分別の利益を有しない場合（本条1項）と、分別の利益を有する場合（本条2項）とに分けられる。そこで、それぞれの場合ごとにみていきたい。

(1) 分別の利益を有しない場合の共同保証人間の求償関係

　分別の利益を有しない場合としては、①主債務が不可分である場合、および②保証人間に連帯の特約がなされている場合（保証連帯）、の二つが民法465条1項に規定されている。さらに、③共同保証人の各自が主債務者と連

帯する場合（連帯保証）をも含むと一般に解されている。この③の場合を含める理由は、共同保証人の内部においては負担部分があるにもかかわらず、分別の利益がないために、全額弁済の必要がある点では保証連帯と同じであるから、連帯保証人が複数の場合にも同条1項が適用されるとするものである[77]。これらの場合に、全額その他自己の負担部分を超えて弁済したときは、連帯債務者間の求償権に関する規定（民法442条から444条）が準用される（民法465条1項）。ただし、要件に関しては、「負担部分を超える額」の弁済が必要であると規定されており、連帯債務における通説的解釈とは相違している。

この共同保証人間の求償権の根拠に関して、「主たる債務者の資力が十分でないときに出捐をした保証人だけが損失を負担しなければならなくなっては、共同保証人間の公平に反する」という点を指摘する見解がある[78]。また、「保証人相互間の求償・代位関係を規律する465条・501条5号本文は、まさしく究極の負担者である債務者の無資力の危険に対して、物上保証人を含む保証人内部での人数による均等割りを明示している」とする見解がある[79]。

当該問題に関する詳細な文献は存在しないが、民法が連帯債務者間の求償権規定を準用していることからすると、共同保証人間の求償権の根拠は、基本的には連帯債務者間の求償権の根拠と同様に考えるべきこととなろう。しかし、上述のように、当該求償権が二次的責任負担者間のリスク配分の規定であるとの指摘もあることからすると、連帯債務者間の求償権の根拠との関係を明らかにする必要があるように思われる。

(2) 分別の利益を有する場合の共同保証人間の求償権

共同保証人は分別の利益を有することが原則であって、債権者に対して平等の割合をもって分別された額についてのみ、保証債務を負担するものである（民法456条、民法427条）。したがって、この場合には、分担額を弁済する義務を負わされるにすぎない。しかし、民法465条2項は、この分担額を超えて弁済した場合でも、委託を受けない保証人の求償権に関する規定（民

法462条）を準用している。そこで、他の共同保証人に対して負担部分を超える額を求償しうる。この求償権の根拠について、明示する文献は見当たらないが、民法462条の場合における求償権の根拠と同様に解することになろう。

(3) 保証人の主債務者への求償権および弁済による代位との関係

共同保証人間に求償権が生じる場合には、当該求償権と主債務者への求償権との関係が問題となる。これについて、請求権競合の関係[80]、または不真正連帯の関係[81]であると解されている。

他方で、主債務者に対する求償権を確保するために、保証人は法定代位権者として原債権について代位しうることになる。その際に、共同保証人間の求償権と弁済による代位との関係が問題となりうる。この問題について、そもそも代位の適用を否定すべきとする見解も主張されているが[82]、通説は代位の適用を肯定している[83]。さらに後者のなかでも、共同保証人の求償権規定が代位に優先するとみる見解と[84]、弁済による代位の規定が優先するとみる見解[85]とに分かれている。裁判例として、代位の適用を肯定し、共同保証人間の求償権よりも代位が優先的に適用されると判断した下級審判決がある[86]。

(4) 小括

特殊な保証形態とされる連帯保証にあっても、連帯保証人と主債務者との内部関係は通常の保証における求償関係と異ならない。また、共同保証においても、代位弁済者である共同保証人の一人と主債務者との関係は通常の保証と異ならない。

問題となるのは、共同保証人相互間の求償関係である。それというのも、共同保証人は他の共同保証人のために保証債務を弁済するのではないと捉えられることからすると、通常の保証における求償権とは性格を異にするからである。これについて、民法の条文では、連帯債務における求償関係規定（民

法442条以下）を準用している。しかし、先にみた通り、当該求償権は保証人という二次的責任負担者間で主債務者無資力の危険を分担するための規定と捉えられることからすると、連帯債務者間の求償権とも利益状況を異にする可能性がある。なぜなら、連帯債務においては自己の負担部分を超える弁済は他の連帯債務者のための出捐といいうるが、共同保証にあっては代位弁済者の出捐は主債務者のための出捐とはいえても、他の保証人のための出捐とは捉えられないからである。その一方で、弁済による代位の規定のなかで民法501条が代位者相互間の利益調整をはかっている。このことからすると、弁済による代位と共同保証人間の求償権は同様の制度趣旨を有するとも考えられる。そこで、弁済による代位と共同保証人間の求償権との関係を明らかにする必要がある。このような問題を解決するためにも、共同保証人間の求償権の根拠ないし制度趣旨を究明する必要が感じられる[87]。

　他方で、共同保証人間の求償権として、分別の利益がない場合には連帯債務者の求償権（民法442条以下）が準用され、分別の利益がある場合には委託のない保証人の求償権（民法462条）が準用されている。このことからすると、通常の保証の場面のみならず、連帯債務の場面との類似性も問題となりうると考えられる。

第3款　物上保証における求償関係

1　緒論

　物上保証人の求償権については、明文の規定（民法351条、372条）によって、保証における求償権の規定が準用される。したがって、求償権が認められること自体に問題はなく、従来、当該求償権の根拠についてはあまり議論されてこなかった。しかし、最高裁によって物上保証人には事前求償権を認めないとする判決が出されて以降、学説においても事前求償権の成否につい

て議論が盛んになっている。以下では、物上保証人の事後求償権および事前求償権に関する議論を検討する。

2 物上保証人の事後求償権の根拠

(1) 従来の学説

債務者以外の第三者が質権または抵当権を設定してもよく（民法342条、369条）、他人の債務のために自分の財産のうえに質権または抵当権を設定する者を物上保証人という。民法は、質権者が自ら進んで弁済し、または質権の実行によって質物の所有権を失ったときは、保証債務の規定に従って債務者に対して求償権を取得すると規定している（民法351条）。また、抵当権においても、民法372条によって民法351条が準用されている。

このように保証人の求償権を準用する理由について、物上保証人は責任のみを負担し、自分で債務を負担するものではない点で保証人とは異なるが、「債務者に対する関係では、その地位は保証人と似ているから」と説明されることが一般的である[88]。同じく、「両者の『責任』の法律的形態は異なるが、他人の債務を担保するために自己の財産を他人の債権者の掴取権（給付を受領し適法に保持する権利）の目的に供するという点において、両者は共通の性質を有している」と説明するものがある[89]。

このような説明に対して、たしかに物上保証人は一般財産に執行されることはないが、「被担保債権が弁済されなければ、担保物権が実行され、担保物の所有権が失われることになるから、物上保証人は、事実上、弁済を強制されることになり、むしろ、担保物の価額を限度とする物的有限債務（物上債務とでも呼ぶべきか）と解する方が、明解である」とする見解がある[90]。これは、物上保証人と保証人の地位との類似性をより強調する見解であるといえよう。

他方で、「物上保証は、他人のために担保物権を設定する行為であり、債務者に代わって債務を履行する委任ではない」ことから、「物上保証人が弁

済等により債務者の債務を消滅させ、免責を得させることは委任事務の処理とはいえず、むしろ、義務なくして債務者のためになされた事務管理（697条）に相当し」、「求償権の性質は、事務管理費用償還請求権（702条）と解すべき」と指摘する見解がある[91]。なお、当見解も物上保証と保証の類似性を否定しているわけではない。

(2) 小括

以上のような根拠条文および保証との類似性の説明とは別に、物上保証に固有の問題として事後求償権の実質的根拠を詳細に論ずる文献は見当たらない。前記（1）の諸見解からすると、具体的に事務管理規定を指摘する見解があるほかは、基本的には、保証人の求償権の根拠と同様に解すべきことになろう。しかし、物上保証と保証との違いも意識されているところである。そうであるならば、保証との類似性を基礎におきつつも、物上保証に固有の問題を意識して、物上保証人の事後求償権と保証人の事後求償権との異同を探る必要があるといえよう。

他方で、「物上保証人が、第三者弁済をしたり担保権の実行を受けることにより債権者に満足を与えた場合は、正当の利益を有する者の代位弁済として当然に債権者に代位する」とされる[92]。そこで、物上保証人の求償権と第三者弁済における求償権および弁済による代位との関係が問題となりうる[93]。しかし、この問題を物上保証における求償権の側から詳細に論じた文献はほとんどみられない[94]。

3 物上保証人の事前求償権

事前求償権規定が物上保証に類推適用されるか否かに関する最高裁判決[95]が出されて以来、判例研究を通じて様々な見解が主張されている[96]。この問題が、保証人の事前求償権自体の根拠・趣旨などと密接にかかわる問題であることは、保証の箇所で触れた通りである。以下では、物上保証における

事前求償権について、最高裁判決を紹介したうえで、判例評釈を中心にまとめる。

(1)　判例

当該最高裁判決は委託を受けた物上保証人への事前求償権の類推適用を否定したものであるが、その理由は次の通りである。「けだし、抵当権については、民法372条の規定によって同法351条の規定が準用されるので、物上保証人が右債務を弁済し、又は抵当権の実行により右債務が消滅した場合には、物上保証人は債務者に対して求償権を取得し、その求償の範囲については保証債務に関する規定が準用されることになるが、右規定が債務者に対してあらかじめ求償権を行使することを許容する根拠となるものではなく、他にこれを許容する根拠となる規定もないからである」。これに続けて、「民法372条の規定によって抵当権について準用される同法351条の規定は、物上保証人の出捐により被担保債権が消滅した場合の物上保証人と債務者との法律関係が保証人の弁済により主債務が消滅した場合の保証人と主債務者との法律関係に類似することを示すものであるということができる」と両者の共通性を指摘しながらも、「保証の委託とは、主債務者が債務の履行をしない場合に、受託者において右債務の履行をする責に任ずることを内容とする契約を受託者と債権者との間において締結することについて主債務者が受託者に委任することであるから、受託者が右委任にしたがった保証をしたときには、受託者は自ら保証債務を負担することになり、保証債務の弁済は右委任に係る事務処理により生じる負担であるということができる。これに対して、物上保証の委託は、物権設定行為の委任にすぎず、債務負担行為の委任ではないから、受託者が右委任にしたがって抵当権を設定したとしても、受託者は抵当不動産の価額の限度で責任を負担するものにすぎず、抵当不動産の売却代金による被担保債権の消滅の有無及びその範囲は、抵当不動産の売却代金の配当等によって確定するものであるから、求償権の範囲はもちろんその存在すらあらかじめ確定することはできず、また、抵当不動産の売却代金の配当等による被担保債権の消滅又は受託者のする被担保債権の弁済をもって

委任事務の処理と解することもできないのである」と両者の相異点を明示する。「したがって、物上保証人の出捐によって債務が消滅した後の求償関係に類似性があるからといって、右に説示した相異点を無視して、委託を受けた保証人の事前求償権に関する民法 460 条の規定を委託を受けた物上保証人に類推適用することはできない」と結論づけている。これをまとめると、①民法 351 条の文理解釈、②保証と物上保証との相違点、という二点から類推適用否定の結論を導いているものといえる。

(2) 学説

それでは、当該判例に対する解説や評釈をみてみよう。

　　a　判例を支持し、物上保証人につき事前求償権の適用を否定する見解がある[97]。この見解は、先の最高裁の見解と同様の理由づけをする。すなわち、前記①の点については、民法 351 条は、物上保証人が「債務を弁済し、又は質権の実行によって質物の所有権を失ったとき」と定めているところ、これを事後求償権に限る趣旨であると解し、「保証債務に関する規定に従い」と定めているのは、委託の有無により求償の範囲を異にするという趣旨であると解する。

　また、前記②の点については、否定の実質的理由になるとして賛同する。端的に言えば、保証と物上保証とではその利益状況が異なっているということ、すなわち、保証における事前求償権の規定を物上保証に類推適用するために必要となる程度の根拠がないとする。具体的に示せば、物上保証においては、債務を負わず、責任しか負わないという点と、求償権の存否およびその範囲をあらかじめ確定しえないという点に相違を認めている。このことは、事前求償権の性質を委任の事務処理費用償還請求権に求めない見解を採ったとしても、相違するものではないとされる[98]。なお、先の判決は保証人の事前求償権の性質と委任の事務処理費用の前払との関係を直接論ずるものではないと指摘される[99]。

　また、結論においては同様であるが、これと異なる説明をするものがある。

それは、事前求償権が受任者の委任事務処理費用の前払請求権という性質を有するものであるとしたうえで、「物上保証の委託は、債務者のために担保権設定契約を締結し物的有限責任を負担するにとどまるもの」であるので、事務処理費用というものは観念しえないということを理由として、委任事務処理費用の前払請求権としての事前求償権も生じえないとする[100]。

b また、事前求償権を保証人の「免責・担保請求」としてのみ捉え、弁済費用の事前償還は認めないという理解、すなわち、事前求償権の「謙抑的運用」という理解に立って、「明文規定のある保証については右解釈が困難ではあるけれども、類推による物上保証の場合には、それが可能であり、かつ合理的である」とし、本判決の理論構成の点には賛成しないが、「具体的結論には同調する」とするものがある[101]。

c 以上に対して、前記判例に反対し、物上保証人に事前求償権を肯定する見解も有力である[102]。判例のあげる①の点について、たとえば、民法351条を「質権設定者は債務者ではないが、質権実行の場合だけではなく、自ら第三者弁済をした場合も求償権を行使することができる旨を明らかにした」ものと解して、事前求償権を排除する趣旨であるとは捉えない余地があると説明する[103]。また、起草者の意思ははっきりしないが、民法351条は「保証に関する規定の未確定のうちに提案された暫定的な条文がそのまま確定した条文となったものであるという立法経緯」からすると、事前求償の規定を適用するか否かは「理論上認められるべきか否か」ということから決すべきであるとの指摘がある[104]。さらに、民法351条は事後求償権のみを予定していることは否定しえないとしながらも、「そうであるからといって直ちに物上保証人の事前求償権を否定すべきことにはならない」のであり、実践的意義があれば解釈論的にそれを認めることも可能であり、「民法460条の類推適用」により認める余地はあるという説明がある[105]。結局のところ、民法351条の文言の形式的な判断のみに拘泥することなく、実質的な判断によるべきものであるとする点で一致している。

そこで、この問題を実質的に判断する前記②の点に関して、前記判例が保

証人と物上保証人の相違を強調しているのに対して、ここでの肯定説が両者の類似性を強調するという点においては一致している。すなわち、両者の有する信用供与という性格や[106]、いずれも他人の債務のために不利益を甘受しなければならないという点に違いはないということや[107]、委任を受けて保証人になった者に損害を被らせないために事前求償権を認めたという利益状況は物上保証人においても同様であるということ[108]、があげられている。

次に、以上の肯定説について、具体的な主張内容をみておく。

(a) 保証債務の弁済という出捐と物上保証人の担保目的物による配当などによる出捐はともに委任事務の処理に必要な費用であると捉えることにより、保証と物上保証をともに委任という共通の枠組のなかで捉えることができる、ということを理由とする見解[109]がある。同様に、保証および物上保証ともに、事後求償権については委任の費用償還請求権、事前求償権については委任の費用前払請求権にその根拠を求めたうえで、「保証の場合に指摘されると同様、信用供与という物上保証の本来的な目的と整合性を保つため」ということを理由とする見解[110]がある。

(b) 事後求償権については、保証および物上保証ともに委任の費用償還請求権に根拠を求めるが、事前求償権については、両者ともに委任の費用前払請求権に根拠を求めることなく、両者の利益状況の同一性を強調する見解[111]がある。

(c) 委託を受けた保証および物上保証における委託の内容について、両者ともに弁済などの出捐行為を含まず、保証人および物上保証人の求償権を委任の事務処理費用と関連づけることなく捉え、保証において事前求償権が認められた趣旨を委任自体に求めたうえで、保証と物上保証の利益状況が類似しているということを理由とする見解[112]がある。

(d) 事前・事後求償権を委任の事務処理費用との関連では捉えず、事前求償権を、事後求償権の発生そのものを防ぐために保証からの免責を求める

権利として捉え、保証と同時に成立するのではなく、「主債務者との関係では履行期をもって委託契約に基づく信用供与は終了し、その時から、保証債務からの免責を請求しうるもの」（原則として履行期に初めて成立するもの）と解し、「その手段としての金銭の支払請求権を認める」ということを前提とするならば、物上保証に事前求償権を認めることに理論上の無理はないとし、この点をもって利益状況が同一であるとする見解[113]がある。

(3) まとめ

　以上のように、受託保証人の事前求償権の規定を物上保証人にも類推適用すべきか否かという問題は、判例がこれを否定したことを契機として、学説上議論が積み重ねられてきた。判例と同じく類推適用を否定する見解が有力である反面、これを肯定する見解も有力に主張されている。そこで、学説ではいまだに結論の出ていない問題といえる。この問題を扱う際には、保証における事前求償権の性質を検討したうえで、保証と物上保証との異同を考慮に入れて類推適用の可否が考察されることが多い。その結果として、保証の場面を比較の対象としながらも、物上保証という場面に固有の問題点が意識された形で事前求償権の成否が検討されているといえよう。

4　小括

　物上保証人の求償権に関しては、保証人の求償権規定を準用するという条文構造から、一般に保証との類似性を念頭においた説明がなされている。このことからすると、物上保証における事後求償権の実質的根拠については、保証の事後求償権と同様に解することになろう。ただし、今までのところ実質的根拠はほとんど問題とされておらず、物上保証の固有性に着目した検討はなされていない。
　これに対して、事前求償権については、受託保証人の事前求償権規定を物上保証に準用する規定は存在しないとされる。そこで、保証と物上保証との

類似性を前提として、実際に事前求償権規定が物上保証に類推適用されうるかどうかという点に議論の重点がおかれている[114]。この問題について、前記判例のように、保証と物上保証の相違点を強調して類推適用を否定する見解が若干有力なようである。しかし、これに反して、保証との類似性を強調して類推適用を肯定する見解も有力に主張されている。このような議論の結果、事前求償権の問題としては、物上保証の固有性が意識されてきたといえる。

　以上のように、物上保証における求償権に関しては、保証との比較のうえに議論が成り立っている。そこで、本書の視点からすると、物上保証と保証との類似性が求償権に関する議論に色濃く反映された場面であると捉えられる。そして、とりわけ事前求償権の議論を経ることによって、保証の場面との類似性のみならず、物上保証の場面の固有性が明確になりつつあるといえよう。

　他方で、先に指摘した通り、物上保証人の求償権規定と利害関係を有する第三者による弁済（民法 474 条）における求償権との関係が問題となりうる。この問題については、のちに第三者弁済における求償権を検討する際に触れる。

第 2 節　詳細な求償関係規定が存在しない場合

　ここまで、求償関係について詳細な規定の存在する三つの場面で、求償権の根拠がどのように理解されているかをみてきた。本節では、詳細な求償関係規定の存在しない場面、またはまったく規定が存在しないと解される場面において、求償権の根拠に関する議論がどのように展開してきたかをみることにする。ここで検討する場面では、詳細な求償関係規定が存在しないことから、求償権の成否自体が争われることも多く、とりわけ根拠に関する議論

が重要性を有すると考えられる。

　以下では、はじめに比較的議論の蓄積のある共同不法行為、そして使用者責任における求償権の根拠に関する議論を客観的かつ詳細に検討する。その後、第三者弁済における求償権についてみていく。最後に、その他の場面における求償関係として、錯誤で他人の債務を弁済した場合における求償関係と、土地工作物責任における求償関係について検討を加える。

第1款　共同不法行為における求償関係

1　緒論

　共同不法行為における求償関係が問題とされる際には[115]、そもそも共同不法行為者相互間に求償権が成立するか否かが問われることがある。そこで、まずはこの点について簡単に触れる。次に、求償権が成立する場合に、その根拠がどこに求められているのかを検討する。

2　求償権の成否

（1）　不真正連帯債務論との関係

　共同不法行為の要件を充たした場合には、「各自が連帯してその損害を賠償する責任を負う」（民法719条）とされる。これが通常の「連帯債務」を定めたものか、またはいわゆる「不真正連帯債務」を指すものかについては、不真正連帯債務の意義を含めて古くより争われている[116]。かつては求償権を認めない理由として、不真正連帯債務の本質という点を説明に用いていたこともあり[117]、求償権の成否を論じるにあたって不真正連帯債務の性質論

が問題とされることがある。しかし、この性質論が求償の成否と論理必然に結びつくものではない。なぜなら、不真正連帯債務という概念の有用性を強調する見解においても、求償権の成立を完全に否定する見解は現在では存在せず、不真正連帯債務の性質をどのように捉えても、求償権を認める点に変わりはないからである。そこで、本書では不真正連帯債務の性質論を正面から問題にすることは避け、求償権の根拠と関連する限りで言及するにとどめる。

(2) 分割責任論および一部連帯責任論との関係

共同不法行為に関する学説のなかには、損害に対する寄与度や違法性の点で僅少な原因しか有していない者に全損害の賠償責任を負わせるのは酷であることなどを理由として、責任の及ぶ範囲を限定しようとする考え方が存在する（分割責任論）[118]。かりに完全な分割責任しか負わせないと考えるのであれば、共同不法行為者の一人が全額を賠償しても、共同不法行為に特有の場面としての求償権は問題とならない。しかしこの説にあっても、寄与度などが同等であったり不明であったりするような場合には連帯して責任を負うとされるのであり、その限りでは求償権が問題となる。

他方で、一部連帯説を採れば、違法性が小さな者については損害の一部分についてだけ連帯債務を負うとされる[119]。当該見解に立っても、一部分に関しては連帯しており、その限りで求償権が成立することとなる。したがって、これらの説を採ったとしても求償権が一切認められないわけではない。

(3) 不法原因給付との関係

共同不法行為者相互間の求償権について、その根拠を一種の不当利得であると解したうえで、民法708条を適用ないし類推適用すべきことを主張する見解が存在する[120]。この見解によれば、当該求償権が認められるのは、行為者に不法認識がない（過失にすぎない）か、その行為の不法性が（相手方に比べて）軽微であるかの場合に限られることになる。このような視点から

当該求償権を捉える見解は多くはないが、求償権の根拠および要件と関連性を有する問題である。ただし、この見解も、求償権を一切認めないと解するのではなく、故意による場合に求償権の行使を制限するところに意義が認められる。したがって、少なくとも過失の場合には求償権が成立する。

(4) まとめ

以上のように、現在では共同不法行為者相互間で求償権を一切認めないとする見解は見当たらず、たとえ限定的であれ求償権は成立すると考えられている。そこで、次に求償権の根拠についてみていくことにする。

3　求償権の根拠

共同不法行為者相互間で求償権が認められる場合に、その根拠はどのように考えられているのであろうか。以下では学説を中心に検討を加える。その際に、本書の視点から、連帯債務者間の求償権（民法442条）に根拠を求める考え方と、それ以外に根拠を求める考え方とに分けて検討する。

(1)　民法442条に根拠を求める見解

　　a　かつては、共同不法行為者の負う損害賠償債務の性質を通常の連帯債務と捉える見解および判決[121]が存在していた。この考え方を前提とするならば、共同不法行為者間の求償権の根拠についても民法442条以下に求めることになる。

これに対して、日本の連帯債務において、絶対的効力を生じる場面が広く規定されているのは、「連帯債務者間に緊密な人的関係があること」に求められるところ、共同不法行為者間には「必ずしも密接な主観的共同関係があるとは限らない」ので、連帯債務そのものと捉えることは問題であると指摘されている[122]。

b　民法の規定する連帯債務は「いわば標準的なもの」であって、いわゆる不真正連帯債務と称される場合も広義の連帯債務に含まれるということを前提として、「原則的には民法432条以下の条文の適用があるが、共同不法行為の性質に基づき、適用条文に修正がなされると理解すれば足りる」という見解が存在する[123]。この見解は、求償権の規定に関して、共同不法行為の場合には一部弁済が当然に「共同の免責」にあたるとはいえないとの修正を加えつつ、民法442条の適用を認めている[124]。

　　c　共同不法行為責任を不真正連帯債務であると解したうえで、「求償権は複数債務者の間には当然認められる権利」であって、「不真正連帯債務であるという性質から導かれる」と捉える見解がある[125]。この見解によれば、共同不法行為は「複数関与者が連帯債務を負担する場合であるから、原則として432条以下の規定を適用すればよい」とされ、民法442条、444条の適用が認められる。なお、弁済による代位の規定（民法500条以下）については、被害者の有する権利を不法行為に関与した者に行使させるのは妥当でないとして、その適用が否定されている[126]。

(2) 民法442条以外に根拠を求める見解

　　a　「不真正連帯債務者間においては、求償関係をその当然の内容とはしない」が、当該債務者間に「特別の法律関係が存在するときは、これに基づいて求償関係を生ずる場合が多いであろう」とする見解[127]がある。その特別の法律関係の例として、契約関係を基礎として求償権が存在する場合[128]と、このような契約関係のない場合においても各自の負担する全部義務の性質に差異があるために、ある債務者だけが終局の責任者と認められるときには、他の者はこれに対して求償権を行使すると同様の結果を生じることになる場合[129]とがあげられている。
　これに対しては、別個の法律関係によって求償関係が認められない場合がありうるし[130]、また共同不法行為における求償権の根拠を統一的なものに求めることができなくなる[131]、との批判がなされている。

b　当該求償権について、「通常の連帯債務における求償権とは異なった構造のもとに把握すべきである」とし、その根拠として「事務管理に準ずる費用償還請求権」をあげる見解が存在する[132]。この見解は、東京地判昭和42年11月7日[133]と、大阪地判昭和43年12月19日[134]を引用する。この両判決は、過失割合に応じた責任を共同賠償責任者に認めたうえで、負担部分を超える部分についての支払は、客観的にみて他人の事務管理にあたると判断するものである。そして、後者の判決において、その超過部分の支払については他人のためにする意思が存在し、他方で法律上の義務も存在していないとする。

　この考え方に対しては、「他人のためにする意思があるといえるのであろうか」という疑問が呈されている[135]。

　　c　不真正連帯債務における求償権の実質的な根拠を「不当利得」に求めようとする見解が存在する[136]。これに加えて、共同不法行為者間の求償権の根拠について、「法秩序の予定する負担配分の法則に反することによる不当利得（求償型）返還の関係である」と捉える見解がある[137]。同様に、「共同不法行為の加害者間で求償を認めるか否かは、それ自体政策的な問題」と考えるべきであるとして、被害者保護や公平の観点から求償を認め、「その法的性格は一種の不当利得といえよう（「求償」という特殊な類型の不当利得である）」と説明する見解が存在する[138]。

　　d　賠償者代位（民法422条）に根拠を求める考え方が存在しうるとされる[139]。この考え方によれば、「第三者に対する債権者の権利は、所有権または占有権による物上請求権のみでなく、損害賠償請求権についても代位を生ずる」ものと解され[140]、不真正連帯債務者間における求償の場面でもその適用がありうることになる[141]。

　この考え方に対して、賠償者代位制度は求償制度の補完的機能を果たしてきたが、「現在においては、求償制度については、それ自体で解決するように努力すべきであろう」という指摘がある[142]。また、民法起草者は、民法422条について「物あるいは権利の存在を前提」にしており、「物あるい

は権利の滅失の場合を考えていなかったと思われる」ということから、民法422条を「求償権の一般的根拠規定と考えることは出来ないと思われる」と批判される[143]。

e　民法500条の法定代位を根拠とする見解がある[144]。これによれば、「連帯債務者の求償の根拠規定として民法500条を適用する」ということ、さらに「共同不法行為者の債務は連帯債務であり、連帯債務に関するすべての規定が共同不法行為に適用されるべきである」ということが民法起草者の意思に合致するものとされ、このように解することが「共同不法行為者間の求償について、理論上も実際上も妥当な結論をもたらす」とされる。

　この見解に対しては、「代位は求償権を担保するためであって、原債権者（ここでは被害者）の有する担保権を代位権者が行使するためである」が、「被害者が担保権を有する場合はなかろうし、担保権に似たものといえば、保険金請求権であるが、これを行使することが出来るはずもない」という批判がある[145]。

f　共同不法行為を不真正連帯債務と捉えたうえで、不真正連帯債務にも求償は認められるのであり、その際、負担部分は因果関係ないし加功度と過失の程度で決められるべきとする見解がある[146]。この見解は、「不真正連帯にあっては、いわば共同契約による連帯をモデルとした442条以下の規定は、多くの場合適用しがたい」が、「不真正連帯にも躊躇せずに内部的清算を認めるべき」であり、求償を他の制度に任せるのではなく、「真正面から求償権を肯定」すべきであるとする[147]。そして、現在、事務管理・不当利得ないし賠償者代位により内部的に清算されているのは、「求償権への発展の一段階にあるのではないか」と指摘する[148]。

　同様に、不真正連帯債務には、連帯債務に関する民法442条以下の規定は適用されないが、不真正連帯債務と連帯債務との間には本質的差異は認め難く、「不真正連帯債務者相互間には、その内部的法律関係に従って求償関係を生じうる」ものであり、「本質的に求償関係を生じ得ないということではない」という見解がある[149]。

これらの見解に対しては、「不真正連帯債務だからというだけでは、実質的な説明にはなっていない」という批判がある[150]。

g　共同不法行為における求償権を相互保証理論から説明する見解がある[151]。たとえば、「各共同行為者は共同不法行為の結果である一つの損害について部分的な因果関係を有しており、その部分的因果関係の割合に応じて、被害者に対して負担部分を負う」という部分的因果関係の理論を前提として、「各共同不法行為者は、被害者に対して自らの部分的因果関係に対応する固有の責任（負担部分）を負うと同時に、それを超える部分については、被害者を救済するために、民法 719 条の規定によって他の共同不法行為者の負担部分を保証することを義務づけられている」とする見解がある[152]。同様に、「複数加害者各自が被害者に対して負う損害賠償債務の中に、自己固有の負担部分（本来的負担部分）と、他の加害者の損害賠償債務を被害者に対して担保している部分（保証部分）がある」ことを前提として、本来的負担部分を超えて賠償した加害者が他の加害者に対して保証部分の履行を理由として求償できるとする見解がある[153]。

4　小括

かつては共同不法行為を不真正連帯債務の一場面と捉え、本質的に求償権は成立しないとする見解があった。しかし、現在では、求償権の成立を否定する見解は見当たらない。他方で、近時有力に主張されている一部連帯説や分割責任説に立っても、全面的に求償権が成立しないとされるわけではない。したがって、共同不法行為が成立する場合には、求償権の根拠を論じる必要が生じる。

当該求償権の根拠については、前述のように様々に争われており、現在のところ通説といえる見解は存在しない。まず、前記 3 (1) の諸見解のように連帯債務における求償権（民法 442 条以下）に根拠を求める見解がある。この見解によれば、民法 442 条という法的根拠は明確になるが、その実質的

根拠は明らかとならない。結局のところ、連帯債務における求償権の実質的根拠いかんが問題になるであろう。これに対して、民法442条以外に根拠を求める諸見解は、何らかの実質的根拠を追究しようとしていると捉えられる。

他方で、求償権統一化という本書の視点に立って学説を概観するならば、共同不法行為における求償権について、他の場面を意識しつつ論理を展開する見解が大勢を占めているといえる。まずは、前記(1)の諸見解は、民法442条を法的根拠として指摘することで、連帯債務における求償権との類似性を意識している。他方で、(1) b c や (2) f の見解は、不真正連帯債務論を媒介とすることによって、とりわけ使用者責任のように不真正連帯債務とされる場面との類似性を強調している。さらに、(2) g の見解は、相互保証説を媒介とすることによって連帯債務および保証との類似性を意識しているといえる。これに対して、(2) a 個別の法律関係説、(2) b 事務管理説、(2) c 不当利得説または(2) e 代位説は、基本的に共同不法行為に固有の問題として求償権を考察するものである。ただし、他の求償場面でも内部関係を個別に検討する見解は存在し、事務管理説や不当利得説が主張されている。そこで、これらの見解も根拠面で他の場面と共通性を有する可能性があるといえよう。

第2款　使用者責任における求償関係

1　緒論

使用者責任が問われる場面で問題となりうる求償権には、二種類のものがある。それは、使用者が賠償をなした場合に被用者に対して行使する求償権（以下、「使用者の求償権」と称する）と、被用者が賠償をなした場合に使用者に対して行使する求償権（以下、「被用者の求償権」と称する）である。後者は「逆求償権」といわれることもある。使用者責任においては、賠償義

務者がそれぞれ同じ立場に立つ共同不法行為とは違って、使用者と被用者は雇用契約当事者という主従関係にあり、両者は想定される場面が異なる。したがって、このように使用者と被用者の利益状況が異なる使用者責任の場合には、共同不法行為とは異なって、求償権を二種類に分けて検討することが必要となる[154]。

　ところで、使用者の求償権については、民法715条3項で「求償権の行使を妨げない」とある。これを法的根拠とみる可能性もあるが、この点には争いがある。これに対して、被用者の求償権には直接に根拠となりうる条文は存在していない。他方で、使用者の求償権の成立自体を一般的ないし全面的に制限しようとする見解が存在している。これに対して、被用者の求償権については、そもそも何らの規定も存在しておらず、被用者の求償権を認めない見解も有力に主張されている。そこで、両求償権ともにその根拠を検討する前に、求償権の成否を検討する必要があるだろう。なぜなら、求償権の成立を全面的に否定する見解に立てば、その根拠について検討するまでもないからである。

　以下では、まず使用者の求償権の成否について、求償制限の理論と関連させながら検討する[155]。そのなかで、求償権の成立を認めないとしても、その求償権が理論上は成立しうるが、何らかの理由から成立を認めないのか、そもそも成立しえないのかを明らかにしたい。次に、求償権が制限的であれ成立すると捉えられるのであれば、その根拠をどのように考えるのかを検討する。これに続いて、被用者の求償権についてその可否および根拠をみていくことにする。

2　使用者の求償権の成否

　まずは使用者の求償権を否定する可能性を含む「求償制限理論」について検討する。この理論は、求償権の根拠との関連で捉えられる場合があるので、その限りで求償権の根拠にも触れることになる。

(1) 求償制限論と求償権の成否に関する学説

そもそも、民法起草者は、使用者責任の根拠を使用者の選任または監督上の過失に求めていた[156]。これは使用者責任を使用者の自己責任と捉える立場といえるので、求償権の成立自体が問題とならない。なぜなら、使用者が被用者の選任監督につき過失を有していれば、使用者は自己責任を負担する結果として被害者に賠償したにすぎないからである。他方で、被用者自身にも故意・過失がある場合には、使用者と被用者との共同不法行為として処理されることになるはずだと指摘される[157]。しかし、民法施行後には、使用者責任の根拠を代位責任に求めることが主流となった。この見解からは、損害を賠償した使用者が被用者に対して全面的に求償しうるのは当然ということになる[158]。以上に対して、近時、使用者の自己責任にその根拠を求める見解が復活し、使用者の求償権を制限すべきとの主張がなされている。ただし、これは旧来の自己責任に対する捉え方とは違って、使用者側に報償責任・危険責任の観点から何らかの責任を認めようとするものである。これらの見解は、使用者の求償権を制限しようとする方向では一致するが[159]、その制限の根拠、範囲については様々である。そこで、この点について、以下検討を加える。

a 権利濫用説

「企業の経営によって多大の利益を収めている使用者又は多大の報酬を得ている代理監督者が被用者に対して求償権を行使することは、信義の原則に反し、権利の濫用であると解してよい」とする見解がある[160]。この見解は、求償権が成立すること自体は認めるが、使用者は報償責任という自己責任を負うべきであるということを理由として、使用者の求償権行使を権利濫用であるとして、「一般的」に制限しようとする。

この見解に対しては、「求償権の行使が一般的に権利濫用というのは解釈論として無理である」という批判が一般的になされている[161]。また、結果的に全面的な肯定か否定になってしまい、「きめ細かい構成が出来ない」との批判もある[162]。

b 信義則説

最高裁によって、「使用者が、その事業の執行につきなされた被用者の加害行為により、直接損害を被り又は使用者としての損害賠償責任を負担したことに基づき損害を被った場合には、使用者は、…（中略）…その他諸般の事情に照らし、損害の公平な分担という見地から信義則上相当と認められる限度において、被用者に対し右損害の賠償又は求償の請求をすることが出来るものと解すべきである」と判断されたものがある[163]。この判決は、求償権の法的性質をどう理解するかについては触れていないが[164]、求償権の成立自体は認めたうえで信義則を根拠として部分的な制限を加えようとする。この判決の結論を支持する見解は多く、信義則説と呼ばれている[165]。

これに対して、本判決への批判も少なからず存在する[166]。たとえば、判例の見解では、制限の規準が不明確であるとか、軽過失の場合に必ずしも免責されないことは不当であるとされる。

c 過失相殺説

「賃銀の低廉なること、労務の過度なること、企業施設の不十分なることや規律の紊れて居ることなどが加害行為の原因となったこと、その他諸般の事情を根拠として過失相殺の理論を適用すること」などが解釈論上考えられると指摘する見解がある[167]。この見解は、代位責任という点から使用者の求償権が成立することを当然の前提としたうえで、企業者の責任（報償責任）という観点から、過失相殺によって求償権の部分的な制限を認めようとする。

この見解に対しては、「被用者自身の責任を認める以上、被用者が被害者に直接賠償をした場合に、逆に使用者への求償が認められるほど使用者の不法な行為が競合しているのでなければ」、共同不法行為としての被用者の求償は認められず、使用者が賠償した場合と被用者が賠償した場合とで「均衡を失する」ことになると批判されている[168]。これと同趣旨のものとして、被用者の求償権（逆求償）を認めようとする立場から、使用者の代位責任を前提としつつ過失相殺という構成が採れるのかという疑問が出されている[169]。

d 共同不法行為説

　求償制限の問題は、理論的には、使用者の行為と被用者の行為とが共同して不法行為になるかどうかといった「共同不法行為の問題」として、両者の負担部分がいくらであって、相互の求償権がどれだけ認められるのかという形で解決されるべきとする見解が存在する(170)。これは、使用者責任を解釈上は代位責任と捉えるしかなく、使用者に求償権が生じるということを当然の前提としたうえで、企業に本来的な責任を負わせるのが妥当であるとの理由から、共同不法行為の成立しうるような場合には、共同不法行為の理論によって使用者の求償権を部分的に制限しようとする。

　この見解に対しては、「求償制限が可能となる場合がごく限られてくる」ということ、「共同不法行為が成立しないかぎり全面求償が可能というのでは、企業活動から生ずる損害を全て被用者に転嫁させるのは妥当でないというもともと求償制限論がもっていた問題意識から遠く離れてしまう」ということ、また、「715条の枠内で使用者と被用者との共同不法行為が成立しうると考えること自体、同条適用の基礎として被用者の有責性を要求する態度と一貫するのであろうか」といった批判がなされている(171)。

e 不真正連帯債務説

　① 「不真正連帯債務でもその属性として求償関係があり」、その「負担部分を決める基準として、過失の割合だけでなく結果発生に対する加功度ないし原因力をも考慮すべき」という考え方を前提として、被用者の方が直接賠償したときに、使用者に一般的不法行為の要件が認められないと判断されたときであっても、被用者が使用者に対して「分担請求」をなすことを妨げるものではなく、加功度ないし原因力の判断において過失相殺説の指摘する諸事情を考慮すれば足りるとする見解がある(172)。これによれば、報償責任や危険責任といった視点を被害者に対する関係（対外関係）に限定して考慮すべきものとされ、内部関係としての求償権については、その根拠を不真正連帯債務に関連づけて捉え、「715条3項は不真正連帯債務の求償関係中に位置づけられるべき一規定」であるとされる。すなわち、求償権の成立を全面的に否定するのではなく、不真正連帯債務の属性として当然に発生するとし

たうえで、負担部分による制限が加えられると解している。

これに対して、そもそも不真正連帯債務であるということから求償権を導くという前提自体に疑問があるとの批判が存在する[173]。

② 「使用者と被用者を不真正連帯債務者として捉え、これに（雇用）契約等特別の関係の存在に基づいた求償を認め、したがって、相互の契約義務違反を比較考量することによる責任分担の決定＝求償を行う」ということで、求償権を制限しようとする見解がある[174]。これは不真正連帯債務における求償権について我妻説を採ることを前提として、そこでいう「特別の法律関係」としては、使用者・被用者間の契約、それが認められない場合には「事実上の契約関係」が認められれば足りるとする。

f　内部関係説

使用者と被用者間に存在する内部的な法律関係により求償権を制限しようとする見解がある[175]。

たとえば、「使用者・被用者間に雇用・委任などの契約関係が存在する場合には、求償権は債務不履行に基づく損害賠償請求権と構成され」、諸要素を考慮して「過失相殺」によって、また「具体的な場合に応じて信義則、権利濫用等の法律構成をも弾力的に用いて損害の公平な分担をはかるべきであろう」とし、他方、「使用者と被用者との間に契約関係がない場合には、内部関係を不法行為と構成し、過失相殺、信義則等を用いて損害の公平な分担をはかることになる」とする見解がある[176]。また、使用者の被用者に対する求償は「当該被用者に有責事由があることを使用者の側において証明し得た限り」で許容され、その求償権の法的構成は「債務不履行ないし不法行為にもとづく損害賠償請求」であり、求償の範囲は「被用者の有責性ないし非難性の程度を一般的基準として、圧力状態の強弱および過失相殺事由を修正要素」として賠償額が決定されるとして求償の範囲を一定程度制限する見解が存在する[177]。

当該見解は、求償権の根拠を債務不履行または不法行為と捉えて、使用者の求償権が成立することを前提として、過失相殺などによって求償権の行使

を制限するものといえよう。

g 固有責任説

① 使用者の責任のうちには本来使用者が終局的に負担すべき部分があり、「今日、代位責任としての使用者責任を根拠づけている報償責任説、企業責任説ないし危険責任説は、実は結果責任に親近性をもって」いるのであり、「使用者責任のうちに結果責任的部分があることが承認されるならば、この部分については使用者が固有に負担すべき部分である」から、「求償権は発生しない」とする見解がある[178]。これによれば、求償制限の根拠と範囲については、使用者固有の責任を不真正連帯債務における使用者の負担部分と考え、その限りで求償権は発生しないとするものといえよう。この見解は、使用者が固有に負担すべき部分については求償権は発生しないとする点において、固有責任説に分類されうる[179]。しかし、被用者の709条責任自体を否定するものではないので、これら両者の関係は不真正連帯債務となり、負担部分の割合に応じて求償権が発生すると捉える。この意味では前記e不真正連帯債務説に分類することも可能である[180]。

この説に対しては、e説同様、不真正連帯債務であることから求償権を導きうるのか疑問であるし、「現実的にも求償の原理や基準を明らかにしえていない」との批判がある[181]。

② 企業責任の考え方を徹底し、自己責任の原則における「自己」の範囲を解釈上拡大することは可能であり、職務の遂行上生じた被用者の不法行為を使用者（企業）の不法行為であると捉え、かつ、その責任について新たな法的構成を認めるべきであり、このように解することで被用者の対外的責任自体を否定しうるとする見解がある[182]。これによると、使用者（企業）が責任を負うべき場合には、被用者の対外的責任が否定される結果として、使用者の求償権は全面的に発生しないことになる。

h 軽過失求償不可説

被用者に故意・重過失があった場合にのみ使用者の被用者に対する求償を認めるべきであって、被用者の過失が軽過失にすぎない場合には被用者は免

責されるべきと主張する見解がある。この説の理由づけはいくつかに分かれる。

① 被用者の軽度の過失は事業そのものの産物であって、その事業にともなう危険の一部であるにほかならないとする見解がある[183]。この見解によれば、被用者が軽過失であれば、使用者自身の不法行為と同視され、使用者の求償権は認められないが、被用者が故意・重過失であれば、求償権は認められる。

② 使用者責任と被用者自身の不法行為責任とはまったく別個の基礎に立つ責任であって、その間に主従関係や、一次的または二次的な関係は存在せず、原則的には使用者と被用者のいずれが被害者に対して賠償の責任を果たしても求償権は成立しないが、「被用者の故意又は之に準すべき重大過失のあった場合においても、この理論通り求償権の成立を否定することは相当ではないと思われるので、この場合に限って使用者の求償権を認めるのが相当ではあるまいか」との見解が存在する[184]。この見解は、使用者自身に責任を認めて、原則的に求償権を認めるべきではないとしたうえで、被用者に故意・重過失のある場合に限って求償権を認めようとする。

これに対しては、「民法715条3項を注意規定と解し、かつ、使用者の被用者に対する債務不履行や不法行為の請求権をも否定する」にもかかわらず、「故意・重過失の場合になにを根拠として求償権を認められるのかは、あまりはっきりしない」し、「また、そもそも代位責任的構成を捨てたからといってそれでただちに求償権が否定されるというのは、――たとえば、共同不法行為を例にとってもわかるとおり――説得力に乏しいであろう」との批判が存在する[185]。

③ 「被用者の被害者にたいする不法行為と使用者の被害者にたいする免責事由と被用者に対する求償との理論の相関性」を考慮すべきとし、「使用者に選任監督上の過失」（民法715条1項但書）がある場合には使用者のみが責任を負い、それがない場合には被用者の不法行為は被用者自身の故意または重過失にもとづくものであり、「指揮監督関係からはずれた行動として、被用者自身に賠償責任が負わされる」と解することを前提として、使用者の求償権の要件に「被用者の故意又は重大な過失」を求めるべきとする見解が

ある[186]。この見解によれば、被用者に故意または重過失が認められる場合には、被用者が本来的に責任を負担すべき場合であるということを理由として、当然に求償権の成立を認めることとなり、被用者が軽過失であるにすぎない場合には、使用者に選任監督上の過失があるという点から、求償権の行使を認めないことになろう。

これに対しては、「理論構成において必ずしも成功しているとは思えない」との批判が存在する[187]。すなわち、民法715条は使用者の選任・監督についての過失を要件としているので、「被用者に故意・重過失があるときは715条の射程外の問題となるはずであり」、「したがってまた、同条3項の問題も出てこないはずである」という批判である。

以上の①から③の軽過失求償不可説に対しては、「そもそも重過失と軽過失との限界は必ずしも明確ではない」し、また、「軽過失であってもその責任の一部を被用者に負担させるべきことが妥当な場合もあるし、逆に被用者が重過失である場合であっても、求償権の行使を認めないとすることが妥当である場合もありうる」という批判がある[188]。

(2) 小括

以上、使用者の求償権に関して、求償制限を唱える各見解の根拠と範囲をみてきたが、総体的には次のようにいえよう。使用者の求償権の成立を一切認めないとするものは、a、g②説のみであり、その他の見解は使用者の求償権を一切認めないとは考えていない。まずその他の諸見解を分析的にみれば、使用者責任を代位責任的に捉えるなら、求償権は原則として発生するが、例外的に制限すべきという考え方になじむ。他方、自己責任的に捉えるのであれば、求償権は原則として発生せず、例外的に発生すべき場合があるという考え方になじむといえよう。ただし、どちらの考え方を採るにしても、報償責任・危険責任の考え方がその根底にあることは確かである。すなわち、使用者の求償権が成立することを前提として、報償責任・危険責任の観点から使用者にもいくらかの責任を負わせるべきという政策的考慮が働き、使用者の求償権を制限するという方向性が大方の流れである。したがって、使用

者の求償権が発生する場合があるという結論自体に差はないといえよう。

これに対して、先にあげた a、g②説が全面的に使用者の求償権を否定しようと試みる。しかし、両説は理論的にも使用者の求償権が発生する可能性のすべてを奪うものであろうか。まず a 説は、権利濫用の前提として求償権の成立自体は認めている。他方で g②説は、被用者の被害者に対する対外的責任自体を認めず、被用者の不法行為を使用者の不法行為と同視するところにその理由を求める。そうであるならば、そもそも使用者自身の不法行為の問題とみることになるのであって[189]、民法715条の射程外の問題になるとされる。他の見解が被用者の対外的責任を肯定する点では一致していることからすると、この g②説は他の見解とは異質の見解であるといえよう。すなわち、そもそも連帯債務（または不真正連帯債務）の問題ではなくなると捉えている。ただし、使用者の求償権を一切否定するということではなく、「不当利得返還請求権としての求償権はもちえないとしても、被用者の債務不履行を理由とする損害賠償請求権としての求償権をもつ余地は残る」という[190]。したがって、このような意味では使用者の求償権を一切認めないわけではなく、当該見解においても求償権の根拠を検討する場面は残るといえよう。

3 使用者の求償権の根拠

以上のように、制限的であれ使用者の求償権が成立すると考えるならば、その根拠をどこに求めるかが問題となる。この点、使用者責任を不真正連帯債務であると捉えることが多いので、使用者の求償権の根拠についても、一般的には不真正連帯債務における求償権をいかに捉えるかといった議論と重なる。その意味では、共同不法行為の求償権とも関連性を有する。しかし、序章でも述べた通り、一般的に不真正連帯債務と捉えること自体は誤りではないとしても、そこから個々の問題についての解決を演繹的に導くのは本末転倒であると指摘される[191]。したがって、使用者の求償権についても、先に述べた使用者と被用者との利益状況の相違などを考慮して、個別に検討す

ることが必要となろう。そこで、諸学説の根拠を以下検討していく。その際、実質的根拠面での統一化を探るという本書の視点から、民法715条3項に根拠を求める見解と、それ以外の見解とに大別する。

(1) 民法715条3項に根拠を求める見解

現在、使用者の求償権について、民法715条3項のみを根拠とみる見解は見当たらない。しかし、一定の場合に同条同項に根拠を求める見解がある[192]。この見解は、使用者と被用者間に契約関係が存在すれば、「契約不履行による損害賠償請求権を取得することになるので、民法715条3項は、そのことを注意的に規定したものである」としつつも、「しかし、使用者と被用者との間に契約関係が存在せず、単なる事実上の使用関係が存在するにすぎない場合もあるので、右の規定を、単なる注意的なものとのみみることは出来ない」という。

この見解に対して、使用者責任を代位責任的に捉えるのであれば、使用者は常に求償権を有しており、当該規定にその根拠を求めることも考えうるが、使用者責任を自己責任的に捉えるのであれば、「使用者は使用者として自己に課せられた責任を果した丈であって、当然に被用者に対する求償権を発生させる筋合いのものではない」と批判される[193]。また、当該規定は「求償権の行使を妨げない」としているのであり、これを素直に読む限り、「他の法理によって求償権の成立する場合にはその行使を妨げないという消極的意義をもつに止り、この規定によって使用者に求償権を与えた趣旨ではない」と批判される[194]。立法者もそのように考えていたようである[195]。

(2) 民法715条3項以外に根拠を求める見解

民法715条3項を注意規定であると捉えて、当該規定以外に使用者の求償権の根拠を求める見解がいくつか存在する。

 a 先の求償制限理論でも触れたように、使用者の求償権の根拠を不

真正連帯債務の属性というところに求める見解がある[196]。すなわち、使用者の負う損害賠償債務と被用者の負う損害賠償債務とは不真正連帯債務の関係にあり、「不真正連帯債務でもその属性として求償関係」が存在し、民法715条3項は不真正連帯債務の求償関係の一規定と捉える。そして、このことから、使用者責任と共同不法行為責任とは不真正連帯債務という同じ枠組で捉えられ、両者の近親性が認められる。

　　b　また、不真正連帯債務から求償権を導くことは同様であるが、その属性から求償権が発生するとするのではなく、特別の法律関係から求償権が発生すると解する見解が存在する[197]。この見解は、不真正連帯債務の求償権について、我妻説[198]を前提とするものであって、特別の法律関係として、使用者・被用者間の契約関係をあげて、この関係が認められない場合であっても、契約締結の擬制のうえに「事実上の契約関係」を認めればよいと主張する。結果として、使用者責任の場面を個別に検討する見解であるといえよう。

　　c　使用者の求償権は委任その他の契約関係から生じる権利に属すると解する見解がある[199]。この見解によれば、契約関係違反にもとづく債務不履行と捉えることになろう。

　　d　債務不履行ないし不法行為にその根拠を求める見解がある[200]。これも前述したように、使用者・被用者間の内部関係を問題とすべきとの基本的視点に立って、両者の間に何らかの契約関係があるときには、求償権は債務不履行にもとづく損害賠償請求権と構成され、契約関係がない場合には不法行為にもとづく損害賠償請求権と構成される。

　　e　使用者責任における損害賠償義務について、賠償者に固有の義務部分と保証義務部分とに分けて理解する相互保証説の考え方から求償権を根拠づけようとする見解がある[201]。
　たとえば、「民法715条の使用者責任も、使用者と被用者との共同不法行

為」と解することを前提として、「使用者と被用者とは被害者に対して相互に『保証』された分割債務を負っている」と捉えている[202]。また、「いわゆる不真正連帯債務であっても連帯債務と同様に『弁済ないし免責のための共同関係』を認めることができ、求償権も認められる」ことから、「不法行為における複数関与者間の求償権の根拠は、複数債務者間に実質的に保証類似の関係が存し、『弁済ないし免責のための共同関係』が認められるべきところにある」とする見解がある[203]。さらに、「過失責任に基づく賠償責任を負担している被用者に対する保証債務者の求償権に似た性質を帯びることになる」、すなわち「負担部分０の連帯債務は連帯保証に近似する」という関係を引合いに出して説明を加える見解がある[204]。

　f　使用者の求償権の法的性質を求償型不当利得とみる見解がある[205]。この見解は、使用者と被用者のリスク配分について、「被用者の第三者に対する不法行為による責任も、その行為が使用者の事業活動および事業に関連する活動のはらむ危険の実現とみられるかぎり、使用者・被用者の内部関係では、使用者に対して従属的立場にある者が使用者のために事務処理をしたことによるリスクとして、使用者が負担すべきであるが、被用者による濫用・逸脱の場合や、被用者の故意・重過失の場合など、公平が要求する場合には、使用者にリスクを負担させるべきではないであろう」という。そのうえで、「使用者による賠償責任の支払は」、当該リスク配分の「基準により使用者の負担すべき範囲からはみ出る場面（すなわち、濫用・逸脱などによる場合）に関しては、法秩序の予定する負担配分の法則に反することになり、被用者は、使用者に対して、不当利得返還義務（求償型）を負うことになる」とする。そして、使用者の債務負担が法律にもとづくということが、不当利得成立の妨げにはならないと主張する。その理由は、「権利の得喪を認める規定の趣旨」が「終局的な権利義務の変動を企図するものであるなら不当利得は否定される」が、そうでないなら不当利得は否定されないことになるところ[206]、715条3項は、「同条1項・2項による使用者・代理監督者の責任負担が必ずしも終局的な負担帰属を企図するものではないことを、明らかにしようとしたもの」だからである[207]、という。

(3) 小括 ――使用者の求償権の根拠

まず、使用者の求償権について、民法715条3項の存在のみを根拠とみる見解は見当たらない。しかし、(1)説のように、使用者と被用者間に雇用契約がない場合に使用者の求償権が民法715条3項から生じるとする見解がある。この見解は、当該場面での求償権の根拠条文を指摘するものではあるが、実質的根拠については何ら言及していない。これに対して、(2)の各説は求償権の実質的根拠を求めるという点で一致する。そのなかでも、使用者と被用者間の特別の法律関係に求める見解（b説）、委任などの契約関係にもとづく債務不履行に求める見解（c説）、契約関係にもとづく債務不履行または不法行為に求める見解（d説）は、使用者責任における個別の法律関係から求償権を根拠づけようとする。

これに対して、(2) aef説は他の求償場面との関連をも考慮に入れて実質的根拠を探るものといえよう。まず、a説は不真正連帯債務の属性から求償権を導こうとしており、共同不法行為などの場面との類似性を強調している。次にe説は、相互保証説を媒介とする点で、連帯債務や保証、または共同不法行為とも関連性を有しうる。そして、f説は、求償型不当利得に根拠を求める点で、他の場面との共通性を有しうるといえる。

4 被用者の求償権（逆求償）

次に、被用者自身が損害賠償をした場合に、使用者に対して求償しうるか否かを検討する。そのうえで、このような求償が可能であるとすれば、その根拠をどのように解するかを検討する。

(1) 被用者の求償権の成否

a 否定説

① 「使用者責任の代位責任的把握からするならば、被用者は自己固有の債

務を履行したのだから求償権を行使しうべきいわれはない」ことになる⁽²⁰⁸⁾。したがって、代位責任構成を採る従来の判例・学説の立場からすると、被用者の求償権を正面から論じる必要はなかったといえよう。

他方で、代位責任構成を前提として、「被害者が被用者に損害賠償を請求してきた場合において、使用者が損害保険に入っているときは、信義則に基づき被用者は『保険の抗弁』を提出し、その限度で支払を拒絶できる」ことから、被用者の求償権を認める必要がないとする見解がある⁽²⁰⁹⁾。

② これに対して、自己責任的構成を採る見解であったとしても、被用者の被害者に対する対外的責任自体を制限すべきことを主張する結果として、被用者の求償権を認めないとする見解が存在する⁽²¹⁰⁾。その理由は、「使用者の求償権が制限され、被用者が直接賠償した場合には逆に使用者に対し一定程度求償権をもつとしても、被害者に対する関係においては、当該被用者はあくまで全面的責任を負わなければならない」ことになるが、求償制限論の発想からすればこのこと自体反省されるべきであるからとされる。

これと同様の発想から、「被用者は対外的責任においても一定限度において責任を免れしむる構成をとるべきであり、使用者に対する求償権は出来るだけ否定する方向を確立する必要がある」とする見解がある⁽²¹¹⁾。その理由として、「被用者相互あるいは使用者に対する求償という形で損害賠償請求がなされることは、企業平和という観点から好ましくない」ということがあげられる。

b 肯定説

「使用者から被用者への求償を部分的にせよ制限する説をとると、被用者の立場では、被害者からの損害賠償請求の場合には全額負担となり」、使用者が賠償した場合と被用者が賠償した場合とで被用者にとって「不均衡」が生じることを理由として、被用者の求償権を肯定する見解がある⁽²¹²⁾。なお、求償権を肯定するとしても、その根拠にはいくつかの構成が主張されている。これに関しては、次に検討する（2）被用者の求償権の根拠のなかで詳細にみることにしたい。

c　限定的肯定説

「論理性と実際的妥当性との間にかなり微妙な矛盾を生じることを認めつつ、使用者と被用者との間に一種の共同不法行為的な関係が成り立つ場合にのみ、共同不法行為者間の負担部分の考え方によって被用者の使用者に対する求償権を認めるべきだと思う」との見解がある[213]。この見解は、「交通事故の場合の責任保険との関係」について、「保険約款上運転者も被保険者とされている（約款2条2項）から」使用者の保険を使えることとなり、保険上の問題はないとする。また、前記b説のいう不均衡の点に関しては、保険の範囲内であれば使用者の保険を使えるので問題はないし、「保険の填補額を超える場合」には問題となるが、被害者が被用者に賠償を請求するのは、「被用者自身にある程度の最終的負担を負わせることは、止むを得ない」と考えられる場合、すなわち、「使用者の資力に不安」がある場合か、「被用者の過失が重大」な場合であるので、あえて被用者に求償を認めるまでの必要性はないといえる。そして、「被用者が軽過失であるにもかかわらず任意で賠償をなした場合には」、「被用者が使用者に求償していくことは実際上ほとんど考えられないであろう」から、この点でも被用者の求償を認める実益はないものとする[214]。

(2)　被用者の求償権の根拠

それでは、(1)で肯定説を採ることを前提として、その場合にどこに根拠を求めるかについて検討する。なお、この点に関しても、前述の求償制限論と密接な関連を有しており[215]、そこでの議論と重複する点が多い。さらに、使用者の求償権とも密接に関係する。なぜなら、使用者責任を不真正連帯債務または共同不法行為と解すならば、使用者の責任と被用者の責任とを並列の関係と捉え、両者の求償権を同様の請求権と捉えることになるからである。

　　a　使用者と被用者との間に共同不法行為の関係が認められる場合には、被用者の求償権の根拠を共同不法行為に求める見解がある[216]。これによれば、「過失相殺よりも、共同不法行為になった場合にどれだけの負担部

分があり、相互の求償権がどれだけ認められるかという形で問題を解決すべき」とされる。

　　b　使用者の求償権の根拠と同様に考えて、被用者の求償権も「不真正連帯債務の属性」から認められ、負担部分は過失の割合だけでなく結果発生に対する加功度ないし原因力をも考慮して判断すべきであるので、使用者に一般不法行為の要件である過失が認められなくても分担請求しうると解する見解が存在する[217]。

　　c　被用者が軽過失にすぎない場合には使用者の求償権を認めない一方で、被用者の対外的責任については軽過失であっても免れないという見解を前提として、被用者が故意・重過失であれば被用者の求償権を認めず、被用者が軽過失であった場合には、使用者に対して求償することを認めようとする見解がある[218]。この見解について、「被用者は内部関係では故意・重過失でなければ責任（債務不履行責任）を負わないことを理由」として、被用者からの逆求償を認めるものであると評する見解がある[219]。

　　d　使用者の求償権の根拠と同じく、相互保証説の考え方を前提にして、被用者の求償権を根拠づける見解がある[220]。たとえば、民法715条の使用者責任も、使用者と被用者との共同不法行為であると解し、「使用者と被用者とは被害者に対して相互に『保証』された分割債務を負って」おり、「事故の発生に使用者の監督不十分が寄与している因果関係上の割合に応じて、使用者に対して求償権の行使が出来ると解してよい」とする[221]。

　　e　当該求償権について、不当利得に根拠を求める見解がある。たとえば、「『企業責任』の法理が徹底すると、『被用者』が被害者に賠償すると、『不当利得』として使用者に求償できることになる」とするものがある[222]。
　また、被用者も対外責任を負っており、「使用者からの求償権の行使が被用者には債務不履行がない、ということが理由で制限される場合には、被用者は、不当利得を理由に使用者に求償できる」と解する見解がある[223]。こ

れはさらに、前述の被用者の求償権を否定する見解に対して、「この種の事件が多くは、雇用関係の解消後に生じていることを考えると」、企業平和を害するという点はあてはまらず、「被用者からの逆求償を認めることに意味がないわけではない」という。また、被用者に故意・重過失がある場合でも、使用者に具体的関与が認められることから使用者の求償権が制限される場合には、被用者の求償権を認めるべきであると主張する。

最後に、「被用者の不法行為が使用者の事業活動およびそれに付随する活動のはらむ危険の実現とみられる限り、両当事者の利益状況から、使用者がなんらかの形で損害賠償のリスクを負担すべきである」といいうる場合があり、終局的には被用者の求償権の根拠は「不当利得」に求められるであろうとの見解が存在する[224]。ただし、以上のことは理論のうえで成り立ちうるものであるにすぎないとして、先の否定説のあげる当該求償権の実益のなさおよび弊害を指摘する。結論として、当該求償権の可否については明言を避けている。

(3) 小括 ——被用者の求償権の根拠

以上の各説を概観する。まずa説は、使用者責任が共同不法行為としての性格を有していることを理由として、求償権の成立を認めている。しかし、このことをもって被用者の求償権の実質的根拠が解明されているとはいえない。結局のところ、共同不法行為における求償権の根拠いかんの問題へと帰着することとなろう。次にb説は、不真正連帯債務の属性に根拠を求めている。しかし、この見解も求償権の実質的根拠を明らかにしているとはいえない。また、c説は、使用者責任の場面を個別に検討している。ただし、この見解も、その実質的根拠は明確でない。これに対して、d説は相互保証説を媒介としていることからすると、保証の求償権に根拠を求めるものと考えられる。最後に、e説は不当利得に根拠を求めており、被用者の求償権についての本質を解明しようとしていると捉えられる。

以上の学説について、本書の視点からまとめるなら、c説のみが使用者責任の場面を個別に検討しているといえる。これに対して、a b d e の各説は

被用者の求償権の根拠を使用者責任に固有の問題とのみ捉えるのではなく、他の場面も考慮に入れる見解といえる。そこで、他の場面との共通性が問題となりうるであろう。

第3款　第三者弁済における求償関係

1　緒論

債務者以外の第三者が債務者に代わって債務を有効に弁済した場合に（民法474条）、弁済者と債務者の内部関係としての求償関係はどのように考えられているのだろうか。第三者弁済の場合、民法上、求償関係について直接の規定が存在していない。そこで、求償権の根拠いかんが問題となる[225]。以下では、従来の学説をまとめる。

2　求償権の根拠

（1）従来の学説

第三者が他人の債務を有効に弁済した場合に、弁済者から債務者に対する求償権を否定する見解はみられない。しかし、民法上に規定が存在しないことから、その根拠をいかなるところに求めるかが問題とされる。

　　a　第三者弁済における求償権は、弁済者と債務者との内部関係によって定まるところ、①債務者の委託を受けて弁済した場合には委任（または準委任）の事務処理費用償還請求権（民法650条）、②委託を受けずに弁済した場合には事務管理の費用償還請求権（民法702条）を根拠として、弁

済者は求償権を取得するが、③第三者が債務者に贈与する意思で弁済した場合には、求償権を取得しないとする見解[226]がある。これが立法当初以来の通説である。

　　b　第三者弁済において、委任または事務管理の費用償還請求権に根拠を求めることは通説と同様であるが、この両請求権が成立しない場合に、不当利得の返還請求権を根拠として求償権が成立するとみる見解がある[227]。すなわち、多数当事者間の不当利得の問題として、弁済者と債権者間の給付関係は民法474条により有効であり、債権者と債務者間の対価関係はその効果としての債権の消滅と捉えられることから法律関係は存在しているが、債務者と弁済者間の補償関係に対応する法律関係が存在しておらず、この部分において「法律上の原因」が欠如するという[228]。

　　c　債務者と弁済者との関係で委任や事務管理などによる固有の求償権が成立しない場合に、代位制度自体を求償権の根拠とみるべきことを主張する見解がある[229]。すなわち、固有の求償権が成立しない場合があることを前提として、その場合に代位によって移転する原債権を求償権とみる見解である。
　この見解に対しては、不当利得の返還請求権をも含めて求償権の根拠を捉えるのであれば、固有の求償権が成立しない場合は存在しないのではないかと疑問が出されている[230]。

　　d　弁済による代位によって移転する原債権と求償権との競合関係から生じる実務的な煩雑さを避けるべきであるとして、代位による原債権と求償権とを一本化して捉えようとする見解がある[231]。

　　e　第三者弁済が有効になされた場合には、給付した第三者は債務者に対して償還請求（求償）しうるところ、この求償権は「責任財産レベルにおける利得・損失の帰属割当ての調整、つまり、責任財産の財貨帰属割当ての調整を図る」ための手段であるとする見解[232]がある。この見解は、「こ

の意味で、求償権は、本質的に不当利得返還請求権の属性を有すると言ってもよい（責任財産の帰属割当てをめぐる不当利得。論者によれば、負担帰属法型不当利得の一種。たしかに、求償権発生原因は後述するように様々であるが、いずれの場合でも、責任財産上の不当利得という基本的属性に変わりはない。）」とする。具体的には、「第三者が債務者からの委託を受けて弁済したときには、委任の規定（民法650条1項）に基づき償還請求権が発生し」、「第三者が委託を受けずに弁済した場合には、債務者の意思に反するか否かにより区別される。すなわち、①債務者の意思に反しない場合には、事務管理を理由に（民法702条1項）、②債務者の意思に反する場合には、不当利得を理由に（民法703条・704条）、求償権が発生する」とする[233]。

(2) 通説の主張内容に関する補足

 学説の主張内容は、以上のようにまとめられる。ただし、前記 a の通説に対しては、立法史的沿革および当初の学説にまで遡って検討を加えることによって、次のように補足することが可能である[234]。

 そもそも、立法史的沿革を踏まえた立法当初の通説は、「利害関係を有しない第三者」と「利害関係を有する第三者」とに場合を分けて求償権の内容を理解していた。これに対して、現在の通説は、「利害関係を有しない第三者」に関する求償権の主張内容のみを引き継いだものといえる。そこで、第三者が債務者から委託を受けず、かつ債務者の意思に反して弁済した場合には、第三者弁済自体が認められないことを理由として（民法474条2項）、不当利得を根拠とする求償権を認めていないと理解できる。他方で、「利害関係を有する第三者」に関しては、立法史的沿革からすると、「代位による求償」を予定していたと捉えられる。しかし、現行民法典のもとでは、弁済による代位に関する判例・通説が「代位の前提として固有の求償権の発生」を要件と解しており、結果的に「代位による求償権」を認めていない。そこで、前記 a の通説の主張内容は、利害関係を有する第三者が債務者に代わって弁済をした場合に、いかなる求償権が成立するのか不明確になっている。これに関して、債務者に対する関係で特別の求償権規定が成立することが指摘さ

れる[235]。たとえば、物上保証人による第三者弁済については民法351条および372条、担保不動産の第三取得者については民法567条2項または民法351条・372条の類推適用による求償権の成立である。しかし、それ以外の利害関係人が第三者弁済をした場合にいかなる求償権が成立するのかは明らかではないといえよう。

3　小括

前述の諸見解を概観すると、a の通説は、利害関係を有しない第三者の求償権について、その法的根拠を委任の事務処理費用償還請求権または事務管理の費用償還請求権に求める。これに対して b 説は、委任と事務管理に加えて、不当利得にもとづく求償権の成立可能性に言及する。他方で、c 説とd 説とは、ともに弁済による代位との関係を考慮に入れる。前者 c 説の見解は、固有の求償権が成立しない場合に、補充的に代位による求償権を認めようとする見解である。後者 d 説は、代位による原債権と求償権との統一化をはかる見解である。他方で、e 説は、法律的根拠とは区別した形で、求償権の実質的根拠ないし機能を探求するものと評価できる。

次に、本書の視点から各学説を概観する。まず、他に求償が問題とされる場面との関連性を明確に意識する見解は e 説のみである。しかし、意識的な議論がなされていないとはいえ、それ以外の学説も他の求償場面との共通性を有しうるものと考えられる。たとえば、弁済者と債務者との個別の法律関係を問題とする a 説や b 説も、委任や事務管理、または不当利得に根拠を求めている点で、保証や連帯債務など他に求償が問題とされる場面と共通する可能性を有しうる。また、c 説や d 説も、弁済による代位との関係を問題としていることからすると、他の求償場面と共通する可能性を有している。以上に関して、第三者弁済の場面が、広義での他人の債務の弁済とみられる諸場面に対する基礎的な利益状況を提示していることからすると、保証や物上保証など、他の求償場面との関連性がもう少し意識されてもいいように思われる。

第4款　その他の求償場面

　ここまで、各種求償権の根拠に関して一定の議論の蓄積のある場面を詳細に検討してきた。最後に、従来あまり活発とはいえないが、多少の議論がなされている場面を二つみておきたい。

1　錯誤による他人の債務の弁済

　ある者が、自己が債務者ではないにもかかわらず「自己が債務を負っている」との錯誤に陥って他人の債務を弁済した場合には、本来的には給付を受領した債権者に対する不当利得（給付利得）が成立する。しかし、債権者が善意で証書を滅失させもしくは損傷し、担保を放棄し、または時効によってその債権を失ったときは、弁済者は債権者に対する返還の請求ができない（民法707条1項）。この場合、弁済者から債務者に対する「求償権の行使を妨げない」と規定される（同条2項）。ここでいう「求償権」の根拠について、学説上争いがある。

（1）　求償権の根拠

　かつては、当該求償権の根拠について、事務管理にもとづくとする見解[236]や、場合によって事務管理または不当利得にもとづくとする見解[237]があった。

　これに対して、現在では、不当利得に根拠を求める見解が通説といえる[238]。たとえば、民法707条1項を充たす場合には、債権者が錯誤による給付を保持しうることにより、債務自体が消滅すると捉えられることからすると、弁済者が出捐によって損失を被っていることに対して、真の債務者は債務消滅によって不当に利益を得ているとされる。さらに、このような説明に加えて、不当利得の類型論を前提として、当該求償権が求償利得であると指摘する見

解が存在する[239]。

(2) 小括

　錯誤で他人の債務を弁済した事例における弁済者から真の債務者への求償権の根拠については、以上のように不当利得に求める見解が通説である。そのなかでも、求償型不当利得に根拠を求める見解が存在している。ただし、求償権の実質的根拠を解明するために必ずしも十分な議論がなされているとはいえず、不当利得との関係は不明瞭である。そこで、求償型不当利得論における当該求償権の取扱いを検討する必要がある。さらには、ドイツにおける「誤想弁済者の選択権理論」を検討することによって、民法707条1項の限定的な場面よりも一般化した形で、無効な場面における求償権の問題として考察を深めたい。

　他方で、本書の視点からすると、当該求償権に関して、他の求償場面との関連性は特に意識されていない。しかし、求償型不当利得論のなかでは、他人の債務の弁済とされる場面のすべてが検討の対象とされており、錯誤事例もこのなかに含められている。とりわけ、有効な第三者弁済の場面と錯誤で無効な第三者弁済の場面については、相互に一定の関連性が認められている[240]。そこで、他の求償場面との共通要素を抽出する可能性があるといえよう。

2　土地工作物責任における求償関係

　土地の占有者または所有者が工作物責任者として損害を賠償した場合に（民法717条1項）、当該損害について他に責任を負担すべき者（損害原因責任者）がいたときは、占有者または所有者はこの者に対して求償権を行使しうる（同条3項）。ただし、この求償権がいかなる要件および効果で認められるかは条文上明らかではなく、求償権の実質的根拠も明らかではない。

　以下では、求償権の根拠に関する学説と関連判例を検討する。

(1) 求償権の根拠

従来、当該求償権の形式的根拠については、民法717条3項に規定があるので特には問題とされてこなかった。しかし、制度趣旨ないし実質的根拠がいかなるものかは問題である。

まず、「本条により、対外的には工作物の占有者または所有者が責任を負うことになっているが、対内的には、損害の発生原因に対し過失のある者（たとえば、不完全な工事をした請負人、不完全な保存をした前所有者や前占有者）があれば、これに対して求償を認めることが公平だからである」と説明する見解がある[241]。

また、「損害原因責任者は被害者に対して直接の不法行為責任を負うべき地位にある（多数説）が、実際上、被害者は、被害者にとってより近い位置にありしかも要件の証明の容易な工作物責任者にかかってゆくことになるので、損害を賠償した後者が実質的責任者としての前者にリスクを転嫁しうる旨を、明らかにした」とするものがある[242]。

(2) 裁判例

下級審ではあるが、大阪高判平成5年4月14日[243]が当該求償権に関する判断を下している[244]。本件事案は、荷物運搬用エレベーターのワイヤーロープ切断による人身事故に関して、エレベーターの所有者（原告）が被害者に賠償金を支払ったのち、民法717条3項を根拠として、エレベーターの工事請負人（被告）に対する求償権の行使を請求したものである。本判決は、民法717条3項による求償責任が生じるためには、損害原因責任者の行為が被害者に対して一般の不法行為の要件を具備する必要があるとする。さらに、「求償責任の範囲を決めるメルクマールとして、従来、過失割合によることが主張されていたが、本判決もこの見解に従うことを明言し、所有者が被害者へ支払った額の三割の範囲で求償が認められた」と評される[245]。

このように、当該判決は、当該求償権が認められるための要件および効果を問題としているが、求償権が認められるための実質的根拠には触れていな

い。本件評釈のなかには、損害原因責任者が所有者による損害賠償の履行によって免責されたのでは、「公平な損害の分担とはいえない」ことが指摘されている[246]。さらに、「一般的に求償権とは、本来的には他人の負担に属すべき義務をその者に代わって出捐した者が、その他人に対して償還を求める権利である」としたうえで、民法717条3項は、「本来的には損害原因責任者が責任を負担すべきであるにもかかわらず、それに代わって被害者に賠償した占有者または所有者に求償権の行使を認めている」とする。したがって、「この規定は当然のことを規定したいわゆる注意規定と解することもできる」という[247]。

他方、同じく本件評釈のなかで、「土地の工作物責任については、被害者にきわめて有利な、逆に所有者には厳しい仕組みがとられている」ことを前提として、「ところが、事故の発生につき、実は所有者以外にも損害原因責任者が存在する場合、最終的な損害の負担をいかにすべきか」を定めるのが717条3項であるとみる見解がある[248]。具体的には、原告と被告の間に契約関係がある本件のような場合において、「当事者間において明示のリスク配分がなされた場合は、それを尊重することを原則」とすべきであり、「必ずしも明示のリスク配分がない場合」であっても、「合理的な当事者がこの事態を予想していれば、いかなる取決めをしたかを想定し、事故防止に役立つ複数の方策のうち、それぞれ容易にとることのできるものを引き受けて、事故防止を目指したはずだ」というように契約責任にもとづいて考えるべきことを主張する[249]。

(3) 小括

土地工作物責任における求償権に関して、民法に根拠条文が存在するとしても、いかなる要件および効果で認められるのかは不明確である。それにもかかわらず、一部を除いてこれまでほとんど議論されてこなかった。当該求償権の実質的根拠についても同様である。したがって、他の求償場面との共通性もほとんど意識されていないといえる。

ところで、土地工作物責任における求償関係については、民法717条3項

の予定する占有者・所有者から損害原因責任者に対する求償権にとどまらず、他にも問題となる場面がありうるとする重要な指摘がある[250]。たとえば、損害原因責任者が一般不法行為責任（民法709条）によって被害者に損害賠償をなした場合に、占有者・所有者に対する求償権の成立が考えられる。さらに、数人の損害原因責任者がいる場合に、被害者に賠償した者から他の原因者に対する求償権も問題となりうる。そこで、これら損害原因責任者と占有者・所有者の関係、損害原因責任者間の関係を不真正連帯債務関係と解して、各債務者間の内部関係としての求償関係を問題とすべきであると指摘している。結局のところ、要件および効果における具体的な問題点の解決において、連帯債務または共同不法行為における求償権との比較の視点が見て取れる[251]。このような視点は、本書における求償権統一化の視点にとっても興味深い。

第3節　弁済による代位と求償権の関係

1　緒論

ここまで、求償権が問題とされる各場面において、求償権の根拠がいかに理解されているかを詳細にみてきた。本節では、求償権と密接な関係を有する弁済による代位について、とりわけ求償権との関係を中心として従来の日本の議論を検討する。

弁済による代位については、民法499条以下にまとまった規定が存在している。この規定については、「第三者または共同債務者（保証人・連帯債務者など）の一人が弁済するときは、これらの者は、債務者に対して求償権を取得することが多い。民法は、この求償権の効力を確保するために、債権者がその債権について有する担保権その他の権利が、この求償権の範囲におい

て、弁済者に移転するものとした」と一般に理解されている[252]。そして、要件については、債権の満足、弁済者に求償権が生じていること、および債権者の同意または弁済者に弁済をなすにつき正当の利益を有することが必要であるとされている[253]。このような一般的な理解からすると、代位によって移転する原債権とは別個に求償権が発生することを当然の前提とみることになる。しかし、たとえば本章第2節第1款「共同不法行為」や第3款「第三者弁済」の場面で紹介したように、一定の場合に求償権の根拠を代位制度に求めようとする見解が存在する。そこで、求償権の問題を論じるためには、弁済による代位制度について検討を加える必要がある。

以下では、まず弁済による代位の制度趣旨に関する議論を検討する。次に、本来消滅するはずの原債権を存続させつつ弁済者に移転させる点に関して、その理論的説明が必要となる。そこで、弁済による代位の性質に関する従来の議論をまとめ直す。そして、求償権と原債権との関係に関する議論をまとめたい。

2 弁済による代位の制度趣旨

(1) 判例および通説による理解

制度趣旨について、最高裁昭和59年5月29日判決は次のように述べている[254]。「弁済による代位の制度は、代位弁済者が債務者に対して取得する求償権を確保するために、法の規定により弁済によって消滅すべきはずの債権者の債務者に対する債権（以下「原債権」という。）及びその担保権を代位弁済者に移転させ、代位弁済者がその求償権の範囲内で原債権及びその担保権を行使することを認める制度」であるというものである。この判決は「求償権と原債権とは別債権である」ということ、そして「原債権は求償権を確保する手段である」ということを明らかとしている点に意義が認められている[255]。これに続いて、最高裁で同旨の判決がいくつも出されており[256]、このような代位制度の趣旨は判例上確立したものと目されている。学説でも、

緒論で述べたように、通説は判例と同様の理解に立っている[257]。

(2) 求償方法としての代位を指摘する見解

これに対して、保証人の求償権などのように明文規定によって求償権が確立されている領域においては、代位制度を求償権の「確保」のための制度であるとすることに異論はないが、内部的法律関係を基礎にした明文の求償権規定の存在しない場合には、「代位はそれ自体求償方法として機能」する場合があると指摘する見解が存在する[258]。この見解は、保証人と物上保証人との間には求償規定が存在しないが、民法501条但書5号が両者間で頭割りによる求償関係を規定したものと解することができるということを例にあげ、「この点で、代位はそれ自体求償方法として機能しており、法定代位者相互間の代位は『代位による求償』制度として評価することもできる」とする。そして、「弁済による代位は、いわゆる固有の求償権の確保制度に尽きるものではなく、弁済者と被求償者との間の内部的法律関係に基づく固有の求償権の存否を詮索せずに、弁済の事実のみを要件とする求償制度としての機能を内在させている」とする。

3 弁済による代位の法的性質

前記判例・通説のように、弁済による代位が求償権を確保するための制度であると理解するとしても、本来的に弁済によって消滅するはずの原債権がなぜ代位弁済者に移転するのか、また移転しても元のままの性質を有するのかが問題となる。他方で、求償方法としての代位の存在を指摘する見解によれば、弁済による代位によって移転する原債権を求償権とみることになる。そこで、代位の法的性質に関する議論をみていきたい[259]。

a 接木説

かつては、債権自体は第三者の弁済によって消滅するが、その債権に付属

する従たる権利のみが第三者の有する固有の求償権に、いわば接木されるとする見解があった。しかし、これは不正確、不完全な理論であるとされ(260)、現在この見解をそのまま採用する学説は存在しない。

b 新接木説

原債権と求償権とを別債権とすることから生じる不都合性を指摘し、いわゆる「接ぎ木」構成を再評価しようとする見解(261)がある。この見解は、「実務を処理するうえでは、求償権こそが中心であり、原債権は求償権を満足させるために機能すべきものとして存在しているにすぎない」という観点から、「保証人の代位弁済により原債権者との関係では原債権は消滅しているものの、原債権は求償権に内在しているものとなり、代位権を行使するときにのみ求償権の範囲内でという制約のみに機能する」制度であるとする(262)。それゆえ、「代位権の行使として原債権に付着していた担保を行使する場合は、原債権の範囲内で求償権を行使することとなり、求償権の総額が原債権の総額より大きい場合は原債権の範囲内で、逆に求償権の総額が原債権の総額より小さい場合は求償権の範囲内で行使することになる。とすると、代位根抵当権の被担保債権は求償権であるとしても、後順位担保権者等第三者を害するものでもなく問題はないと思われる。また、原債権が確定し破産債権の変更（承継）届による場合は、債権調査期日の前後にかかわりなく、原債権の効力が求償権に受け継がれるものと思う」(263)とする。

c 二分説（寺田説）

これは、先の制度趣旨において「求償方法としての代位」を指摘するものとして紹介した見解である。すなわち、保証人の求償権などのように明文規定によって求償権が確立されている領域においては、代位制度が「弁済者の『債務者に対する求償権を確保』するための制度である」という点に異論はないとする一方で、「弁済者と債務者との間に内部的な法律関係がないため内部的法律関係によっては求償を根拠づけられないときに、代位は求償の実現方法として用いられることがある」とみる(264)。そこで、求償権が存在しないとされる後者の場面では、代位によって移転する原債権自体を求償権と

みることになる。

これに対して、内部関係から生じる求償権が存在しない場合に求償方法としての代位が問題となるところ、債務者と弁済者との関係に限ってみれば、最終的に不当利得による求償権が成立しうると考えられる以上、求償権不存在の場面は想定されず、「求償方法としての代位」は成立する余地はないという指摘がある[265]。

d 法律擬制説

「債権の移転ないし譲渡でもなく、担保権移転でもなく、代理、事務管理、不当利得などから生ずる求償権を担保するために弁済によって消滅した債権をあたかもなお生きているかのようにみて、代位弁済者が債権者の権利を行なえる」とする「法律のフィクション」であると指摘する見解がある[266]。

e 法律上の債権移転説

債権は、債権者と債務者の間では弁済により消滅するが、弁済者との関係ではなお存続するという相対的な消滅であると捉え、これを法律上の債権の移転、すなわち弁済者が旧債権者に代わって債権者になると説明する見解がある[267]。これが現在の通説といえる。

4 原債権と求償権との関係

判例および通説による主張のように、弁済による代位によって移転する原債権と固有の求償権とが別個に生じるものであるとすると、両請求権の関係が問題となる。

(1) 裁判例

まずは最高裁の判決をみてみたい[268]。先の昭和59年判決で展開された制度趣旨を前提として、昭和61年2月20日判決は次のように述べる[269]。「代

位弁済者に移転した原債権及びその担保権は、求償権を確保することを目的として存在する附従的な性質を有し、求償権が消滅したときはこれによって当然に消滅し、その行使は求償権の存する限度によって制約されるなど、求償権の存在、その債権額と離れ、これと独立してその行使が認められるものではない」。これが判例の立場であると一般的に捉えられており[270]、「主従的競合関係」または「附従性アプローチ」と称されている。これに対して、平成7年1月20日判決は、原債権の和議法（民事再生法）による縮小的変更が求償権に影響を与える旨を判示する[271]。すなわち「弁済による代位に伴い代位権者による原債権の行使が可能となるよりも前の段階で同債権が和議により縮小的に変更された場合における代位後の求償債権の行使は、和議条件により縮小的に変更された原債権の限度でのみなしうる」とされる[272]。これは「相互性アプローチ」と呼ばれ、先の附従性アプローチを採る昭和61年判決との対比のうえで検討すべきことが指摘される。すなわち、「相互性アプローチに依拠しつつ、一方が他方へ与える影響は他方から一方への影響と同じである」のか、「あるいは反対に附従性アプローチに立ちつつ」、両者を釣り合いの取れない関係にあるとみるべきなのかという問題である[273]。これに関して、「相互性アプローチが妥当する場面は、諸種の限定ないし留保を伴う」ということから、「附従性アプローチを基本に据えるのが適当である」とされる[274]。

(2) 学説

それでは、学説はどうであろうか。そもそも原債権と求償権との関係については、「請求権競合」と考える見解が通説である[275]。ただし、請求権競合であるとはいっても、求償権確保のために原債権および担保権が移転するということから、この原債権および担保権が移転する範囲は求償権の範囲内という一方的な制限が課せられている。したがって、両請求権は主従的競合関係とされる[276]。同旨の見解として、代位弁済者は、代位弁済によって、あたかも求償権を被担保債権として「原債権に対する法定担保権」を取得するようなものと説明する見解がある[277]。また、「原債権が債権者と債務者

との間で成立した時においては、求償権とは全くの無関係の債権である」が、「代位弁済によって代位弁済者に移転したときには、代位弁済者の手許では求償権の存在を原因として成立するものに変り（その意味では厳密には移転とはいえず一個のフィクションたることは免れない）、求償権とは内容（金銭債権であるから結局は数額）は異なるが、求償権の満足のために行使されるという求償権と共通の目的を有している」とみる見解がある[278]。他方で、「原債権を本とし、代位権と求償権を末とする本末関係があり、末の代位権と求償権は、共同保証人などが他にいるような場合は、主債務者に対する権利のほか、保証人等に対する横方向の権利も取得する」との見解がある[279]。

以上に対して、用語としての厳密な意味での請求権競合ではなく、「請求権は併存し、一方が満足すれば他方も消滅するが、単一化や統合はあり得ない、別個の根拠から生じているのである」と説明する見解も存在する[280]。

5 小括

以上でみたように、求償権と弁済による代位とは制度上密接な関係にあり、両者の関係および代位の性質についてこれまで様々に争われてきた。現在の判例・通説は、弁済による代位の趣旨を固有の求償権を確保するための制度と捉えて、その法的性質を法律上の債権移転とみている。そうであるならば、「求償権と原債権との個別性」が認識されているといえよう。ただし、個別の制度であるとしても、両制度は一定の関連性を有するものであり、両者の関係が問題となる。これに関して、現在の通説は請求権競合関係の一種としての主従的競合関係にあると捉えており、判例も基本的には同旨と捉えうる。ただし、判決によっては、個別の問題において「主従」関係が逆転しているかのように捉えられる場面もみられるところである。

以上に対して、固有の求償権が存在しうる場面での代位の性質を判例・通説と同様に「求償権確保のための制度」と捉えつつ、固有の求償権が存在しえない場合には、弁済による代位によって移転する原債権を求償権の根拠とみるべきことを主張する見解が存在する。いわゆる「代位による求償権」の

成立場面を一定の場合に認める見解といえる。しかし、不当利得による求償を肯定しうるならば、弁済者と債務者との関係では求償権の成立しない場面は存在しないと考えられる。たしかに代位弁済者が複数存在する場合の代位弁済者間の関係については、当該見解が指摘するように求償権の成立しえない場面[281]は想定しうる。しかし、「代位制度が、既存の法律関係から生ずる求償権を確保するだけでなく（このような場合が大多数であろう）、求償権を基礎づけつつその求償権を確保する場合もある」と理解するならば、「代位制度を求償権確保の制度として理解することには、問題ないであろう」との指摘がある[282]。さらにいえば、代位弁済者間の求償問題は、二次的責任負担者である代位弁済者間の利害調整の問題と捉えることが可能であることからすると[283]、これは本来的に代位制度の枠内で解決されるべき問題と思われる[284]。そこで、本書では、日本法の下での代位制度の一般的理解に立って、弁済による代位という制度は固有の求償権を確保するための制度であると捉え、原債権と求償権とは別債権として考察を進めたい。

　ところで、日本では「弁済による代位」が民法上統一的に規定されていることをひとつの理由として、代位制度の側から「代位によって保護される対象は何か」という形で「求償権」を捉えようとする傾向が見受けられる[285]。その限りでは、求償権を統一的に理解しようとする方向性と矛盾するものではなく[286]、本書との関連でも興味深い。しかし、判例・通説がいうように、弁済による代位によって移転する原債権と求償権とが別個の債権であり、その意味で制度趣旨が異なるとすれば、弁済による代位制度からは一定の距離をおいて「求償権の成立根拠」自体を検討する必要性があるように思われる。たとえば、債権者と債務者間の個別関係から生じる「原債権」と、そのような原債権を代位弁済したことによって成立する「求償権」とは、そもそもの発生根拠ないし属性がまったく異なっている。この点を考慮に入れて、本書では、各場面で問題とされる求償権に焦点をあてたうえで、「固有に生じる求償権」というもの自体を統一的な枠組のなかで理解することが重要だと考える。その後の問題として、求償権と原債権とが別個の債権であるとの認識に立って、両者の関係を考察すべきであろう。

注 第1章

(1) これまで求償権に関する文献は数多く出されてきた。しかし、各求償権の「根拠」に着目し、統一的な視点に立って、従来の議論を詳細に比較検討した論文は見当たらない。そこで、個別の場面における求償権の根拠に関する議論について、本書で詳細にみておく必要がある。なお、若干の学説検討から一定の統一的視点を提示するものとして、富岡淳「求償権という観念においては、どういう点を問題にすべきか」椿寿夫編『講座・現代契約と現代債権の展望・第2巻・債権総論(2)』(日本評論社、1991年) 253-257頁がある。

(2) 求償権の要件・効果面での諸問題に関しては、実質的根拠および機能面での同質性を探るという本書の視点がぶれることを避けるため、基本的には第1章での分析対象には含めず、第6章で検討する。

(3) 難波譲治「一部連帯債務の構造」遠藤傘寿『現代民法学の理論と課題』(第一法規出版、2002年) 331頁参照。

(4) 分類の仕方は様々である。たとえば、椿寿夫「連帯債務論の問題点」『民法研究Ⅰ』(第一法規出版、1983年) 77頁〔初出・「連帯債務論の若干の問題点」民商34巻3号 (1956年) 366頁〕は、不当利得に根拠を求めるものとそれ以外とに分けている。しかし本書では、求償権統一的把握の有無を探るという視点から、連帯債務に固有の見解と他の求償場面を視野に入れる見解とに区分する。

(5) 石坂音四郎『日本民法 第三編債権第三巻』(有斐閣、1923年) 870頁、鳩山秀夫『日本債権法 (総論)』(岩波書店、増訂改版、1925年) 270-271頁、勝本正晃『債権総論 中巻(一)』(厳松堂、1934年) 176-177頁、末弘厳太郎『債権総論(2)』新法学全集第9巻・民法Ⅲ (日本評論社、1937年) 128-129頁。

(6) 石坂・前掲注(5) 870頁。

(7) 鳩山・前掲注(5) 270-271頁、勝本・前掲注(5) 176-177頁。

(8) 勝本・前掲注(5) 176-177頁。

(9) 勝本・前掲注(5) 176-177頁。

(10) 星野英一『民法概論Ⅲ (債権総論)』(良書普及会、1978年) 166頁。

(11) この見解は、委任または事務管理にその根拠を求めるという点では、次の(2)にも分類できるが、「公平の要請」にも根拠を求めるという点で中間的な見解であるといえる。通常の連帯債務関係は後者の場面であることから、ここでは(1)に分類したい。

(12) 我妻栄『新訂 債権総論』民法講義Ⅳ (岩波書店、1964年) 430-431頁。また、

山中康雄「いわゆる連帯ということの意義」民商 33 巻 3 号（1956 年）334 頁以下。なお、山中説は、民法 434 条から 440 条の絶対的効力については相互保証的効力から説明するが、民法 442 条から 444 条（または民法 445 条）は、連帯債務者相互間に主観的関係があることにもとづくという。

(13) 我妻・前掲注（12）『債権総論』431 頁。
(14) 淡路剛久『債権総論』（有斐閣、2002 年）367 頁。
(15) 於保不二雄『債権総論』法律学全集 20（有斐閣、新版、1972 年）236-238 頁、津曲蔵之丞『債権総論 上巻』現代法学全書（青林書院、1960 年）202 頁、椿寿夫「注釈民法（11）」（有斐閣、1965 年）115 頁、澤井裕『テキストブック債権総論』（有斐閣、1980 年）102 頁、松坂佐一『民法提要 債権総論』（有斐閣、第 4 版、1982 年）159 頁、奥田昌道『債権総論』（悠々社、増補版、1992 年）363 頁、前田達明『口述 債権総論』（成文堂、第 3 版、1993 年）338 頁、鈴木祿弥『債権法講義』（創文社、三訂版、1995 年）468 頁、安達三季生『債権総論講義』（信山社、新訂第 3 版、1995 年）192-193 頁、203 頁、林良平ほか『債権総論』現代法律学全集 8（青林書院、第 3 版、1996 年）413 頁〔高木多喜男〕、加賀山茂「民法における理論モデルの提示と検証――連帯債務に関する相互保証理論モデルを例として」法教 244 号（2001 年）19 頁以下、平野裕之『債権総論』プラクティスシリーズ（信山社、2005 年）399 頁。
(16) 於保・前掲注（15）236 頁。
(17) 於保・前掲注（15）236-238 頁。
(18) 津曲・前掲注（15）202 頁。
(19) 奥田・前掲注（15）363 頁、平野・前掲注（15）399 頁。
(20) この意味では、(1) に分類することも可能である。
(21) 前田・前掲注（15）338 頁。
(22) 松坂・前掲注（15）159 頁。
(23) 加賀山・前掲注（15）法教 25 頁。
(24) 加賀山・前掲注（15）法教 27 頁。
(25) 柚木馨（高木多喜男）『判例債権法総論』（有斐閣、補訂版、1971 年）261 頁。
(26) 潮見佳男『債権総論 II――債権保全・回収・保証・帰属変更』（信山社、第 3 版、2005 年）571-572 頁。
(27) 求償権の問題に焦点をあてるものではないが、各種保証と連帯債務とを連続的に把握すべきことを主張するものがある。成田博「連帯債務論への一視角」東北学院・法律学 41 号（1992 年）20-21 頁、同「連帯債務論への一視角・再説」東北学院・法学政治学研究所紀要 2 号（1994 年）33-39 頁参照。

(28) 機関保証に関する文献は数多くある。簡潔にまとめたものとして、伊藤進「民法の保証と機関保証」法セ583号（2003年）50-53頁参照。
(29) 潮見・前掲注（26）『債権総論Ⅱ』422-433頁、とりわけ427頁。
(30) 機関保証の特殊性からくる民法規定を超えた解釈の必要性という問題には、本書では踏みこまない。
(31) 我妻・前掲注（12）『債権総論』487-489頁、中川淳『注釈民法(11)』（有斐閣、1965年）272頁、柚木（高木）・前掲注（25）『判例債権法総論』301-302頁、星野・前掲注（10）188頁、國井和郎「事前求償権と事後求償権」金融法・資料編（3）（1987年）70-71頁、水本浩『債権総論』（有斐閣、1989年）213頁、前田・前掲注（15）367-368頁（ただし、債務者の意思に反する場合の求償権の範囲としては、事務管理の702条3項とともに不当利得の703条も参照する。同・前掲注（15）371頁参照）、田山輝明『債権総論』民法講義案Ⅳ（成文堂、1993年）125-126頁、平井宜雄『債権総論』（弘文堂、第2版、1994年）314頁、鈴木・前掲注（15）『債権法講義』443頁、445頁、安達・前掲注（15）166頁。
(32) 石坂・前掲注（5）1093-1095頁。また、鳩山・前掲注（5）322頁、327-329頁も同旨。なお、「原則として生じる」と説明する見解として、勝本・前掲注（5）467-468頁。
(33) 澤井・前掲注（15）『債権総論』115頁、奥田・前掲注（15）403頁、高木・前掲注（15）『債権総論』450-451頁、淡路・前掲注（14）『債権総論』403頁参照。近江幸治『債権総論』民法講義Ⅳ（成文堂、第3版、2005年）246頁も、委託を受けない保証人が債務者の意思に反して弁済をした場合には、求償権の性質は不当利得であると指摘する。これにつき、藤原正則『不当利得法』（信山社、2002年）293頁参照。
(34) 於保・前掲注（15）277頁。松岡久和「保証の成立とその効力」『担保法大系第5巻』（金融財政事情研究会、1984年）31頁も同旨と思われる。
(35) 平野・前掲注（15）434頁、松坂・前掲注（15）『債権総論』179-180頁、田山輝明「保証・物上保証――担保的機能上の類似点と法律構成上の相違点との比較」法教231号（1999年）29頁。
(36) 内田貴『民法Ⅲ 債権総論・担保物権』（東京大学出版会、第3版、2005年）354頁。
(37) 潮見・前掲注（26）『債権総論Ⅱ』481-482頁。
(38) 我妻・前掲注（12）『債権総論』491頁、柚木馨「保証人の求償権をめぐる諸問題（上）――求償権の根拠および要件について」金法261号（1961年）24頁、中川・前掲注（31）275頁、於保・前掲注（15）278頁、松坂・前掲注（15）180頁、奥田・前掲注（15）404頁、前田・前掲注（15）368

頁、鈴木・前掲注（15）『債権法講義』444 頁、内田・前掲注（36）『民法Ⅲ』355 頁。
(39) この点につき、淡路＝新美＝椿「保証法理の物上保証人等への適用可能性（4）」金法 1267 号（1990 年）20 頁〔新美育文〕参照。
(40) 石坂・前掲注（5）1106 頁、中川・前掲注（31）275 頁、奥田・前掲注（15）404 頁。
(41) 於保・前掲注（15）278 頁。
(42) 我妻栄『債権各論中巻二』（岩波書店、1962 年）682 頁、新美育文「判批」リマークス 1991 年 38 頁、前田・前掲注（15）368 頁。
(43) 富越和厚「判批」ジュリ 975 号（1991 年）74 頁、伊藤進「判批」民商 105 巻 1 号（1991 年）98 頁。
(44) 山田誠一「判批」金法 1304 号（1991 年）54-55 頁。
(45) 高橋眞「事前求償権の法的性質」民商 108 巻 2 号（1993 年）184 頁。また、富越和厚「判解」最判解説・平成 2 年度 29 事件 514 頁（注 5）によれば、事前求償の規定は「費用」の内容を具体化したものと解されている。
(46) 林良平「事前求償権と事後求償権」金法 1143 号（1987 年）30-31 頁、國井・前掲注（31）資料編 71 頁、同「判批」法時 63 巻 6 号（1991 年）31-32 頁。
(47) 國井・前掲注（46）法時 31-32 頁。フランス法の詳細な研究として、同「フランス法における支払前の求償権に関する一考察」阪法 145 号・146 号（1988 年）245 頁以下参照。
(48) 林・前掲注（46）金法 30-31 頁。
(49) 高橋・前掲注（45）民商 193 頁、202 頁。
(50) 米倉明「判批」法協 109 巻 4 号（1992 年）709-710 頁。平野・前掲注（15）434 頁および 437 頁にも同旨の指摘がある。
(51) 大阪高判平成 2 年 2 月 28 日・判時 1352 号 76 頁。
(52) 高橋・前掲注（45）民商 176 頁参照。
(53) 最判平成 2 年 12 月 18 日・民集 44 巻 9 号 1686 頁。伊藤・前掲注（43）民商 98 頁によれば、当最判は原審と同様の立場に立つものと評されている。これに対して、本件原判決の理論構成は最高裁において採用されておらず、積極的に退けられたと解する余地があると評するものがある（國井・前掲注（46）法時 31 頁）。
(54) 鈴木・前掲注（15）『債権法講義』444 頁。
(55) 米倉・前掲注（50）法協 711-712 頁。
(56) 林・前掲注（46）金法 31-32 頁、高橋眞「事前求償権と事後求償権の関係」金法 1242 号（1990 年）64-65 頁（後に改説）、奥田・前掲注（15）405 頁。
(57) 潮見・前掲注（26）「債権総論Ⅱ」492 頁。水田耕一「保証人による求償

権の事前行使の方法」金法138号（1957年）324頁、國井・前掲注（31）資料編70-71頁、同・前掲注（46）法時32頁、高橋・前掲注（45）民商200頁以下、大西武「保証人の事前求償権に関する担保」金法1621号（2001年）5頁参照。また、平野・前掲注（15）436-438頁は、事前求償権を債務者への求償権ではなく、債権者への支払の請求という意味での「免責請求権」と捉える。

(58) 近江・前掲注（33）『債権総論』224頁および226頁。
(59) 鈴木正和「事前、事後求償権の同一性と実務上の問題点」判タ638号（1987年）80頁以下、および國井・前掲注（31）資料編72-76頁に詳しい。以下参照する。
(60) 柚木・前掲注（38）「保証人の求償権（上）」24頁、香川保一「保証人の求償権担保の根抵当権とその事前行使」金法386号（1964年）26頁、倉田卓次「判解」最判解説・昭和34年度40事件101頁、石田喜久夫「判批」ジュリ臨増・昭和60年度重判58-60頁、石井眞司「事前求償権と事後求償権は別個の権利か」金法1112号（1986年）4-5頁。
(61) 石田・前掲注（60）「判批」60頁。
(62) 石井・前掲注（60）5頁。
(63) 最判昭和60年2月12日・民集39巻1号89頁。
(64) 林・前掲注（46）金法31頁、高橋眞「判批」香川6巻3号（1986年）121-123頁、秦光昭「求償権をめぐる諸問題」金法1110号（1986年）57頁、吉原省三「保証人の事後求償権と事前求償権の関係について」金法1145号（1987年）8頁、10頁、鈴木（正）・前掲注（59）84頁、潮見・前掲注（26）『債権総論Ⅱ』430-431頁。
(65) 吉原・前掲注（64）10頁。ただし、完全な独立・併存を説くものではないと評されている（國井・前掲注（31）資料編83頁、注53参照）。
(66) 潮見・前掲注（26）『債権総論Ⅱ』491-493頁。ただし、事後求償権が原則であり、事前求償権は例外的に政策的判断にもとづいて認められた権利であるとする。
(67) 秦・前掲注（64）57頁。
(68) 林・前掲注（46）金法31頁。
(69) 高橋・前掲注（64）香川124頁（ただし、旧説）、奥田・前掲注（15）407頁。
(70) 鈴木（正）・前掲注（59）84頁。
(71) 平野・前掲注（15）440頁。
(72) 國井・前掲注（31）資料編75-76頁参照。
(73) 山田誠一「判批」金法1581号（2000年）127頁参照。「シンポジウム・保証人の弁済と求償」金融法4号71頁〔米倉明発言〕・75頁〔星野英一発言〕。

(74) 我妻・前掲注（12）『債権総論』502頁参照。
(75) 我妻・前掲注（12）『債権総論』505頁参照。
(76) 渡邊力「判批」銀法631号（2004年）74頁以下参照。
(77) 我妻・前掲注（12）『債権総論』506頁。
(78) 我妻・前掲注（12）『債権総論』505頁、内田・前掲注（36）『民法Ⅲ』360頁、平野・前掲注（15）445頁。
(79) 松岡久和「求償関係における無資力危険の配分（下）」龍谷28巻2号（1995年）26頁、同・前掲注（34）『担保法大系第5巻』35頁参照。
(80) 鳩山・前掲注（5）334頁、勝本・前掲注（5）540頁、於保・前掲注（15）286頁。
(81) 柚木（高木）・前掲注（25）『判例債権法総論』310頁。
(82) 星野・前掲注（10）262頁、鈴木（禄）・前掲注（15）『債権法講義』364頁、潮見・前掲注（26）『債権総論Ⅱ』509頁。
(83) 梅謙次郎『民法要義巻ノ三債権編』（有斐閣、大正元年版復刻、1984年）316頁、我妻・前掲注（12）『債権総論』262頁、506頁、石田喜久夫『注釈民法（12）』（有斐閣、1970年）352頁、寺田正春「弁済者代位制度論序説（一）――保証人と連帯債務者の代位を中心として」法雑20巻1号（1973年）36-37頁、奥田・前掲注（15）548-549頁、山田誠一「求償と代位」民商107巻2号（1992年）188頁。
(84) 奥田・前掲注（15）548頁、山田・前掲注（83）民商189頁、佐久間弘道「共同連帯保証人相互の求償と弁済による代位」金法1677号（2003年）37頁。
(85) 安永正昭「協会と他の保証人及び物的担保」金融法・資料編（7）（1991年）55頁、村田利喜弥＝森田幸生「判批」金法1660号（2002年）26-28頁。
(86) 大阪高判平成13年12月19日・金法1643号77頁。
(87) 渡邊・前掲注（76）銀法74頁以下参照。なお、この問題を論じるためには、立法史的沿革に遡った詳細な検討が必要となろう。しかし、求償権を統一的に探るという本書の主題から逸脱することになる。そこで、本格的な検討はまたの機会に譲りたい。
(88) 我妻栄『新訂 担保物権法』（岩波書店、1968年）129頁参照。田中整爾『注釈民法（8）』（有斐閣、1965年）294-295頁、槇悌次『担保物権法』（有斐閣、1981年）87頁、柚木＝高木『担保物権法』法律学全集19（有斐閣、第3版、1982年）95-96頁、伊藤進『担保法概説』（啓文社、1984年）89-90頁、高木多喜男『担保物権法』（有斐閣、第4版、2005年）62頁、104-105頁、近江幸治『担保物権』民法講義Ⅲ（成文堂、第2版、2005年）88頁および118頁など。
(89) 田山・前掲注（35）法教28頁。さらに、物上保証人の責任と債務者の債

務との密接性を強調するものとして、椿久美子「物上保証の課題」『担保法理の現状と課題』別冊 NBL31 号（1995 年）245-247 頁参照。
(90) 鈴木禄弥『物権法講義』（創文社、四訂版、1994 年）185 頁、同「『債務なき責任』について」法学 47 巻 3 号（1982 年）1 頁以下参照。
(91) 中山知己ほか『物権・担保物権』ファンダメンタル法学講座・民法 2（不磨書房、2005 年）240 頁〔清原泰司〕。
(92) 山下孝之「物上保証人および第三取得者の地位」米倉明ほか編『金融担保法講座 I 巻』（筑摩書房、1985 年）157 頁。
(93) 田山・前掲注（35）法教 30 頁参照。
(94) のちの第三者弁済の箇所で、この問題に触れることにしたい。
(95) 最判平成 2 年 12 月 18 日・民集 44 巻 9 号 1686 頁。
(96) 本判決以前に当該問題に触れるものとして、浅沼武「判評」金法 517 号（1968 年）12 頁参照。当該見解は類推適用を肯定する。
(97) 富越・前掲注（45）判解 501 頁以下、同・前掲注（43）ジュリ 74 頁以下参照。川井健「判批」ジュリ臨増・平成 2 年度重判 70 頁以下、近江・前掲注（33）『債権総論』225-226 頁。
(98) 富越・前掲注（45）判解 508-509 頁参照。
(99) 富越・前掲注（45）判解 508 頁。
(100) 伊藤・前掲注（43）民商 97-98 頁。
(101) 國井・前掲注（46）法時 34 頁。
(102) 新美・前掲注（39）「保証法理の物上保証人等（4）」19 頁以下、山田・前掲注（44）金法 52 頁以下、並木茂「判批」金法 1288 号（1991 年）10 頁以下、山野目章夫「判批」判タ 757 号（1991 年）51 頁以下、同「判批」法教 131 号（1991 年）104 頁以下、米倉・前掲注（50）法協 709 頁以下、平野・前掲注（15）438 頁。
(103) 山田・前掲注（44）金法 53 頁。
(104) 並木・前掲注（102）金法 14 頁。
(105) 山野目・前掲注（102）法教 105 頁。
(106) 新美・前掲注（39）「保証法理の物上保証人等（4）」22 頁。
(107) 山野目・前掲注（102）法教 105 頁。
(108) 並木・前掲注（102）金法 15 頁。
(109) 山田・前掲注（44）金法 54-55 頁。
(110) 新美・前掲注（39）「保証法理の物上保証人等（4）」22 頁。
(111) 並木・前掲注（102）金法 15 頁。
(112) 米倉・前掲注（50）法協 709 頁以下。
(113) 高橋・前掲注（45）民商 202-205 頁。

(114) 矢崎正彦「判批」平成3年度主要民事判例解説・判タ790号（1992年）37頁、小沢征行「判批」金法1581号（2000年）132-133頁参照。
(115) 共同不法行為者間の求償権も含めて、複数賠償義務者間の内部関係を論じる文献として、青野博之「不法行為における複数関与者間の求償権」法時60巻5号（1988年）39-44頁、吉村良一「複数賠償義務者とその内部関係」法教182号（1995年）63-65頁参照。
(116) 不真正連帯債務論に関する近時の文献として、平林美紀「不真正連帯債務論の再構成（一）（二）（三）」名法178号45頁以下、179号223頁以下（1999年）、181号237頁以下（2000年）、長谷川貞之「不真正連帯債務の類型的思考と求償関係・負担部分（一）」駿河台16巻1号（2002年）27頁以下、同「不真正連帯債務（上）（下）」NBL768号59頁以下、NBL770号99頁以下（2003年）参照。
(117) 鳩山・前掲注（5）286-287頁参照。
(118) 野村好弘「判批」判タ224号（1968年）53頁、品川孝次「判批」判評120号・判時538号（1969年）139頁。
(119) 川井健「共同不法行為の成立範囲の限定——全部連帯か一部連帯か」判タ215号（1968年）58-63頁。
(120) 谷口知平『不法原因給付の研究』（有斐閣、第3版、1970年）227-228頁、四宮和夫『事務管理・不当利得』現代法律学全集10-ⅰ（青林書院、1981年）181-182頁参照。
(121) 梅・前掲注（83）906-909頁。また、大判大正3年10月29日・民録20輯834頁以下。この判決は、求償権について判断するものではないが、共同不法行為にもとづく損害賠償債務が連帯債務であると明言している。
(122) 加藤一郎『不法行為』法律学全集22-Ⅱ（有斐閣、増補版、1974年）206頁。
(123) 川井健『現代不法行為法研究』（日本評論社、1978年）258頁。
(124) 川井・前掲注（123）『現代不法行為法研究』262頁。
(125) 青野・前掲注（115）41頁。
(126) 青野・前掲注（115）41頁。
(127) 我妻・前掲注（12）『債権総論』445頁。
(128) 具体的には、法定監督義務者と代監督者、使用者または監督者と被用者、使用者と監督者、占有者と保管者などの間の契約関係があげられている。我妻・前掲注（12）『債権総論』446頁。
(129) 保険会社または受寄者が全部の賠償をするときは、不法行為者に対する債権者の権利に代位（422条）するということがあげられている。我妻・前掲注（12）『債権総論』446頁。
(130) 椿寿夫「多数当事者の債権関係」谷口知平・加藤一郎編『民法例題解説Ⅱ』

（有斐閣、1959 年）49 頁および 53 頁によると、自動車の衝突の場合には別個の法律関係はなく求償権を認めることができなくなると指摘されている。同旨の批判として、田井義信「求償」『新・現代損害賠償法講座第 4 巻』（日本評論社、1997 年）134 頁参照。

(131) 青野・前掲注（115）41 頁参照。
(132) 船本信光『自動車事故民事責任の構造』（日本評論社、1970 年）102 頁。同旨の見解として、伊藤進「運転者と道路管理者——行為競合の一考察」判タ 393 号（1979 年）53 頁。
(133) 判タ 215 号 172 頁。
(134) 判タ 232 号 202 頁。
(135) 青野・前掲注（115）41 頁参照、田井・前掲注（130）134 頁参照。浜上則雄『現代共同不法行為の研究』（信山社、1993 年）200 頁〔初出・「現代不法行為理論（8）」判時 1169 号（1985 年）4 頁〕によれば、共同不法行為者は自分の債務を法律上の義務として履行したのであり、自由意思で他人のために事務を処理したのではないとされる。さらに事前求償権を基礎づけることができないという欠点があるとも指摘されている。
(136) シンポジウム「法律関係の清算と不当利得」における好美清光発言（私法 48 号（1986 年）64 頁参照）。
(137) 四宮和夫『不法行為』現代法律学全集 10-ⅱ（青林書院、1985 年）791 頁。
(138) 内田貴『民法Ⅱ 債権各論』（東京大学出版会、1997 年）500 頁。
(139) 於保・前掲注（15）158 頁参照。なお、民法 422 条の適用の可能性を指摘しながらも、この説を採るというわけではない。
(140) 於保・前掲注（15）158 頁、250 頁参照。
(141) 後藤巻則「判批」判タ 624 号（1987 年）82 頁参照。なお、当該論文は使用者責任と共同不法行為責任とが交錯する場面を検討するものであり、共同不法行為間の求償について全面的に民法 422 条を適用すべきと主張するものではない。しかし、「従来、共同不法行為における求償の問題とされてきた事例の中には、むしろ賠償者代位の制度が適用されるべきものがあり、賠償者代位制度は、もっと広く活用されてよいのではないか」と指摘している。
(142) 於保・前掲注（15）158 頁参照。
(143) 浜上・前掲注（135）『現代共同不法行為』214 頁参照。
(144) 浜上・前掲注（135）『現代共同不法行為』208-210 頁参照。ただし、この見解は民法 500 条のみに根拠を求めるのではなく、民法 442 条に事前求償権（放免請求権とされる）を認めうることを前提として、民法 442 条の適用も認めている。そのうえで、この両規定は要件・効果が異なるので両者

ともに適用されるべきであるという。そこで、この説の位置づけが問題となるが、民法442条の解釈として事前求償権を認めうるか否かは連帯債務での問題であるので、ここでは事後求償権の問題に絞って、民法500条の代位制度に根拠を求める見解と捉えたい。

(145) 青野・前掲注（115）41頁。同じく田井・前掲注（130）134頁参照。
(146) 椿・前掲注（4）『民法研究Ⅰ』158頁および159頁〔初出・「共同不法行為理論の再検討」法時34巻11号（1962年）〕。
(147) 椿・前掲注（4）『民法研究Ⅰ』98-99頁参照〔初出・「不真正連帯債務の観念」私法24号（1983年）〕。
(148) 椿・前掲注（4）『民法研究Ⅰ』77-78頁参照。
(149) 於保・前掲注（15）249頁参照。
(150) 前掲注（136）私法48号64頁〔好美発言〕。
(151) 加賀山茂「共同不法行為」『新・現代損害賠償法講座第4巻』（日本評論社、1997年）392頁、潮見佳男『不法行為法』（信山社、1999年）426頁、長谷川・前掲注（116）駿河台72頁、浦川道太郎「使用者責任と共同不法行為責任」法セ586号（2003年）49-52頁。さらに、求償権を統一的な視点から検討するなかで、複数不法行為者間での相互保証説の妥当性を指摘するものとして、富岡・前掲注（1）257頁参照。
(152) 加賀山・前掲注（151）『新・現代損害賠償法講座第4巻』392頁。なお、先の浜上見解も共同不法行為を相互保証理論で説明するが、共同不法行為における求償権については、民法442条を放免請求権とのみ捉えて適用し、事後求償権は民法500条の法定代位の規定から導き出している。
(153) 潮見・前掲注（151）『不法行為法』426頁。
(154) 四宮・前掲注（137）『不法行為』710-713頁参照。
(155) 神田孝夫『不法行為責任の研究』（一粒社、1988年）115頁以下、田山輝明『不法行為法』（青林書院、補訂版、1999年）164-166頁、田井・前掲注（130）113-117頁を適宜参照する。
(156) 法典調査会・民法議事速記録41巻23丁、廣中俊雄編『民法修正案（前三編）の理由書』（有斐閣、1987年）677頁参照。
(157) 神田・前掲注（155）127頁参照。
(158) 神田・前掲注（155）128頁、加藤雅信『現代不法行為法学の展開』（有斐閣、1991年）43頁参照。
(159) 田山・前掲注（155）164頁参照。
(160) 石田文次郎『債権各論講義』（弘文堂書房、1937年）288-289頁。
(161) 神田・前掲注（155）116頁。
(162) 田山・前掲注（155）164-165頁。

(163) 最判昭和 51 年 7 月 8 日・民集 30 巻 7 号 689 頁。これによると、諸般の事情の例として、事業の性格、規模、施設の状況、被用者の業務の内容、労働条件、勤務態度、加害行為の態様、加害行為の予防もしくは損失の分散についての使用者の配慮の程度といったものがあげられている。
(164) 田上富信「判批」『民法判例百選 II〔第 5 版・補正版〕』別ジュリ 176 号（2005 年）177 頁参照。
(165) 神田孝夫「判批」昭和 51 年度重判・ジュリ 642 号（1977 年）81 頁、田山・前掲注（155）165 頁。
(166) 川井・前掲注（123）『現代不法行為法研究』102-105 頁、田邨正義「使用者からの被用運転手に対する求償」ジュリ 645 号（1977 年）139 頁、四宮・前掲注（137）『不法行為』710 頁。
(167) 我妻栄『事務管理・不当利得・不法行為』新法律学全集[復刻版]（日本評論社、1988 年）178 頁の註 2。乾昭三「使用者の賠償責任」総合判例研究叢書民法(4)（1957 年）297 頁。ただし、乾説によれば、適用ではなく類推とされる。
(168) 加藤（一）・前掲注（122）190 頁。
(169) 田山・前掲注（155）165 頁参照。
(170) 加藤（一）・前掲注（122）190 頁。
(171) 神田・前掲注（155）129-130 頁。
(172) 椿寿夫「判批」判評 116 号・判時 525 号（1968 年）121-122 頁。
(173) 淡路剛久『連帯債務の研究』（弘文堂、1975 年）284 頁参照。
(174) 武久征治「被用者に対する求償権の制限」『現代損害賠償法講座 6』（日本評論社、1974 年）105-108 頁。
(175) 淡路・前掲注（173）『連帯債務の研究』286 頁、中元紘一郎「判批」『交通事故判例百選〔第 2 版〕』別ジュリ 48 号（1975 年）149 頁、舟本・前掲注（132）106-107 頁、田上富信「被用者の有責性と民法 715 条［その二・完］」鹿法 9 巻 2 号（1974 年）90 頁。
(176) 中元・前掲注（175）149 頁、舟本・前掲注（132）106-107 頁。
(177) 田上・前掲注（175）鹿法 90 頁。
(178) 並木茂「求償権」判タ 268 号（1971 年）116-117 頁。
(179) 田井・前掲注（130）115 頁、梅津和宏「使用者責任（2）——求償権の制限」『裁判実務大系 15』（青林書院、1991 年）203 頁参照。
(180) 淡路・前掲注（173）『連帯債務の研究』284 頁によると、不真正連帯債務説に分類される。
(181) 淡路・前掲注（173）『連帯債務の研究』284 頁。
(182) 神田・前掲注（155）127 頁以下参照。
(183) 松岡参太郎『無過失損害賠償責任論［復刻版］』（有斐閣、1953 年）9 頁。

(184) 川添清吉「使用者責任における求償権」青法8巻3号(1966年)139-140頁。
(185) 淡路・前掲注（173）『連帯債務の研究』284頁。
(186) 島田信義「使用者責任」法セ1969年6月号23頁。
(187) 神田・前掲注（155）134頁、138頁の注2参照。
(188) 梅津・前掲注（179）208頁。
(189) 神田・前掲注（155）137頁。
(190) 神田・前掲注（155）133頁。
(191) 四宮・前掲注（137）『不法行為』709頁。
(192) 谷口知平＝植林弘『損害賠償法概説』（有斐閣、1964年）156頁。乾・前掲注（167）297頁も同旨。
(193) 川添・前掲注（184）136-137頁。
(194) 川添・前掲注（184）138頁。淡路剛久「使用者責任と求償」ジュリ530号（1973年）123頁。
(195) 青野・前掲注（115）39-40頁参照。
(196) 椿・前掲注（172）判評121頁。青野・前掲注（115）39-40頁も同旨。
(197) 武久・前掲注（174）105-108頁。
(198) 我妻・前掲注（12）『債権総論』445頁参照。
(199) 梅・前掲注（83）897頁。
(200) 中元・前掲注（175）149頁、舟本・前掲注（132）106-107頁、田上・前掲注（175）鹿法90頁、淡路・前掲注（173）『連帯債務の研究』291-301頁。
(201) 浜上則雄「損害賠償法における『保証理論』と『部分的因果関係の理論』（二・完）」民商66巻5号（1972年）55-56頁、富岡・前掲注（1）257頁、浦川・前掲注（151）49-52頁。
(202) 浜上・前掲注（201）民商55-56頁。
(203) 富岡・前掲注（1）257頁。
(204) 浦川・前掲注（151）51頁。
(205) 四宮・前掲注（137）『不法行為』710-711頁。
(206) 四宮・前掲注（120）『事務管理・不当利得』201頁。
(207) 四宮・前掲注（137）『不法行為』710頁。
(208) 淡路・前掲注（173）『連帯債務の研究』301頁参照。
(209) 田山・前掲注（155）166頁参照。
(210) 神田・前掲注（155）132頁以下。
(211) 田上・前掲注（175）鹿法78-79頁、同『民法学6・不法行為の重要問題』（有斐閣、1975年）118-119頁。
(212) 椿・前掲注（172）判評24頁。学説につき、田井・前掲注（130）135頁参照。
(213) 淡路・前掲注（173）『連帯債務の研究』301頁。

(214) 当該見解のように、共同不法行為の成立する場面を使用者責任の場面から切り離して考えるのであれば、民法715条固有の場面としては被用者の求償権を認めない見解とも捉えうる。このように考えるならば、ａの否定説に分類することも可能であろう。

(215) 使用者が被害者に賠償した場合において、使用者から被用者への求償を制限するということは、使用者に何らかの責任を負担させようとの視点から主張される見解である。これに対して、被用者が被害者に賠償した場合に使用者への求償を認めるということも、使用者に何らかの責任を負担させようとする視点に出たものといえる。したがって、両者の議論は、使用者と被用者との内部関係において被用者の利益を保護しようという共通性を有するといえよう。

(216) 加藤（一）・前掲注（122）190頁、高梨公之「不真正連帯債務」『判例演習（債権法1）』（有斐閣、増補版、1973年）108-109頁、淡路・前掲注（173）『連帯債務の研究』301-302頁。

(217) 椿・前掲注（172）判評23-24頁。

(218) 川井・前掲注（123）『現代不法行為法研究』104頁。

(219) 四宮・前掲注（137）『不法行為』712頁。

(220) 浜上・前掲注（201）民商55-56頁。また、富岡・前掲注（1）257頁参照。

(221) 浜上・前掲注（201）民商55-56頁。

(222) 篠塚昭次『有斐閣新書 注釈民法（2）』（有斐閣、1977年）359頁。

(223) 能見善久「判批」法協95巻3号（1978年）603-604頁。

(224) 四宮・前掲注（137）『不法行為』712-713頁。利益状況として、使用者にとっては、被用者の濫用・逸脱の場合や故意・重過失の場合は対外的責任が除外されるべきであるということと、使用者に対して従属的立場にある被用者は、使用者と違って、事業のはらむ危険、ないし責任を負った場合の経済的リスクから逃れることができないという事情が付加されるべきであるとされる。

(225) 求償権の根拠以外の問題については、渡邊・初出一覧①「第三者弁済における求償権（1）」238-261頁参照。

(226) 鳩山・前掲注（5）399頁、末弘・前掲注（5）155頁、我妻・前掲注（12）『債権総論』249頁、於保・前掲注（15）386頁、星野・前掲注（10）257頁、松坂・前掲注（15）239頁、奥田・前掲注（15）497頁、前田・前掲注（15）444頁、平井・前掲注（31）205頁、石田・前掲注（15）257頁。

(227) 加藤雅信『財産法の体系と不当利得法の構造』（有斐閣、1986年）241-242頁、鈴木（禄）・前掲注（15）728頁、好美清光「不当利得法の新しい動向について（下）」判タ387号（1979年）26頁。

(228) 加藤（雅）・前掲注（227）『不当利得法の構造』241-242頁。
(229) 寺田正春「弁済者代位の機能と代位の要件・効果——第三取得者の弁済による求償と代位に関連させて」椿寿夫編『担保法理の現状と課題』別冊 NBL31号（1995年）135-136頁、同・前掲注（83）法雑65-66頁。
(230) 森永淑子「保証人の『弁済による代位』に関する一考察（3・完）——ドイツにおける『法律に基づく債権移転』をめぐる議論の展開を中心として」法学61巻4号（1997年）176頁参照。
(231) 村田利喜弥「消滅時効における原債権の確定と求償権との関係」ジュリ1130号（1998年）124頁。
(232) 潮見・前掲注（26）『債権総論Ⅱ』277-278頁。
(233) 潮見・前掲注（26）『債権総論Ⅱ』288頁。
(234) 詳細については、渡邊・初出一覧①「第三者弁済における求償権（1）」256-257頁参照。また、平野・前掲注（15）63-65頁参照。
(235) 淡路＝新美＝椿「保証法理の物上保証人等への適用可能性（4）（5・完）」金法1267号19頁以下および1268号18頁以下（1990年）〔新美育文〕参照。
(236) 岡村玄治『債権法各論』（厳松堂、再版、1930年）644頁参照。
(237) 村上恭一『債権各論』（厳松堂、1914年）872頁参照。
(238) 我妻栄『債権各論下巻一』民法講義Ⅴ4（岩波書店、1972年）1130頁、松坂佐一『不当利得・事務管理』法律学全集22-Ⅰ（有斐閣、新版、1973年）188頁、四宮・前掲注（120）『事務管理・不当利得』154頁、加藤雅信『事務管理・不当利得・不法行為』新民法大系Ⅴ（有斐閣、第2版、2005年）96頁。
(239) 山田幸二『現代不当利得法の研究』（創文社、1989年）318頁、澤井裕『テキストブック事務管理・不当利得・不法行為』（有斐閣、第3版、2001年）54頁、藤原・前掲注（33）76頁。
(240) 詳細については、第3章「求償型不当利得論」および第5章「錯誤無効の場面における求償権」で検討を加える。
(241) 五十嵐清『注釈民法（19）』（有斐閣、1965年）315頁。
(242) 四宮・前掲注（137）『不法行為』747頁。
(243) 判時1473号57頁。
(244) 目崎哲久「判批」リマークス1995年（上）68-71頁参照。
(245) 目崎・前掲注（244）68頁。
(246) 目崎・前掲注（244）70頁。
(247) 目崎・前掲注（244）70頁。同「土地工作物責任と求償権」乾昭三編『現代損害賠償法講座6』（日本評論社、1974年）185-186頁参照。
(248) 樋口範雄「判批」判評424号・判時1488号（1994年）201頁。

(249) 樋口・前掲注（248）201 頁。
(250) 目崎・前掲注（247）『現代損害賠償法講座 6』186-187 頁参照。
(251) 目崎・前掲注（247）『現代損害賠償法講座 6』187-191 頁参照。
(252) 我妻・前掲注（12）『債権総論』247 頁。また、石田喜久夫「代位弁済制度の意義・機能」椿寿夫編『代位弁済——その実務と理論【新版】』銀法別冊 1 号（1995 年）6 頁、林良平ほか『債権総論』現代法律学全集 8（青林書院、第 3 版、1996 年）285-286 頁〔石田喜久夫〕ほか参照。ただし、法的性質をいかに捉えるかは争いがある（後述）。
(253) 我妻・前掲注（12）『債権総論』248-252 頁、石田・前掲注（252）『債権総論』287 頁ほか参照。
(254) 民集 38 巻 7 号 885 頁。
(255) 潮見佳男「求償制度と代位制度——『主従的競合』構成と主従逆転現象の中で」中田裕康＝道垣内弘人編『金融取引と民法法理』（有斐閣、2000 年）235 頁、同・前掲注（12）『債権総論 II』280 頁以下参照。
(256) 主要なものとして、最判昭和 59 年 10 月 4 日・判時 1140 号 74 頁、最判昭和 59 年 11 月 16 日・裁判集民事 143 号 165 頁、最判昭和 60 年 1 月 22 日・裁判集民事 144 号 1 頁、最判昭和 61 年 2 月 20 日・民集 40 巻 1 号 43 頁、最判平成 7 年 1 月 20 日・民集 49 巻 1 号 1 頁。この一連の判決に関しては、塚原朋一「弁済による代位をめぐる最高裁判例の概観と展望」金法 1143 号（1987 年）5 頁以下、石田・前掲注（252）「代位弁済制度の意義・機能」8-9 頁、潮見・前掲注（255）「求償制度と代位制度」235-261 頁参照。
(257) 我妻・前掲注（12）『債権総論』247 頁、石田・前掲注（252）『債権総論』285 頁ほか。
(258) 寺田・前掲注（229）「弁済者代位の機能と代位の要件・効果」135-136 頁、同・前掲注（83）法雑 62-66 頁参照。
(259) 学説のまとめとして、貞家克巳「弁済による代位」金法 500 号（1968 年）35 頁以下、船越隆司「弁済者の代位」星野英一編『民法講座 4　債権総論』（有斐閣、1985 年）337 頁以下、淡路・前掲注（14）『債権総論』538-541 頁参照。
(260) 貞家・前掲注（259）37 頁、村田利喜弥「弁済者代位の実務上の問題点」椿寿夫編『担保法理の現状と課題』別冊 NBL31 号（1995 年）187 頁参照。
(261) 村田・前掲注（231）「消滅時効における原債権」124 頁。
(262) 村田・前掲注（231）「消滅時効における原債権」124 頁。
(263) 村田・前掲注（231）「消滅時効における原債権」124 頁。
(264) 寺田・前掲注（229）「弁済者代位の機能と代位の要件・効果」136 頁、同・前掲注（83）法雑 65-66 頁参照。
(265) 森永・前掲注（230）「保証人の『弁済による代位』に関する一考察」173-

174頁参照。
(266) 梅・前掲注（83）298-300頁、奥田・前掲注（15）538頁、前田・前掲注（15）470頁。
(267) 我妻・前掲注（12）『債権総論』247頁、於保・前掲注（15）『債権総論』384-385頁、平井・前掲注（31）206-207頁、近江・前掲注（33）『債権総論』308頁ほか。
(268) 山野目章夫「求償債権と原債権の関係——相互性仮説の検証」ジュリ1105号（1997年）138頁以下参照。また、潮見・前掲注（255）「求償制度と代位制度」235-261頁参照。
(269) 民集40巻1号43頁。
(270) 石田・前掲注（252）「代位弁済制度の意義・機能」9頁、奥田・前掲注（15）544頁、淡路・前掲注（14）『債権総論』549-550頁参照。
(271) 民集49巻1号1頁。
(272) 山野目・前掲注（268）138頁。
(273) 山野目・前掲注（268）138頁。また、潮見・前掲注（255）「求償制度と代位制度」243頁によれば「いわば『主従』的競合関係の逆転現象」と称され、とりわけ「原債権の行使による求償権の時効中断、時効利益の放棄の場合——原債権についての時効利益の放棄は、求償権についての時効利益の放棄も含むか——、そして、和議開始決定の後の代位弁済により取得した求償権の行使の要件とその限度」という三つの項目が問題になるとされる。
(274) 山野目・前掲注（268）140-141頁。
(275) 石坂・前掲注（5）1299頁、柚木馨「保証人の求償権をめぐる諸問題（下）」金法263号（1961年）13頁、石田・前掲注（83）注民348頁ほか。
(276) 柚木・前掲注（275）「保証人の求償権をめぐる諸問題（下）」13頁、上野隆司「保証協会の求償特約に関する最三小判昭59・5・29について」金法1066号（1984年）8頁参照。
(277) 石田喜久夫「他の利害関係人に対する求償権と代位の関係」金法1143号（1987年）14頁。
(278) 平井一雄「弁済による代位——昭和59年度における三つの最高裁判例を中心として」白羽祐三編『取引保護の現状と課題』（蒼文社、1989年）79頁。
(279) 谷啓輔「債権者に代位弁済した保証人の権利——信用保証委託契約上の特約に関する新判例をめぐって」手形研究367号（1985年）7頁。
(280) 林良平「弁済による代位における求償権と原債権——信用保証委託契約を中心として」金法1100号（1985年）56頁。
(281) 先に紹介したように、寺田・前掲注（229）「弁済者代位の機能と代位の要件・効果」135-146頁、同・前掲注（83）法雑65-66頁参照。

(282) 淡路・前掲注（14）『債権総論』540頁参照。
(283) 松岡・前掲注（79）「求償関係における無資力危険の配分（下）」26頁、森永・前掲注（230）「保証人の『弁済による代位』に関する一考察」180頁参照。
(284) 渡邊・前掲注（76）銀法74頁以下参照。
(285) 椿寿夫「求償権と弁済者代位の関係」椿寿夫編『代位弁済――その実務と理論【新版】』銀法別冊1号（1995年）10-15頁、同「求償権の意義・機能と有無・範囲」『代位弁済――その実務と理論【新版】』銀法別冊1号（1995年）55-58頁参照。
(286) ただし、序章で触れたように、用語上の統一化を超えて、求償権の判断枠組を統一的に把握することを主張するものではない。

第2章

求償権の統合可能性
―― 共通枠組の抽出

第1節　緒論

　第1章では、各場面における求償権の根拠が学説を中心としてどのように理解されてきたかを客観的に分析した。様々な見解が主張されているなかで、一定の共通性を有しうる見解が存在していることを各項目の小括において指摘した。この指摘をもとに、本章では求償権の判断枠組を統一的に把握する基盤の有無についての検討を試みる。まず第2節において、前章での求償権の根拠に関する議論の分析結果を踏まえつつ、各学説を横断的に検討する。次に第3節では、求償権の根拠面に焦点を絞って共通命題の抽出可能性を検討する。なお、前章でも指摘したように、受託保証人に認められる事前求償権は保証人による弁済前に問題となる点で特殊性を有しており、事後求償権とは区別して論じられてきた。したがって、本章第4節において、事後求償権とは区別して事前求償権について、とりわけ事後求償権との関係に焦点を絞って検討を加える。

第2節　各求償権の根拠に関する横断的検討

1　序説

　まずは第1章でまとめた各求償権の根拠に関する議論を横断的に考察することによって、求償権の実質的根拠を統一的に把握する可能性の有無を検討する。すなわち、各求償権の根拠に関する従来の議論を題材として、求償が問題とされる各場面を通して、求償権の根拠がどの点で一致し、または一致しないのかを探ろうとするものである。

　ところで、求償権の法的根拠と実質的根拠との区別は、これまで実際にはそれほど明確に意識されてこなかった。たとえば、委託を受けた保証人の求償権の実質的根拠を委任の事務処理費用償還請求権に求める見解が通説であるが、民法459条の根拠を民法650条に求めるとしても、その実質的根拠は明らかになっていない。なぜなら、委任の事務処理費用償還請求権（民法650条）の根拠が明らかにされなければ、結局のところ、権利の本質を明らかにしたとはいえないからである。そこで、このように法的根拠と実質的根拠との区別には不明確な側面があるという点に鑑みて、法的根拠の指摘のみを目的とすることが明らかな見解以外は、ひとまず求償権の実質的根拠の解明を志向する可能性があると捉え、ここでの検討対象に含めることにする。

　このような検討によって、求償権が問題となる場面間に実際に「類似性」があるか否かが浮き彫りにされ、求償権統一化の可能性の有無が明確となる。さらに求償権の判断枠組における統一化が必要であると主張するためには、序章で詳細に述べた通り、このような「類似性」が求償権の「実質的根拠および機能面における同質性」にまで高めて検討されるべきである。

2 横断的検討

　それでは、第1章で分析した求償権の根拠に関する諸見解について、各款の小括をもとに、各場面を通して共通性を有しうる見解を抽出して整理する。

a 不真正連帯債務の属性説
　これは、主に共同不法行為と使用者責任の場面を念頭において、不真正連帯債務とされる場面を統一的に捉えつつ求償権をも統一的に説明する見解である[1]。この見解は、不真正連帯債務とされる場面以外との統合性は念頭においていないといえよう。

b 相互保証説
　次に、連帯債務および共同不法行為（ないし不真正連帯債務）の場面で主張されている相互保証説が共通する可能性を有するものと考えられる。この見解は連帯債務における現在の通説である[2]。その一方で、共同不法行為および使用者責任においても同様の見解が存在する[3]。さらにこの相互保証説は、究極には保証人の求償権に根拠を求めているとみうるので、保証の場面をも含めて求償権の根拠を捉えることが可能である。たとえば、連帯債務の議論において、当該見解をもとに、他人の負担部分を弁済した場合に保証の求償権を根拠として指摘する見解が存在する。このように、相互保証理論は求償権が問題となる場面の多くに共通している[4]。ただし、当見解と物上保証および第三者弁済との関係はこれまで論じられていない。

c 委任または事務管理説
　保証の求償権の根拠については、委任・事務管理説が通説であり[5]、これは物上保証でも同様に解されている[6]。さらに、第三者弁済においても、求償権の根拠を委任・事務管理に求める見解が通説である[7]。他方で、共同不法行為の場面でも事務管理説がある[8]。そこで、この見解は主に個別の法律関係説からのひとつの帰結ではあるが、求償場面ごとに共通する可能

性を有するものと考えられる。

d 弁済による代位説

第三者弁済および共同不法行為において、弁済による代位に求償権の根拠を求める見解がある[9]。この見解も共通可能性を有するものといえる。

e 不当利得説

最後に、求償権の根拠を不当利得に求める見解が、各場面において共通して存在している[10]。ただし、当該見解も、従来の衡平説からの理解を前提とした不当利得説と求償型不当利得論の影響を受けた不当利得の実質説とに分けられる。そこで、これらを明確に分けたうえでの検討が必要となろう。

以上のように、各場面における求償権の根拠に関する議論のなかで、共通性を有する見解、または共通する可能性を有する見解をまとめた。これらの見解を媒介とすれば、事後求償権に限ってみれば、根拠面での共通要素の抽出可能性が存在するといえそうである。ただし、このような共通する可能性のある根拠が、どの範囲で共通性を有しうるのか、そしてそれが実質的な根拠といいうるか、また実際に妥当性を有しているのかなど、理論的には不明瞭な点が多い。そこで、もう少し内容に踏み込んで、事後求償権の実質的根拠面での統合可能性を具体的かつ実質的に検討することにしたい。

3 根拠面での統合可能性

(1) 衡平説および当然説

そもそも、すべての求償権の根拠が「衡平」に根ざすということに異論はないであろう。しかし、求償権者と義務者間の衡平のために求償権を認めるといってみても、およそ法律というものは少なからず衡平を求めて規定されるものである以上、何ら実質的な説明にはなっていないと批判されよう。ま

た、同じように、求償権は「当然に発生する」という説明も実質的な説明とはいえず、理論的に不十分である。このような点を踏まえて、根拠面での実質的な解明に努力してきた結果、現在のように諸説が乱立することになったといえよう。

(2) 個別の法律関係説

次に、他の求償場面を取り立てて意識することなく、それぞれの場面で問題とされる求償権を個別に説明しようと試みる見解をみておく[11]。すなわち、求償権者・義務者間に特別の法律関係があれば、それに従って求償権が生じるとする見解である。これによれば、保証においては、委任関係があれば委任の事務処理費用償還請求権として、委任関係がなければ事務管理の費用償還請求権として求償権の実質が説明されることになる。また、使用者責任においては、使用者と被用者間に存在するであろう委任その他の契約関係から求償権が導かれることになる。しかし、この見解によれば、個別の法律関係が存在しない場合には、求償権が認められないことにもなりかねない。たとえば連帯債務においては、連帯債務者間に契約関係の存在しない場合もありうることから、この点の説明に苦慮することになる。そのため、連帯債務者間には常に主観的関係が存在すると擬制することから求償権を導くという手法が用いられたといえよう[12]。他方、共同不法行為の場面を念頭におくならば、特別の法律関係も主観的関係も観念できない場合が存在する。このような場合には、そもそも求償権を認めるべきではないという結論が導かれることとなった。しかし、このような主張が不当なことは現在の一致した見解である。そこで、一部の見解は、共同不法行為者（ないし不真正連帯債務者）間に「弁済ないし免責のための共同関係」があるとして、求償権を認めようとしている[13]。しかし、「主観的共同関係」や「弁済ないし免責のための共同関係」があるといってみても、求償権を認めるための実質的な説明にはなっていない。求償権がなぜ認められるのか、求償権の根拠をさらに踏み込んで説明する必要があるだろう。

ところで、当該見解は、場面ごとに債務者と弁済者間の個別の法律関係

を考慮するものであり、基本的には他の場面との関連性を考慮に入れていない。しかし、求償関係が問題となる場面ごとに、結果的に委任または事務管理（ないしは不当利得）が問題とされうることからすると、見方によっては共通性を認めることができるのではなかろうか。すなわち、いずれの場面でも、①債務者と弁済者間に何らかの委任関係がある場合は委任の費用償還請求権、②委任関係はないが事務管理の関係があれば事務管理の費用償還請求権、③委任および事務管理の関係がなければ不当利得の返還請求権、という三つの請求権を求償権として把握するということである。このように捉えるならば、個別の法律関係説も場面ごとに共通性を有しうる見解と捉える可能性が生じる[14]。ただし、当見解のように法的根拠の追求に主眼をおくのであれば、各求償権の要件および効果面で争いが生じている場合に、解釈の規準を導きえないことにもなりかねない。また、上述のように、個別の法律関係が認められない場合に理論的不備が生じうる。そこで、求償権の実質的根拠および機能の具体的な解明が必要であるといえよう。

(3) 不真正連帯債務の属性説

そこで、求償権を統合しうる可能性といった視点から実質的根拠を検討する。なお、求償権の根拠を共通の視点で捉える可能性を有する見解については、先の2「横断的検討」でまとめた通りである。そこで、これらの見解を具体的に検討する。

まず、aの見解は、共同不法行為や使用者責任といったいわゆる不真正連帯債務とされる場面を統一的に捉えて、当然に求償権を認めようとする見解である。しかし、これでは求償権の成立根拠を実質的に説明していることにはならない。かつては不真正連帯債務に主観的共同の関係が存在しないことから求償権は認められないとされていたのであり、求償関係規定が不十分または存在しない不真正連帯債務において、この結論を覆すためには、相応の説明が必要となろう。これを、求償権を認める必要性があるから当然に認められるというのでは説明になっていない。また、かりに不真正連帯債務であるということから求償権を認めうるとしても、その要件・効果を確定する規

準は導けない。したがって、求償権の側面からみると、この見解には賛成しがたい。

(4) 相互保証説

次に、先の2におけるb相互保証説であるが、連帯債務・共同不法行為の各場面における債務が相互保証的性質を有するということは妥当な説明であると思われる。まず連帯債務の場面では、現在では相互保証説が通説となっている[15]。そもそも、連帯債務に関して、各債務者と債権者との対外関係についてみると、債権者保護の観点から、それぞれが全額を弁済すべき義務を負わされている。しかし、連帯債務者間の内部関係をみれば、自己の負担部分と他人の負担部分とに分解して捉えることが可能であり、他人の負担部分については相互にこれを担保し合っているとみることができる。そこで、相互保証説は、連帯債務者と債権者との関係における外部的機能のみならず、連帯債務者間の内部的機能をも考慮に入れて連帯債務の性質を分析的に捉えている点で、妥当な見解といえる。すなわち、かつてのような全額自己の債務の弁済であるという説明だけでは、連帯債務の担保という側面が強調されえないところ、相互保証説によれば、自己の負担部分の弁済のみならず、他人の負担部分をもあわせて弁済させるところに、連帯債務における債権者の保護（すなわち債権回収の強化機能）が存在すると説明できることになる。

これに対して、共同不法行為の場面では通説とみうる見解は存在しないが[16]、諸見解のなかで、連帯債務の場面と同じく相互保証説が一部有力に主張されている[17]。この場面でも相互保証説を媒介とすることができれば、連帯債務のみならず共同不法行為の場面をも含めて、複数債務者が全部義務を負担する場面を共通枠組で捉えることが可能となる。そこで、当該場面における相互保証理論の妥当性を考えたい。

そもそも共同不法行為の場面では、通常は債務者間に意思的な共同関係は存在しないところ、法律によって複数債務者が各自全部義務を負わされている。このように共同不法行為者間に意思的な要素が存在していない点で、連帯債務とは違っている。しかし、債務者各自が全部義務を負わされ、債権者

から請求されれば債務を履行しなければならないという関係は、連帯債務でも共同不法行為でも同様である。さらには、各自の負担部分を寄与度に応じて観念しうることからすると、各共同不法行為者は各自の負担部分を相互に担保しあっているとみることが可能である[18]。もう少し踏み込んで言うならば、共同不法行為責任とは、当事者間の意思ではなく法律の規定にもとづいて成立する人的担保と捉えることが可能ではないだろうか[19]。そうであるならば、共同不法行為においても連帯債務の場面と同じく、相互保証の結果として、弁済した共同不法行為者から他の共同不法行為者に対して求償権が生じるといえよう。

さらに相互保証説は、使用者責任の場面でも主張される[20]。使用者と被用者の負担部分を0対100の関係とみて、相互保証理論による説明も可能であろう。しかし、使用者が被用者に代わって全額支払うという関係は、まさに法定の連帯保証と捉えることができる。そうであるならば、相互保証説を持ち出すまでもなく、端的に保証類似の関係または他人の債務の弁済関係と捉えれば足りるであろう。

以上のように、複数の債務者が全部義務を負う場合には、相互保証説によって債務の性質ないしは機能を適切に説明しうる。しかし、債務者相互間の内部関係としての求償関係までもが相互保証機能から直截に導き出せるわけではない。たとえば、他人の債務の弁済であるから当然に求償権が発生するというのでは、求償権の実質的根拠を説明しているとはいえない。この問題について、各自が相互に「保証」しあっているという説明からすると、突き詰めれば保証にその根拠を求めるものと考えられる[21]。しかし、たとえ保証の求償権に根拠を求めうるとしても、保証における求償権の実質的根拠が明らかとされない限り、連帯債務における求償権の実質的根拠も解明されたとはいえないであろう。

(5) 相互保証説の展開と保証における求償権

そこで、次に保証における求償権の根拠を検討する。これについては、委任関係があれば委任の事務処理費用償還請求権、委任関係がなければ事務管

理の費用償還請求権に根拠を求める見解が通説である[22]。そこで、連帯債務での通説である相互保証説に立って、他人の負担部分を相互に保証し合っているとみて、かつ、保証における求償権の根拠につき通説の立場を採れば、最終的には委任と事務管理の規定に求償権の根拠を求めることになる。この点で、先述した2c「委任または事務管理説」と一致していくことになる。他方で、物上保証においては、求償権の根拠がこれまで詳細に検討されてきたわけではないが、基本的には保証における求償権と同様に考えられている。また、第三者弁済においても委任・事務管理にその根拠を求める見解が通説である。したがって、物上保証および第三者弁済についても、統一的な視点からの説明が可能となる。以上のようにみてくると、複数債務者が存在する場合には、相互保証説を媒介とすることで、各場面の求償権を統一的に説明しうるといえよう。

　ただし、この結論にもいくつかの疑問が生じる。たとえば、連帯債務者相互間には委任関係の存在しない場合もありうるところ、このような意思的要素の存在しない場合には、事務管理から求償権が発生すると考えるべきことになろうか。しかし、連帯債務の場面では、委託の有無によらず、民法442条によって一律に求償権が発生するとされている。この点は、どう説明すればよいのであろうか。さらに、委任の費用償還請求権に根拠を求めるとしても、この請求権が認められることの実質的根拠は問題とされないのであろうか。これは、事務管理の費用償還請求権についても同様である。最終的に委任および事務管理にその根拠を求めるのであれば、この点の解明が必要となる。結局のところ、求償権の実質的根拠または機能を十分に説明しているとはいえないであろう。相互保証説を前提として保証に根拠を求めることが妥当としても、以上のような疑問が生じる。そこで、統合可能性を有する求償権の実質的根拠の説明としては、いまだに不十分な面があると思われる。

(6) 弁済による代位説

　他方、先の2d説は、求償権の根拠を弁済による代位に求める見解である。この見解については、弁済による代位に関する判例・通説に合致しないとい

う難点がある。すでに検討したように、代位の趣旨については、固有の求償権が発生していることを前提として、それを確保するために設けられた制度であると一般に解されており、代位は求償権を発生させる制度とは解されていない[23]。また、民法501条の文言にも、「求償をすることができる範囲内において」とあり、別個に固有の求償権が発生することを前提としている。これに対して、代位説の主張する主な理由として、たとえば保証人と物上保証人との関係のように固有の求償権が発生しない場合が存在することを前提として、この場合に代位制度によって求償権を認める実益が存在すると指摘される[24]。しかし、求償権を認める理論が他に存在するのであれば、現在における代位制度の通説的な理解を変更してまで、弁済による代位を求償権の根拠と考える必要はないであろう。これに関して、先にも述べたように、不当利得を根拠とする求償権が認められるのであれば、常に固有の求償権が認められる余地があるといえる[25]。また、この見解は代位による求償を補助的に認めるものであって、基本的には固有の求償権が成立する場合を認めている。そうであるならば、当該見解からは固有の求償権の根拠は不明のままである。したがって、求償権の根拠を解明するものとしては、この見解は採りえないと考える。

(7) 不当利得説

最後に、2eの見解について検討する。この不当利得に根拠を求める見解のなかでも、論旨に相違があることは先に指摘した。まず、連帯債務における求償権の根拠としてあげた第1章第1節第1款2(2)b(a)説は、各連帯債務者が全額について自己の債務を負うことから、弁済者は自己の債務を履行したにすぎず、他の連帯債務者は不当利得にはならないが、「衡平（公平）」の見地から他人の出捐で利得した者に不当利得を認めようとする見解である[26]。この見解は、求償権の根拠を衡平に求めることからあまり進展がないといえる。そこで、実質的かつ分析的な検討が必要といえよう。

これに対して、連帯債務における2(2)b(b)の見解は、「相互保証関係にある連帯債務者の一人が弁済することにより、責任財産レベルでの不当

利得が生じていて、これが求償権の実質的基礎を形成している」とみる[27]。すなわち、当該見解は、連帯債務を分析的にみて、相互保証的性質を有するという見解を前提としつつ、その求償権の根拠を保証に求めるのではなく、「相互保証関係にある当事者間における責任財産レベルでの利得・損失の調整を図るために認められた」ものであるとする。この見解によるときには、分析的な視点から連帯債務の求償権を説明しうるものであって、その実質的根拠の解明を志向する点で妥当である。さらに、この見解によれば、先の相互保証を前提として保証に根拠を求める見解に対してあげた疑問点にも答えうる。すなわち、連帯債務における求償権を委託の有無にかかわらず統一的に捉えうるということ、および求償権の実質的な根拠を説明しうるということである。他方で、この見解は、連帯債務以外の場面、すなわち弁済による代位（代位弁済）と保証の場面においても同様に「責任財産レベルにおける利得・損失の帰属割当ての調整、つまり、責任財産の財貨帰属割当ての調整を図る」という「本質的に不当利得返還請求権の属性」を有するものであると統一的に説明している[28]。これに加えて、共同不法行為の場面では、「法秩序の予定する負担配分の法則に反することによる不当利得（求償型）返還の関係である」とする見解がある[29]。これは使用者責任においても同様とされている[30]。

　不当利得説における第二の見解は、場面によって若干ニュアンスの違いはあるが、基本的には同一の方向性を有するものといえよう。すなわち、不当利得における機能分化の視点を参照して、求償権は「財貨帰属割当ての調整」という機能を担う「不当利得の実質」を有するとみる点である。なお、序章で引用した林見解も、不当利得の実質という点を明示するものではないが、この見解に一致するであろう。すなわち、林見解は求償権の実質的根拠を統一的に把握する視点を提供するものと捉える余地があったが、この見解を不当利得の実質に着目して具体的に展開し直したものが、後者の不当利得説だということである。そこで、この後者の不当利得説によるときには、求償権を実質的かつ統一的に捉えることが可能といえよう。

第 3 節　事後求償権の統合可能性

1　共通枠組の提示

　以上のように従来の議論を横断的に検討してみると、様々な見解が主張されているにもかかわらず、それぞれの視点が異なるだけで特に矛盾しない見解も多く存在していることに気づく。とりわけ法的根拠を求める見解と実質的根拠を求める見解とでは議論の目的ないしは議論の平面が異なっているだけであって、必ずしも矛盾するとは限らない場合が多いといえよう[31]。それでは、共通枠組の抽出可能性に関する前節での検討結果をまとめたい。
　まず直截に他人の債務の弁済とみうる第三者弁済、そして物上保証の場面のみならず、保証の場面をも含めて、さらには連帯債務や共同不法行為のように複数債務者が共同で全部義務を負う場合には適宜に相互保証理論を媒介とすることによって、求償場面全体を本質的に類似性のある場面として捉えることが可能という点を指摘できる（このような第三者弁済、保証および連帯債務の関係については、【図表1】を参照）。以下でもう少し詳しく説明する。
　そもそも複数債務者が共同で全部義務を負う場合には「各自の負担部分につき相互に保証しあっている」という相互保証理論を介在させることによって、各自の負担部分を超える部分については保証債務の履行と捉えられる。このように理解すれば、連帯債務や共同不法行為における求償権の実質的根拠については、保証の求償権と同視しうることになる。さらに、保証人の求償権（民法 459 条以下）について、①委任の費用償還請求権、②事務管理の費用償還請求権および③不当利得の返還請求権という三つの請求権に根拠を求めうることからすると、結果的には第三者弁済の求償権の根拠と重なることになる。そうであるならば、各求償権の根拠は第三者弁済における求償権の根拠へと還元されうることを指摘できる。

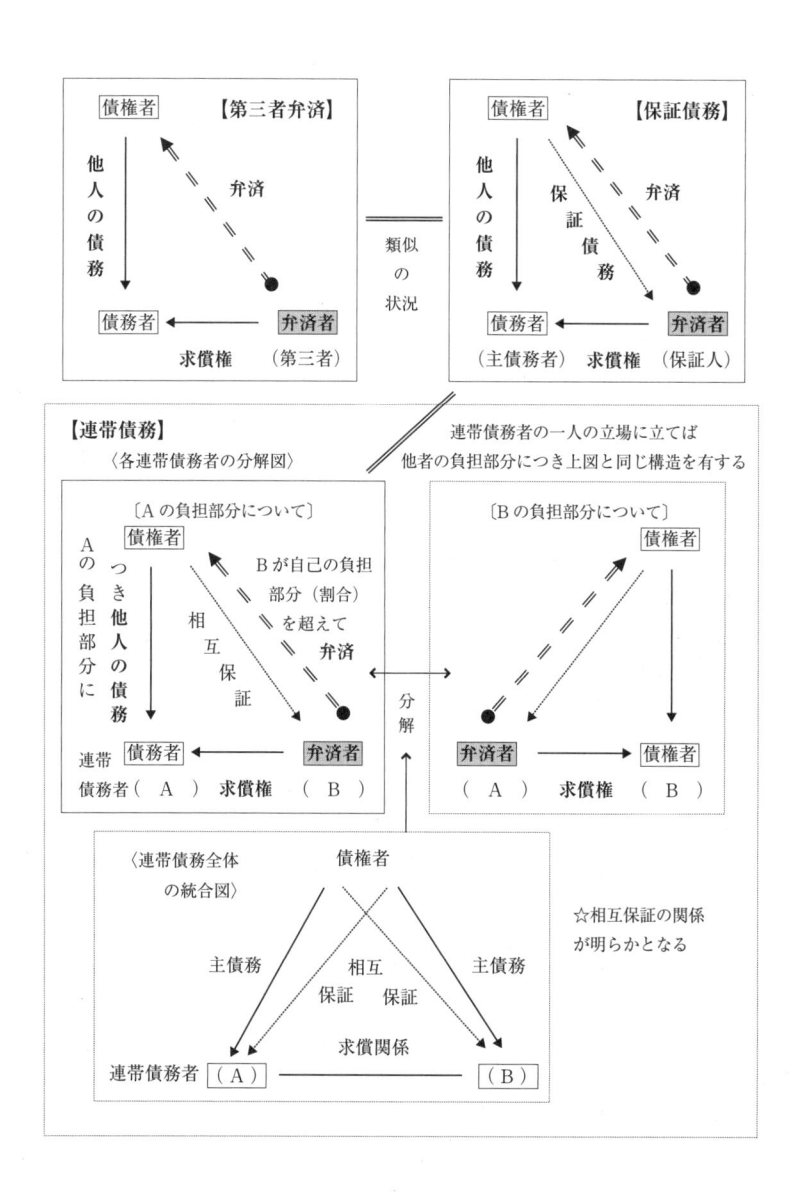

【図表1】 求償権が問題となる三つの場面の整理・イメージ図

このような視点をさらに進めるならば、債務者に代わって弁済をした後の求償関係という側面からは、保証の場面を第三者弁済の場面と同視することができるのではなかろうか。すなわち、保証を条件付の第三者弁済とみて、その本質は他人の債務の弁済という点で同様の性質を有するということである[32]。ただし、ここまで突き詰めるならば、保証債務の「別個債務性」との関係で矛盾が生じることになる。そこで、ここではこれ以上の議論には踏み込まず[33]、第4章で求償型不当利得論を検討する際にこの問題にもう一度触れることにしたい。

他方で、物上保証の場面では、弁済した物上保証人は利害関係を有する第三者に該当するので、保証と同じく第三者弁済における求償権の根拠と同視できる。これは条文のうえで、物上保証においては保証人の求償権が準用されることと結果的に矛盾しない。さらに使用者責任についても、代位責任的構成を採れば、他人の債務の弁済にほかならず、求償権の問題としては狭義の第三者弁済の場面に還元することが可能である。

以上からすると、求償が問題となる場面は、適宜に相互保証説を媒介とすることで、「他人の債務を弁済した」という意味で共通性を有する場面とみることが可能であり、弁済後の求償関係については、狭義での第三者弁済の求償関係に準じて、債務者と弁済者との内部関係に従って、①債務者から委託を受けた場合（以下では、意思的要素の介在する場合という）には「委任の費用償還請求権」、②意思的要素は介在しないが債務者の意思および利益に反しない場合には「事務管理の費用償還請求権」、③債務者の意思または利益に反する場合には「不当利得の返還請求権」、によって求償権が根拠づけられるといえよう（第三者弁済、保証・物上保証、連帯債務の場面における求償権の法的根拠と求償範囲の一致状況について、【図表2】を参照）。

このような検討結果からすると、求償権の根拠に関する従来の議論を題材とするならば、求償権の根拠および機能面において共通命題を抽出する可能性があると指摘することができる。これにより、序章で述べた本書の第一の課題に対する一定の解答を示すことができたと考える。

【図表2】求償権の法的根拠および範囲面での一致状況

【第三者弁済における求償権】　事後求償権の基本形態

①委託を受けた第三者 （意思的要素あり）		委任の費用償還請求権 （民法650条1項）	出捐額＋利息
委託を受けない 場合	②債務者の意思に反しない	事務管理の費用償還請求権（民法702条1項）	出捐額
	③債務者の意思に反する	不当利得（民法703条）または事務管理の返還請求権（民法702条3項）	現存利益 （ただし利害関係を有しない第三者は弁済不可）

【保証（物上保証）における求償権】※1

①委託を受けた保証人（意思的要素あり）		民法459条	出捐額＋利息
委託を受けない 保証人	②債務者の意思に反しない	民法462条1項	出捐額
	③債務者の意思に反する	民法462条2項	現存利益

【連帯債務における求償権】※2

連帯債務者間（意思的要素あり：①に対応）	民法442条	出捐額＋利息

※1　「保証・物上保証の求償権」は「第三者弁済の求償権」の枠組と一致
※2　「連帯債務の求償権」は保証・第三者弁済における①意思的要素のある場合と一致

2　問題点

　ただし以上のような結論にも、本書の視点からはさらなる疑問が生じることとなる。先にも指摘したように、求償権の根拠を上記三つの請求権に求めうるとしても、このような説明は実は形式的根拠の指摘にほかならず、これら三つの請求権の発生根拠を実質的に確定できなければ、要件・効果の諸問題を具体的に解明するための解釈指針とはなりえないのではなかろうか。この問題に関して、委任または事務管理の費用償還請求権の実質的根拠ないし機能についてはこれまでほとんど議論されてこなかった[34]。これに対して、

「不当利得による求償権」については、求償型不当利得論のなかで一定の議論の蓄積がある。さらには、このような求償型不当利得の視点から求償権の根拠を探るものとして、各求償権の実質的根拠について「財貨帰属割当ての調整」をはかる「不当利得の実質」を指摘する見解がある。ただし、かりにこの見解を採りうるとしても、問題がないわけではない。たとえば、求償権を不当利得の実質というが、不当利得そのものではないのかといった疑問、すなわち、求償権が問題となる場面のすべてにおいて、不当利得における「法律上の原因なくして」という要件を充たすのか、といった疑問が存在する。そこで、「財貨帰属割当ての調整をはかる不当利得の実質を有するもの」の意味を明らかとするためにも、不当利得の検討が不可欠の要請となろう。具体的に言えば、主として不当利得の類型論において意識的に議論されている求償型不当利得を解明することと、これを前提として「求償権」と「求償型不当利得」との関係を解明するということである。この本書における第二の課題が明らかとなって、はじめて要件・効果面での争いに一定の解決指針を与えうる程度にまで強度の類似性、すなわち実質的根拠および機能面での「同質性」が明らかとされ、求償制度の全体像の把握が可能となるであろう。そこで、次章で不当利得と求償権の関係を検討したうえで、第4章において求償権の実質的根拠および機能を検討する。そして、各求償権を統合すべき必要性が認められる程度に求償場面間の「同質性」が存在するか否かを明らかにしたい。

第4節　事前求償権の特殊性

不当利得論の検討に入る前に、これまでの事後求償権の根拠に関する検討を踏まえつつ、受託保証人に認められる事前求償権についてみておきたい。具体的には、第1章でまとめた従来の議論内容を前提として[35]、事前求償

権の根拠および事後求償権との関係を中心に検討する。さらに、他の求償場面、とりわけ物上保証への類推適用の問題についても言及する。

1　事前求償権の根拠および事後求償権との関係

　受託保証人に認められる事前求償権の実質的根拠ないし制度趣旨については、事後求償権の担保とみる見解と免責請求の一種とみる見解とに大別できる。しかし、いずれにしても、学説は実質的根拠面で事後求償権と事前求償権とを完全に同一の権利とは捉えていないといえよう。なぜなら、両権利の発生時期が代位弁済の前か後かという点で時間的に決定的な相違があり、これが両者の実質的根拠面にも影響していると考えられるからである。すなわち、代位弁済後に発生する事後求償権が本来の求償権であり、これを一定の場合に担保または免責するために弁済前に認められる権利が事前求償権と捉えられるからである。したがって、これまで事前求償権については事後求償権とは一定の区別のもとに説明が加えられてきたことにも納得できる。

　他方で、事前求償権と事後求償権との関係について、いわゆる二個説を採れば、両者は別個の請求権であって、その実質的根拠は異なることになる。これに対して、両者を同一のものと捉える一個説においては、代位弁済前に発生する事前求償権が弁済後に事後求償権に転化するという意味で、両者同一の性質を有する権利と捉えられることになる。ただし、後者の見解を前提としても、権利の性質が同じであるとはいえても、発生時期に関する時間的な前後関係という点では、厳密な意味で両請求権が完全に重なり合った同一の権利ということにはならないであろう。

　以上からすると、事前求償権と事後求償権とが完全に一致する権利であると捉える見解は存在していない。そうであるならば、両請求権を完全に同一の権利として捉えるべきではなく、したがって同一の平面上で語るべきではないと考えられる。

　それでは、事前求償権をどのような権利として捉えるべきなのであろうか。すなわち、なぜ受託保証人に限って代位弁済前に求償権を認める必要がある

のか、その法的性質（機能）はいかなるものであるのか。さらに、事前求償権と事後求償権とはいかなる関係に立つのだろうか。これらの点を解明するには、事前求償権に関する比較法的、沿革的な視点に立った詳細な事前準備が不可欠であると思われる。本書では、これ以上の立ち入った検討を行う余裕がないため、事前求償権は事後求償権とは発生時期の点で同列には語れないという点を確認するにとどめ、事前求償権に関する踏み込んだ研究はまたの機会に譲りたい[36]。

2　他の場面への類推適用の問題

　他方で、受託保証人の事前求償権を他の場面に類推適用できるか否かが問題とされている。これは、本書における広義での求償制度統一化の視点にとっても重要である。この問題が主に議論されているのは、前章第1節第3款でまとめた通り、物上保証への準用ないし類推適用の可否である[37]。
　判例上は類推適用が否定されており、これに従って物上保証人に事前求償権の成立を否定する見解が若干有力である。その理由としては、民法351条は事後求償権に限って保証の規定を準用していると解されるということ、そして保証と物上保証では保証という債務を負うか負わないかという性質上の相違があることがあげられている。これに対して、物上保証への準用ないし類推適用を肯定する見解も有力に主張されている。後者の見解は、民法351条は事前求償権を排除する趣旨で規定されたものではないとして、否定説を批判する。この理由に加えて、物上保証への準用を肯定するにあたって、保証と物上保証との実質的な類似性をも理由として指摘している。すなわち、両者ともに信用供与という性格を有するとか、両者が他人の債務のために不利益を甘受しなければならないとか、委任を受けて保証人になったという利益状況は物上保証でも同様であると説明されている。
　このように類推適用の可否を議論するにあたっては、まずは保証と物上保証との場面間の類似性と相違点の明確な把握が必要となる。この点に関しては、先に事後求償権の問題としてではあるが、「他人の債務の弁済」という

基本的な類似の場面状況を明らかにしたところである。そうであるならば、意思的要素の介在する場面、すなわち受託物上保証のみならず連帯債務の場面にも、事前求償権の類推適用の可能性が指摘できる[38]。ただし、類推適用の可否を決するためには、場面間の類似性を明らかとするだけでは足らず、事前求償権の法的機能ないし実質的根拠が確定される必要がある。したがって、上記1で述べた通り、事前求償権の本格的な検討なくしてこれ以上の議論は進められない。本書では、意思的要素の介在する場面に類推適用の可能性がある点を指摘するにとどめたい。

注　第2章

(1) 第1章第2節第1款「共同不法行為における求償関係」、および第1章第2節第2款「使用者責任における求償関係」参照。
(2) 第1章第1節第1款「連帯債務における求償関係」参照。
(3) 第1章第2節第1款「共同不法行為における求償関係」、および第1章第2節第2款「使用者責任における求償関係」参照。
(4) 富岡淳「求償権という観念においては、どういう点を問題にすべきか」椿寿夫編『講座・現代契約と現代債権の展望・第2巻・債権総論(2)』(日本評論社、1991年) 253-257頁参照。
(5) 第1章第1節第2款「保証における求償関係」参照。
(6) 第1章第1節第3款「物上保証における求償関係」参照。
(7) 第1章第2節第3款「第三者弁済における求償関係」参照。
(8) 第1章第2節第1款「共同不法行為における求償関係」参照。
(9) 第1章第2節第1款「共同不法行為における求償関係」、および第1章第2節第2款「使用者責任における求償関係」参照。
(10) 第1章第1節第1款「連帯債務における求償関係」、第1章第1節第2款「保証における求償関係」、第1章第2節第1款「共同不法行為における求償関係」、第1章第2節第2款「使用者責任における求償関係」、第1章第2節第3款「第三者弁済における求償関係」、および第1章第2節第4款「その他の求償場面」参照。

(11) これは、第1章でみた我妻説に代表される見解である。
(12) 我妻栄『新訂 債権総論』民法講義Ⅳ（岩波書店、1964年）431頁。
(13) 富岡・前掲注（4）257頁参照。
(14) 上記2では、この意味で共通性を有しうることから、当該見解をc説として組み入れた。
(15) 第1章第1節第1款「連帯債務における求償関係」参照。
(16) 第1章第2節第1款「共同不法行為における求償関係」参照。
(17) 浜上則雄『現代共同不法行為の研究』（信山社、1993年）339頁以下、加賀山茂「共同不法行為」『新・現代損害賠償法講座第4巻』（日本評論社、1997年）392頁、潮見佳男『不法行為法』（信山社、1999年）426頁、長谷川貞之「不真正連帯債務の類型的思考と求償関係・負担部分（一）」駿河台16巻1号（2002年）72頁、浦川道太郎「使用者責任と共同不法行為責任」法セ586号（2003年）49-52頁。また、富岡・前掲注（4）257頁参照。ところで、共同不法行為の場面では、求償権の形式的根拠の問題として、連帯債務者間の求償権規定（民法442条）を指摘する見解がある。この見解においては、実質的根拠は明示されていないので、形式的根拠の問題とは別に実質的根拠として連帯債務での通説である相互保証理論を持ち出したとしても、かならずしも矛盾することにはならないであろう。
(18) 富岡・前掲注（4）257頁参照。
(19) 浜上・前掲注（17）350頁参照。このように考えるならば、当事者の意思によらない法定保証を認めるに等しいことになる。これについて、被害者である債権者の保護のために、民法719条による成立要件のもとに認められる限定された場面であるので、例外的に当事者の意思によらない法定人的担保であると説明することも十分に可能なように思われる。
(20) 浜上則雄「損害賠償法における『保証理論』と『部分的因果関係の理論』（二・完）」民商66巻5号（1972年）55-56頁。
(21) 富岡・前掲注（4）254頁、257頁参照。第1章第1節第1款「連帯債務における求償関係」参照。
(22) 第1章第1節第2款「保証における求償関係」参照。
(23) 第1章第3節「弁済による代位と求償権の関係」参照。
(24) 寺田正春「弁済者代位の機能と代位の要件・効果――第三取得者の弁済による求償と代位に関連させて」椿寿夫編『担保法理の現状と課題』別冊NBL31号（1995年）135-136頁参照。
(25) 第1章第3節小括を参照。
(26) 柚木馨（高木多喜男）『判例債権法総論』（有斐閣、補訂版、1971年）261頁参照。この点につき、第1章第1節第1款「連帯債務における求償関係」

(27) 潮見佳男『債権総論Ⅱ──債権保全・回収・保証・帰属変更』(信山社、第3版、2005年) 572頁。この点につき、第1章第1節第1款「連帯債務における求償関係」参照。
(28) 潮見・前掲注 (27)『債権総論Ⅱ』277-278頁、481-482頁参照。この点につき、第1章第1節第2款「保証における求償関係」、第1章第2節第3款「第三者弁済における求償関係」参照。
(29) 四宮和夫『不法行為』現代法律学全集10-ⅱ (青林書院、1985年) 791頁。この点につき、第1章第2節第2款「使用者責任における求償関係」参照。
(30) 当該根拠について、使用者の求償権については肯定する。しかし、被用者の求償権については、理論的には当該根拠から説明されうるとしながらも、被用者の求償権を認めるかどうかについては、その結論を明確にしていない。この点について、四宮・前掲注 (29)『不法行為』710-712頁参照。
(31) 本書では、実質的根拠および機能の解明に焦点を絞って、求償権を統一的に把握する可能性を探ることを目的としている。
(32) 保証債務とは、債権者と保証人との間で生じる債務ではあるが、その実際上の機能からすると、債権者の債権回収機能を強化するために第三者を保証人として弁済すべき地位に拘束するという形態の「第三者弁済」といえるのではないだろうか。すなわち、「主債務者が債務を履行しないこと」を「停止条件」とする第三者弁済、または「主債務者が債務を履行したこと」を「解除条件」とする第三者弁済と捉えることも可能であろう。なお、保証が第三者弁済の実質を有するとしても、債権回収強化機能に資するためには、債権者との関係で第三者弁済とは異なる規準が必要となる。その意味で、まったく同じものとして扱うことを主張するわけではない。
(33) かりに保証債務の「主債務との別個債務性」を堅持し、保証はあくまで「他人の債務の弁済」とはいえないとしても、弁済後の効果面で、委任または事務管理によって求償権が導かれるという点には少なくとも共通性が認められるといえよう。
(34) 第4章で、不当利得による求償権とその他の求償権との関係を詳細に検討する。
(35) 第1章第1節第2款「保証における求償関係」における「3 事前求償権」を参照。
(36) ただし、求償権本体のみならず、求償権を保護するための制度をも含めた広い意味での「求償制度」に関する今後の見通しを立てる必要がある。そこで第6章において、本書の立場を前提とした統一的求償制度内における事前求償権の位置づけに関して、一定の展望を示したい。

(37) 第1章第1節第3款「物上保証における求償関係」における「3 物上保証人の事前求償権」を参照。
(38) このような見解は、特殊の考慮を必要とはするものの、破産法104条3項(旧26条1項)の一般的な解釈とも整合的である。すなわち、同条は連帯債務者などの全部義務者の場合にも拡張的に事前求償権を認める趣旨であると解されている（斎藤秀夫＝麻上正信＝林屋礼二『注解破産法（上）』（青林書院、第3版、1998年）721頁〔斎藤秀夫〕）。この問題につき、渡邊力「判批」名法183号（2000年）387頁以下、とりわけ407頁参照。

第3章

求償型不当利得論
―― 不当利得による求償権

第1節　緒論

　前章では、求償権の実質的根拠および機能面での統合可能性を検討した。その結果、各求償権の根拠に関する議論を横断的に考察することによって、一定の共通要素を抽出することができた。この共通要素として、複数債務者が共同で全部義務を負う場合には適宜に相互保証説を媒介とすることによって、保証における求償関係、ひいては狭義の第三者弁済における求償関係に還元されうることを指摘した。これは、物上保証および使用者責任においても同様である。そのうえで、第三者弁済において指摘される三つの求償権（委任または事務管理の費用償還請求権、ないしは不当利得の返還請求権）の実質的根拠および機能を明らかとするために、「不当利得の実質（求償型不当利得）」を検討すべきことを指摘した。すなわち、「不当利得による求償権」がいかなる根拠によって成立し、どのような機能を有するかを検討する必要があるということである。

　この不当利得による求償権（求償型不当利得）は、不当利得法の分野において、ドイツにおける不当利得の類型論の展開にともなって議論されてきたものであり、ときに多数当事者間の不当利得[1]の一場面として扱われることもある。本書では、形式的に「求償利得」という類型を認めるべきか否か

という視点からではなく、より実質的な視点から検討を加えたい。すなわち、従来、求償利得類型として問題とされてきた事案に対して、実際に不当利得規定を適用すべき場面が存在するのか否か、そして適用場面が存在しうるとすると、そこではいかなる判断規準が用いられるべきであるのか、という問題意識に立つということである[2]。

このような視点に立って日本の議論を検討する際に、ドイツにおける求償型不当利得論を比較の対象とする。なぜなら、日本とドイツにおける不当利得規定間に構造上の類似性があることに加えて、日本の求償型不当利得論がドイツの議論を輸入するかたちで展開されてきたからである。このようにドイツの議論を詳細に分析することによって、日本における求償型不当利得返還請求権の判断枠組を明らかにするための一定の視点が得られるものと考える。ただし、日独間の規定形式および見解には相違点もみられることから、このような相違点に注意を払いながら議論を整理する必要がある。

第2節　日本における求償型不当利得論

以下では、日本の求償型不当利得に関する諸見解について、①求償型不当利得の適用場面、②実質的根拠、および③要件・効果の諸点に分けて概観する。これにより、従来の日本の議論を明確化するとともに、議論に不十分な点があれば指摘したい。

1　適用場面

広く債務者以外の者が債務者に代わって債務を弁済したと評価できる場面において、不当利得の類型論を採るか否か、または求償利得類型を認めるか

否かにかかわらず、弁済者から債務者に対する不当利得の成立を積極的に否定する見解は見当たらない[3]。したがって、求償型不当利得返還請求権の成立の可能性を一切否定する見解は現在のところ存在しないといえよう。しかし、求償型不当利得の成立可能性を認めるとしても、諸説で念頭におかれる場面は様々である。たとえば、比較的多くの学説で意識されている場面は、①狭義での第三者弁済（民法474条）の場面、②錯誤による他人の債務の弁済（民法707条）の場面、③複数扶養義務者間で後順位の扶養義務者が扶養義務を履行した場面があげられる。さらに、多少なりとも問題とされうる場面としては、④委託なき保証人の弁済の場面、⑤連帯債務者の一人が負担部分を超えて弁済した場面、⑥使用者責任の場面があげられる。以下、それぞれの場面についてみていきたい。

(1) 民法474条による第三者弁済

狭義の第三者弁済の場面では、不当利得の成否については見解が分かれている。

まず、(a) この場面で、債権者の承諾がないなどの事情によって、代位の要件（民法499条）が充たされない場合に、債務を免れた債務者に対して、弁済者は不当利得の返還を請求しうるとする見解がある[4]。また、(b) 債務者からの委託によって第三者が弁済した場合には、委任にもとづく費用償還請求の規定（民法650条）が適用されることから、委託によらない第三者弁済の場合にのみ、不当利得の問題となるとする見解がある[5]。なお、この見解のなかには、債務者の委託によらずに第三者が弁済する場合、多くは事務管理の費用償還請求権（民法702条）が適用されることになるが、それは不当利得の返還請求権にほかならないと説明するものがある[6]。さらに、(c) 委託のある場合に委任の費用償還請求権が適用されることは (b) 説と同じであるが、委託のない場合において、事務管理の費用償還請求権が適用される場合にはこの規定が優先して適用され、不当利得返還請求権が適用されるのは事務管理すら成立しない場合であるとする見解がある[7]。これに対して、(c) 説を前提としつつ、(d) 民法474条で第三者弁済が成立する場

合には、常に「債務者のためにする意思」が存在することから事務管理の規定が適用され、不当利得の返還請求権は成立しないとする見解がある[8]。

以上の見解の対立点をまとめると、(a) の見解と (c)(d) の見解とでは、前者の見解が事務管理の費用償還請求権と不当利得の返還請求権とを併存的に認めることに対して、後二者の見解によれば事務管理の規定が不当利得に優先して適用されるとする点に違いがあるといえる。これに対して、(b) の見解は、適用される規定としては事務管理を念頭においているのであろうが、その事務管理の規定の性質が不当利得であると捉えている点で、(a) 説とも (c)(d) 説とも異なるものであるといえる。また、別の対立点としては、(a) の見解と (b)(c)(d) の見解とでは、前者の見解が「代位による求償権」を前提としていることに対して、後三者の見解が「代位による求償権」とは別に「固有の求償権」の存在を要求している点で異なっているといえる。最後に、(a)(c) の見解が不当利得返還請求権の成立を認めることに対して、(d) 説は不当利得返還請求権を認めないものである点に大きな違いがある。したがって、この (d) の見解に立つ場合にのみ、第1章第2節第3款で検討した第三者弁済の側から求償権に関する学説をみた場合における通説の見解と一致することになる。なお、(b) 説に対する評価次第では、実際に適用される規定としては事務管理の規定のみと解しうることからすると、不当利得規定の適用を考えないともいいうる。このように捉えるならば、(b) 説も、第三者弁済における求償権に関する通説の見解と一致することになる。

(2) 錯誤による他人の債務の弁済

錯誤による他人の債務の弁済が民法707条1項の要件を充たす場合には、弁済者から債権者への不当利得が制限され、同条2項によって弁済者から債務者に対する求償権が認められる。第1章でみた通り、この求償権を不当利得であると解することが一般的な見解といえる[9]。

(3) 複数の扶養義務者の一人による扶養給付

後順位の扶養義務者が先順位の扶養義務者に代わって扶養義務を履行した場面で、弁済者が他の扶養義務者のためにする意思なく要扶養者に全額支払った場合には、事務管理は成立せず、不当利得の問題となるとする見解がある[10]。

(4) 委託なき保証人の弁済および連帯債務者の一人の弁済

保証人は主債務者との関係では債権者に弁済すべき法的根拠はないということから、主債務者の事務管理者として支払ったのではない場合には、求償型不当利得返還請求権が成立するという見解がある[11]。これに対して、委託なき保証の場合には特別の求償権規定（民法462条）が予定されていることから、不当利得の返還請求権は適用されないとする見解が有力である[12]。他方で、この特別の求償権規定（民法462条）は、事務管理の費用償還請求権、すなわち不当利得返還請求権の性質を有すると説明を加える見解がある[13]。

他方で、連帯債務者の一人が自己の負担部分を超えて弁済した場合においても、求償型不当利得が成立するとする見解と[14]、特別の求償規定（民法442条）が存在することから不成立とする見解[15]、そして当該求償権規定（民法442条）の性質が不当利得であるとする見解[16]とに分かれている。

(5) 使用者責任における使用者の弁済

使用者が被用者に代わって損害賠償をした場合に、使用者から被用者に対する求償型不当利得が成立するとする見解[17]と、民法715条3項で特別の求償権が規定されているので不当利得返還請求権の適用はないが、性質上は債務不履行ないし不当利得であるとする見解[18]がある。

(6) まとめ

　以上の場面が、不当利得の議論のなかで求償型不当利得の適用場面として考慮されている。しかし、(2) と (3) の場面において求償型不当利得の成立を積極的に否定する見解がみられないほかは、それぞれ否定説が存在している。とりわけ、(4) や (5) の場面のように、特別の求償権規定が予定されている場合には、不当利得法における議論を離れるならば、一般に（求償型）不当利得は適用されないものと考えられている。

　以上からすると、求償型不当利得の具体的な適用場面の問題としては、統一した見解が存在するとはいえない状況である。

2　実質的根拠

　以上で検討した適用場面において、求償型不当利得返還請求権が成立するとみうる場合に、いかなる実質的根拠をもって不当利得が成立するのかが問題となる。

　まず、衡平説に立つ見解[19]によれば、求償事例における不当利得の実質的根拠についても、利得者（債務者）と損失者（弁済者）との間の衡平に求めることになる。しかし、衡平というだけでは法律的な説明とはならないことから、より実質的な説明が求められる。これに関しては、不当利得における「法律上の原因の欠如」という要件と関連して、類型論の立場から実質的根拠の明確化が試みられている。これを概略的にまとめるならば、個別の類型化の仕方および用語の問題を別とすると、求償型不当利得の実質的根拠については、いわゆる給付不当利得にかかる「財貨移転法則」に対置される「財貨帰属法則」ないし「非給付利得」に求められることが一般的であるといえる[20]。そして、この「財貨帰属法則」をより細分化する際の類型化の仕方が争われているといえよう。

　これに対して、従来の類型論とは異なる立場から、不当利得法の機能を基本的には「財貨移転の矯正法としての機能」と「財貨帰属法としての機能」

とに求めつつ、この二つの機能が重畳的に発揮される両者の混合形態（両性的不当利得事案）を認めるべきことを主張する見解[21]がある。この見解は、「帰属法的不当利得規範が単純な形であらわれる場合には常に二当事者間の関係として問題となる」ということから、「多数当事者間の不当利得関係としては純粋の財貨移転矯正規範、あるいはそれが財貨帰属回復規範と重複して問題となる両性事案との二種の場合のみが問題となる」とする[22]。そして、扶養義務者間の求償事例について、瑕疵ある財貨移転の矯正という機能を担う不当利得の問題であるとする[23]。ただし、狭義の第三者弁済が有効になされた場合に、弁済者から債務者に対して成立する不当利得返還請求権がいかなる機能を有するものであるかは明示されておらず[24]、純粋な財貨移転矯正規範であるか、財貨帰属回復規範と重複して問題となるかは明らかでない。なお、「債権者・債務者・第三者間での利害調整は、弁済者の代位（499条、500条）の規定によって、弁済者―債務者間で行われる」との指摘があり、第三者弁済における求償関係は主として代位制度によって担われるべきものと考えられているようである[25]。

　求償型不当利得の実質的根拠ないし機能について、日本の議論は以上のような状況にある。しかし、基本的にはドイツの類型論が比較基盤とされていることから、求償型不当利得をいかなる類型に組み込むべきかという点に注意が集まった結果、求償型不当利得の実質的根拠ないし機能が「具体的」に解明されているとはいえないように思われる。そこで、まずは先の適用場面の問題を整理したうえで、それらの場面を念頭におきつつ求償型不当利得の実質的根拠ないし機能について、より具体的に検討することが必要である。そのためには、日本の不当利得論の前提をなすドイツにおける求償型不当利得論の展開をまとめておく必要がある。

3　要件および効果

　求償型不当利得の要件および効果について、日本では従来ほとんど検討されて来なかった[26]。まず、要件の問題としては、「法律上の原因がないこと」

という要件が類型化の問題と関連して検討されているが、他の要件との関連では具体的に説明されていない。また、ドイツ法の影響を受けて、「押し付けられた利得からの債務者の保護」の問題が意識されているが[27]、日本法との関連で詳細に議論されていない。さらに、効果、とりわけ請求範囲についても十分に議論されていない。

このように要件および効果について具体的検討がなされていない理由は、ここでも日本法における共通の理解のもとで具体的な適用場面が念頭におかれておらず、類型化の方法に関する抽象的な議論に力点がおかれた結果であると思われる。しかし、たとえ限定的であるにせよ、求償型不当利得の適用場面が存在するのであれば、それを実効的なものとするために要件および効果を確定すべきである。そこで、まず求償型不当利得の適用場面を明らかにしたうえで、その実質的根拠および機能を明確化する必要があると考える。

以上のように、求償型不当利得に関する日本の議論は不十分であるといえるので、比較基盤とされてきたドイツの議論を慎重に検討する必要がある。

第3節　ドイツにおける求償型不当利得論

ここでは、本章第2節で概観した日本の議論のもととなったドイツの議論を検討する。その際に、日本に大きな影響を与えたと考えられる点で、不当利得の類型論の趨勢に寄与し、求償事例を明確に意識したケメラー以降の見解を分析の対象とする。

1 学説紹介

a ケメラー（Caemmerer）の見解

　ケメラーは、「求償型不当利得」を「給付返還請求権」および「他人の財貨からの利得」に続く不当利得の第三の類型と捉える[28]。具体的には、ドイツ民法典（以下、BGBと略称する）[29] 267条による「他人の債務の弁済」における求償の場面[30]、または他者が最終的に責任を負担すべきか、あるいは負担部分に応じて責任を負担すべきであるような「債務の共同責任」における求償の場面を念頭におく。これらの弁済によって免責された債務者または共同債務者の利得は、「免責が法に適応した最終的な負担配分に反して存在している」ために正当化されないとする[31]。

　他人の債務の弁済には、契約によって引き受けられたことによる弁済者の債務者に対する給付といいうる場合があるが、この契約が無効であれば、買受人は売主に対して給付不当利得の返還請求権を有することになると説明する。また、他人の債務の弁済の場面においては、事務管理の観点から求償が認められることがあると指摘する。しかし、債務者の意思に完全に反するなど、事務管理の要件が充たされない場合には、不当利得の観点から求償権が認められるという。このような他人の債務の弁済に加え、真正および不真正連帯の事例においても、不当利得にもとづく求償が最終的な責任負担者に対して認められるべきものとする[32]。

　ここに属する事例の多くの場合には、不当利得返還請求権よりも、訴権譲渡または法定譲渡（法定代位）による求償が適用されることから、これらの手段によって自由に求償しうる限りは、不当利得返還請求権を問題とする必要はないという。ただし、これらの事例が不当利得法と関連を有し、不当利得法の領域に属するということを認めるべきであると指摘する。他方で、これらの救済手段が適切に適用されない場合に、不当利得法上の求償が問題となるものと主張する[33]。

b ケーニッヒ（König）の見解

ケーニッヒは、給付利得および侵害利得に続く不当利得の第三類型として費用利得をあげて、そのなかに「他人の債務の弁済にもとづく求償」という項目をおく[34]。そして、そもそも他人の債務の弁済にもとづく求償事例は事務管理によって支えられてきたとし、さらに一般的傾向として、事務管理による求償は法律上の債権移転（法定代位）によって代替させられる傾向にあったとする。このような傾向のなかで、事務管理の要件が充たされない場合に不当利得による求償が問題視されてきたと指摘する。他方で、最広義の連帯債務が存在してはいるが、連帯債務の求償権規定（BGB426条）[35]が適用されない場合にも、不当利得の求償が問題となりうるとする。ただし、連帯債務法の拡大適用によって、このような事例の数は減少しつつあり、補助的に不当利得の求償が問題とされるにすぎないという。これに関して、共同不法行為者間の求償は、BGB840条[36]によって連帯債務の求償（BGB426条）に位置づけられるとする。そこで、残る連帯債務の個別事例において、不当利得の求償が可能になるものと理解されている[37]。

求償型不当利得においては、債務者は押し付けられた利得からの保護を必要とする[38]。まず、求償型不当利得の返還は、訴訟継続時点での現存利益を超えてはいけないという。なぜなら、事務管理の費用償還の場合を含めて、報償請求権は一般に訴訟継続時点での現存利益を超えてはいけないとされているからである。次に、不当利得による求償は法律上の債権移転（法定代位）よりも広く作用してはいけないとする。それは、たとえば債務者が自分で債務を弁済したか、債務が時効にかかったか、もしくは相殺しえたような場合には、その限りで債務の免責は債務者を利得させているとはいえないからである。さらに、債務者保護のために、利得がなおも現存していることの主張・立証責任を弁済者に負わせなければならないとする。その際に、第三者の弁済を債務者が知っているとしても責任を加重することにはならないという。ある人が、正当な事務管理の要件を充たさないにもかかわらず他人の債務を支払ったのであるから、弁済者は債務者の利得の発生と存続および立証の危険を負担しなければならないということである[39]。

c　ロイター・マルティネク（Reuter/Martinek）の見解

求償型不当利得を独自の類型とはせず、「給付利得」、「侵害利得」に加え、それら以外の事案を「吸収利得（Abschöpfungskondiktion）」という類型にまとめ、求償型不当利得をここに位置づける[40]。この「吸収不当利得」の機能は、他人の財貨からの不当な獲得に対する調整、すなわち不当利得債務者になおも現存する利得を単に吸収するというところに求められている。その利得は、利得者への財貨価値の流入ということによって理解されるものであり、利得者に認められるはずのないものという。その理由は、利得者の財貨領域への吸収統一が実体法上の割当て秩序に矛盾するところに求められている[41]。そして求償型不当利得については、第三者弁済による債務からの解放または債務免除の対価という形で、割当てに反して債務者の財産が増加させられた場合に、誰もが自己の債務を自己の財産によってのみ弁済すべきであるということから、財貨の割当て違反とされる[42]。

次に、「押し付けられた利得からの保護」について、求償型不当利得の問題としては次のように説明する[43]。そもそも、債務から解放された債務者に対する第三者の求償は、非債弁済に関するBGB814条[44]に該当せず、有効になしうる。なぜなら、本条が給付利得を前提とする規定であるところ、求償はBGB684条1文（不当利得の規定の事務管理への準用）[45]に特徴づけられる吸収不当利得（求償型不当利得）に起因するものだからである。したがって、BGB814条の適用による債務者の保護は妥当ではないといえる。そこで、他の方法であるが、第三者の給付によって債務者の立場を低下させるべきでないということが正当化され、かつ必要とされる場合には、BGB404条以下の類推適用によって[46]、債務者を債権譲渡の場合と同様の法的地位におくことが考えられると主張する。

d　ローレンツ（Lorenz）の見解

「その他の方法」による不当利得類型として、第三者の給付によって免責された債務者に対する求償事例が想起されるとし、侵害利得や給付利得とは扱いを異にすべきであるとする[47]。この求償事例に際して、事務管理の原則による費用償還または法律上の債権移転が常に考慮されるわけではないの

で、不当な事務管理に従った不当利得による求償権および本来の求償型不当利得が適用されうるのではないか、とする。ただし、この求償型不当利得の適用範囲は極めて狭く、その独自性に疑問が投じられたり、または求償型不当利得と費用不当利得とをまとめて「無定型な類型」とされることに注意が必要であると指摘する[48]。

　第三者の給付は、とりわけ債務者と人的結合にない金銭債務の場合に、ドイツ民法典で広く認められるという[49]。すなわち、第三者弁済を規定したBGB267条は、第三者の保護に値する利益を必須のものとしていないということである。また、第三者は弁済権（代位権）を行使し、原債権とそれに付着する担保を取得することができるという。他方で、債権者は債務者と一体となって第三者の給付を拒むことができるが（BGB267条2項）、債権者が常にこれを拒絶するとは限らず、この点で頼まれざる第三者の給付の可能性があると指摘する。したがって、特別条項による求償の問題が生じることになるという。また、頼まれざる第三者の給付が有効な事務管理であった場合には、第三者の求償は事務管理（BGB683条1文、670条）[50]によってのみ生じるとされる[51]。

e　リープ（Lieb）の見解

　この見解は、「その他の方法による」利得には、侵害利得とならび、それよりも広い類型として「求償利得および費用利得」という類型が存在するという。この類型は、利得が出捐者の行為にもとづくが、いずれにせよ受領者に対する給付によって生じたのではない場合であるとする。これらの事情の特殊性は、「債務者の利得が債務者自身の協力なしに生じる」ということに求められている[52]。そして、求償型不当利得は、BGB267条による第三者弁済に際して、債務者が債権者に対する債務から免責される場合にとりわけ問題になるという[53]。

　押し付けられた利得からの債務者の保護という問題は、第三者の給付で満足を得た債権者に対して債務者が抗弁を有していた場合に生じると指摘する[54]。この場合の債務者保護として、給付者が自己に義務がないことを知って行動したことを理由として、BGB814条（非債弁済）の適用が問題とされ

ることがある。これは、給付者が義務のないことを知っていた場合には返還請求できないという規定であるので、給付利得に適用されるものといえる。したがって、費用利得や求償利得には適用されないとする。そこで、押し付けられた利得については、BGB404条以下の規定を類推適用することによって債務者を保護すべきであると主張する。なぜなら、法律による譲渡（法定代位）ないし債権譲渡にともなう事態と類似性が存在するからである。この規定を類推することによって、新しい債権者（弁済者）に対して抗弁を対抗しうることになり、不当利得による求償権が強力になりすぎることを阻止しうるであろうと説明されている[55]。

f ラーレンツ・カナリス（Larenz/Canaris）の見解

ある人が他人の債務を弁済した場合、弁済者はその者を免責することでその者の財産を増加させている。その場合に、弁済者が債務者に対する免責義務を履行したわけでもなく、また権限のある事務管理を根拠として行動したのでもない場合には、——直接にBGB812条1項1文後段[56]によるにせよ、BGB684条を参照する方法によるにせよ——非給付利得というものが問題となる。これが主として問題となる場面は、BGB267条に従った第三者弁済の場合である。たとえば、所有権留保つきで売却された物の第二譲受人が、BGB455条[57]による所有権移転のための条件を成就させるために、第一譲受人に代わって残代金を売主に支払ったような場合である。さらには、複数債務者の一人による債務の弁済の場合に、この者たちの間に（例外的に）連帯債務関係が存在しておらず、それゆえBGB426条による求償権（清算請求権）が与えられない限りにおいて、求償型不当利得は実践的な意義を有するという[58]。

求償型不当利得によれば、不当利得の債務者が不利益を被ることがありうる。たとえば、弁済された債務が時効完成間近であったとしても、求償型不当利得返還請求権については新たに30年間の消滅時効（BGB195条）[59]が進行することになる。また、債務者が相殺を援用して債務を免れようと思っていた場合にも、求償型不当利得に対しては相殺は主張できないことになる。そこで、債権譲渡に関するBGB404条および406条以下の規定を類推適用

することで、求償型不当利得を制限すべきであるという(60)。これに対して、内容の変更をもたらす譲渡禁止に関するBGB399条1文の規定は(61)、求償型不当利得の場面に基本的には類推適用されない。たしかに、債務者がなす債務を負っている場合には、結果としてその債務が求償型不当利得という金銭債務に変更されることになる。しかし、債務者自身が行為をより正当に遂行できたであろう場合には、その限りで債務者に利得が存在せず、不当利得は問題とならないからである。また債務者が金銭債務を負っていた限りでは、求償型不当利得を制限すべきではないといえよう。他方で、譲渡禁止特約に関するBGB399条第2文は、その意義および目的が守られるべきである。その結果、第三者の給付が履行の効果を有さず、受領者に対する不当利得の問題となる。

　他方で、求償型不当利得の特殊事例として、債権者が「なす債務」に関して自己で給付することによって、債権者から債務者に対する求償型不当利得が問題となりうることが指摘される。たとえば、ある者が隣人による妨害を自身で排除する義務を負っているのだが、隣人が自ら妨害を排除した場合が例としてあげられる。また、誤ったテレビ報道によって被害を受けた者が、関連する法律に従ってテレビでの反論広告が可能であったにもかかわらず、他のメディアを通じてより費用のかかる広告行動を行った場合も例としてあげられる。この問題につき、BGB267条の法的考慮によって、第三者が給付を調達してもよいのであれば、債権者自身が調達することも認められてよいという。したがって、債権者による求償型不当利得を認めるべき場合がありうるとする(62)。

g　メディクス（Medicus）の見解

　「求償」という独立した章のなかで、求償について問題となりうる制度ないし手段を総合的に考察する(63)。そのなかでも、最終的、補助的な手段として求償型不当利得を位置づける。そもそも求償とは費用償還の特殊事例であるが、求償の特殊性から、費用賠償とは区別して論じるべきものとする。その特殊性とは、費用償還の通常の形態が二者関係であるのに対して、求償関係については、給付者、受領者、本来の債務者という三者関係が常に問題

となっているということである。この債務者に、給付が何らかの方法で利益を与えており、また、この債務者が本来の給付者として給付義務を正当により強く負わされているという。そこで、求償の目的とされるのは、給付から生じる犠牲を給付者から債務者に転嫁することであると理解されている[64]。以上のような場面における犠牲の転嫁の実現のために、法律によるいくつかの求償手段が存在するという。この求償手段として、法定譲渡（法定代位）、法律行為上の譲渡義務、通知による移転、特別の求償権をあげ、最後に求償型不当利得をあげる。そして、法が求償のために特別の根拠を認めていない場合に、求償型不当利得にもとづく返還請求権が最終的に考慮されることになるが、これは費用不当利得の場合と同様に「補充的」であるとする[65]。

　求償型不当利得の適用範囲について、求償に関する特別の根拠が予定されている場合には、求償型不当利得（BGB812条1項1文後段）は適用されないという[66]。この特別な根拠として、まずは①連帯債務者の求償権（BGB426条）と主債務者に対する保証人の法定譲渡（BGB774条1項）[67]をあげる。次に、②給付者自身が債務者ではないが、自己の権利の喪失が差し迫っており、給付によってそれを回避しうる場合をあげる（例、BGB268条3項、1143条1項、1150条、1225条、1249条）。ただし、この場合に含められうる共同抵当の事案には、例外的に「求償がない」とする。さらに、③債務者による給付の指示がある場合には、委任の費用賠償（BGB670条）がより広範な求償の根拠となるとする。保証や質権の設定が債務者の委託による場合もここに含まれ、その際の固有の求償権と併存するものとする。最後に、④正当な事務管理（BGB683条）が根拠となる場合があるとする[68]。以上四つの特別の求償根拠が終局的に欠ける限りにおいて、微力な求償形態ではあるが、求償型不当利得が考慮されることになると説明する。この求償型不当利得の具体的な適用事例に関して、有効に存在している他人の債務を弁済したときに、弁済者が債務者の反対の意思を知りえたような場合には、常に不当な事務管理が結論づけられる必要性はなく、この場面が求償型不当利得の適用場面としてとどめられると理解する[69]。

　求償型不当利得を無制約に承認すると、誰もが他人の債務を弁済することによってその人の債権者となりうることから、「押し付けられた利得」から

の債務者の保護が問題となると指摘する⁽⁷⁰⁾。その際、費用不当利得に役立つ救済手段は、求償型不当利得に際しては明らかに否定されるという。なぜなら、第三者の弁済に対して、債務者は損害賠償請求権もしくは妨害排除請求権を有しないからということである。また、BGB814 条（非債弁済）も適用されないとする。なぜなら、本条は給付利得のために設けられた規定だからである。他方で、債権譲渡は債務者の協力なしに行われる場合があり（BGB398 条）⁽⁷¹⁾、債務者は当然に債権者が代わらないということをあてにできないことに注意が必要であるとする⁽⁷²⁾。そこで、有効な債務者保護手段は、BGB404 条、406 条以下の類推適用によって達成されると主張する。これにより、譲渡権による求償と不当利得による求償との機能的統一が支持されるという。なお、これらの規定を類推することによって、本来の債権者に対抗しえたであろうあらゆる抗弁が債務者に与えられることになる。また、BGB407 条類推によって旧債権者への給付も免責されうることになる。したがって、少なくとも不当利得による求償権者は法定代位による求償権者よりも優遇されるわけではないと説明する⁽⁷³⁾。

h　フィケンチャー（Fikentscher）の見解

　給付利得に対置される非給付利得をさらに細分化し、そのなかに第三者の財産による不当利得の一場面として「求償型不当利得」を位置づけ、これを三者間不当利得の一場面とする⁽⁷⁴⁾。そして、求償利得および費用利得を含む「第三者の財産による不当利得」の場面では、ある人が他人のために「立て替えている」という点で共通性を有するものであり、費用償還として不当利得返還請求権が生じるべきものとする。なぜなら、その他人は、立替え費用によって正当な負担割当てに矛盾して、法律上の原因なく利益を得ているからである⁽⁷⁵⁾。

　求償型不当利得というものは、それ以外に優先する清算請求権が自由に行使されうる場合には、常に必要というわけではないという。たとえば、真の債務者との契約上の合意にもとづいて、BGB267 条 1 項による給付がなされた場合には、BGB670 条（委任にもとづく費用償還請求権）による清算の可否が契約にもとづいてのみ判断されるとする。また、給付者が真の債務者の

利益になるよう行動する場合には、事務管理法が適用されるという。さらに、給付した第三者と債務者との間に連帯債務関係が存在していれば、BGB426条（連帯債務者間の求償権）が優先的に適用されるとする。以上の優先規定が適用されない場合に、求償型不当利得として三つの事例が残ることになるものと説明する。すなわち、①錯誤による他人の債務の給付の場合、②純粋な他人の債務の弁済の場面（BGB267条）、③扶養義務の場合のように真正および不真正連帯債務の事例を指摘する[76]。

前記②の場面に関して、他人（債務者）の事務を管理する意思をもって行動する場合には、正当な事務管理による費用償還請求権（BGB670条）が適用され、求償型不当利得は成立しないという。これに対して、正当な事務管理が成立しない場合には、BGB684条1文によって不当利得法が準用されることになり、この場合の請求権の基礎はBGB812条1項1文後段にもとづく求償型不当利得返還請求権に求められるとする。なお、この場合には非債弁済に関するBGB814条は適用されないが、BGB818条2項および3項[77]の範囲内で「押し付けられた利得の原則」にもとづいて債務者は保護されるという。他方で、BGB268条の場合には、同条3項にもとづく法律による譲渡（法定代位）の方法で債権は給付者に移転することになると説明する[78]。

最後に、求償型不当利得に関する要件について、①他人の債務に関する第三者の給付（BGB267条1項）、②BGB683条1文にもとづく他の準則（事務管理の費用償還請求権）の欠如、③真の債務者が財貨を獲得していなければならないということ（通例は出費）、④獲得された物が給付のなかに存在していなくてもよいということ、⑤法律上の原因の欠如、が規準とされるべきものと指摘する[79]。

i エッサー・ヴァイヤース（Esser/Weyers）の見解

求償型不当利得は「他人の債務の弁済」を補うために用いられるべきであるが、その実践的な意義はほとんど存在していないとしつつ、具体的には、この求償型不当利得を三者間不当利得の一場面として検討する。たとえば、自己の債務と誤想して他人の債務を弁済した場合に、その弁済が事後的に他人の債務の弁済として評価される可能性を認めるのであれば、求償型不当

利得が考慮されうるとする⁽⁸⁰⁾。しかし、このような可能性を認めないことが一般的であって⁽⁸¹⁾、その場合には求償型不当利得は適用されないとする。また、第三者弁済において法律上の債権移転（法定代位）が認められない場合にも求償型不当利得の成立が考えられるが、その適用範囲はほとんど存在しないという⁽⁸²⁾。なぜなら、このような場合には、通常、事務管理法が適用されるからである。したがって、求償型不当利得が成立しうるのは、弁済者が事務管理の意思を有していないか（BGB687条2項2文、684条1文）、または債務者の意思の合致もしくは承諾が存在していないか（BGB684条1文）のいずれかの場合であると説明する[83]。

2　ドイツ求償型不当利得論のまとめ

以上で検討したドイツにおける求償型不当利得の諸見解について、(1) 求償型不当利得の適用場面と求償規定、(2) 実質的根拠、(3) 要件・効果に分けて、それぞれ整理する。

(1)　適用場面と求償規定

a　適用場面

求償型不当利得を独立の類型とみるか否かにかかわらず、総じて不当利得の適用場面のなかに、ある種の求償事例が含まれることを全面的に否定する見解は存在していない。しかし、不当利得の適用場面の存在を認めるとしても、それは極めて限られた場面であると一般に理解されている。

この求償型不当利得の具体的な適用場面について、各説が共通して念頭においているのは「他人の債務の弁済」の場面である。しかし、他人の債務を弁済したと考えられる場面は広く捉えられる余地があることから、求償型不当利得の具体的な適用場面が不明瞭となっているように思われる。そこで、各説にあげられている具体的な場面を可能な限り拾いあげてみたい。

まず、各説に共通するのが、(a) 第三者弁済（BGB267条）で債務者が免

責される場合である[84]。ただし、この場合でも、特別の求償規定が存在する場合、たとえば原債権の法定譲渡（法定代位、BGB268条3項）[85]、委任の費用賠償（BGB670条）[86]、正当な事務管理の費用賠償（BGB683条）[87]のいずれかが成立する場合には、求償型不当利得は成立しない。

　これら特別の求償規定のなかで、とりわけ事務管理にもとづく求償との関係が問題とされる。ドイツでは、BGB267条2項によって債務者は自己の意思に反する第三者弁済に対して異議を唱えることができ、それを受けて債権者は第三者の給付を拒絶する権利が与えられる。しかし、債権者が常にこれを拒絶しなければならないわけではないので、この点で頼まれざる第三者の給付の可能性が存在することになる[88]。この場合には、「本人（債務者）の真意または利益に反しないこと」という要件を充たさないことから、正当な事務管理（BGB683条）は成立しないことになる。そこで、不当な事務管理（BGB684条）の成立が問題とされる。ただし、この不当な事務管理がBGB812条以下の不当利得規定の適用可能性を指摘するものであることからすると、結局は求償型不当利得の問題になるものと考えられている[89]。

　他方で、(a)の場面が非債弁済を定めたBGB814条に該当しないかが問題とされるが、本条が給付不当利得を適用対象としていることから、おおむね本条の適用を否定しているといえる[90]。

　次に、(b)最広義での連帯責任が存在するが、連帯債務の求償規定（BGB426条）が適用されない場面が指摘されることがある[91]。ただし、連帯債務法の適用の拡大によって、このような事例は減少しており、求償型不当利得は補充的に適用されるにすぎないと考えられている。なお、この事例と関連して、複数の扶養義務者が存在する場合に、先順位の扶養義務者に代わって後順位の扶養義務者が扶養義務を履行した場合が例としてあげられることがある[92]。

　さらに、(c)錯誤によって他人の債務を弁済した場合に、弁済者から債務者に対する求償型不当利得が認められるか否かが争われている[93]。債権者に対する給付利得とは別に、弁済者の選択によって債務者に対する不当利得を認める見解に立つならば、求償型不当利得を認めることになる。ところで、この場面は本来的には弁済が錯誤で無効となるはずであり、この点に特殊性

がみられる。そこで、ドイツでは、「誤想弁済者の選択権理論」として、求償型不当利得の特殊事例ないしは三者間不当利得の一事例として特別に論じられている。すなわち、本来的には受領者に対する給付型不当利得が成立すべきところ、これを有効とみなすことによって二次的に求償型不当利得の成立を問題としていることから、議論の主眼は「錯誤で無効な（取消可能な）弁済を有効とみなしうるか」という点におかれ、求償型不当利得の実質的根拠ないし機能論は問題とされていない。したがって、本書でも、「誤想弁済者の選択権理論」については、「弁済が無効な場合」における求償権の成否の問題として、のちの第5章において詳細に検討することにしたい。

b　保証における求償権との関係 [94]

　以上の求償型不当利得の適用場面に関して、保証の場面が直接の考察対象とされることは少ない。おそらくその理由は、日本と同じくドイツでも、保証債務が保証人と債権者との保証契約から生じる「主債務とは別個独立の債務である」という「別個債務性」が広く受け入れられ [95]、保証人の債務履行はあくまで自己の債務の履行であると捉えられているからであろう。すなわち、保証債務の履行は自己の債務の履行であって他人の債務の履行ではないから、求償型不当利得の適用はないと暗に考えられているようである。それでは、保証人の求償権はドイツではどのように根拠づけられるのであろうか。

　求償権に関しては、保証人と主債務者間の内部関係にもとづいて生じる場合とBGB774条にもとづく法定譲渡（法定代位）による場合があると指摘されており [96]、保証人はいずれの請求権を行使してもよいとされる。さらに前者の内部関係としては、「事務管理」、「委任」、「贈与」または「単なる好意」があげられており、その結果、求償権は「委任の費用償還請求権（BGB670条）」と「事務管理の費用償還請求権（BGB683条）」によって生じると指摘される [97]。その際、上述のように、不当利得の返還請求権を指摘する見解は存在しないようである。

　以上に対して、メディクスは、求償型不当利得の適用場面との関連で、特別の求償権規定として「保証人の法定譲渡（BGB774条）」を明示している [98]。

この見解によるとしても、結論としては、当該規定があるから保証の場面に求償型不当利得の適用はないということになる。しかし突き詰めて考えるならば、保証の場面に当該求償規定が存在しなかったとすると求償型不当利得が成立するという意味では、本来的に求償型不当利得の適用がありうる場面と捉えていると思われる[99]。他方で、その他の見解においては、上述の理由から保証の場面を明示していない。しかし多くの見解が、一般論として「法定譲渡の規定」が適用されるならば求償型不当利得は適用されない旨を指摘している[100]。そうであるならば、保証の場面をも含めて、法定譲渡の規定が存在しなければ、求償型不当利得が適用されうるという考えを基礎においているといえよう。これは、先に紹介したケメラーの見解からも明らかである。すなわち、「ここに属する事例の多くの場合には、不当利得返還請求権よりも、訴権譲渡または法定譲渡（法定代位）による求償が適用されることから、これらの手段によって自由に求償しうる限りは、不当利得返還請求権を問題とする必要はない」。ただし、「これらの事例が不当利得法と関連を有し、不当利得法の領域に属するということを認めるべきである」と述べている。

　以上のように、明示的ではないにせよ、結果として、保証の場面が求償型不当利得の適用領域に含まれることを多くの見解が前提としていることからすると、「他人の債務の弁済」という場面設定と保証の「別個債務性」との間に矛盾が生じることになる。なぜなら、先にも述べた通り、保証人の債務履行が自己の債務の履行でしかないとすると、保証人が自己の債務を履行した結果として主債務者が免責されることの理由に窮することになるからである。すなわち、保証人の履行が自己の債務の履行にすぎないとすれば、保証人の出捐は自己の債務の履行として当然のことであり、逆に主債務者の免責が不当な利得であるとは説明し難いことになるからである。

　一方、日本においては、第1章で詳しくみたように、主債務者の意思に反する保証人の求償権（民法462条2項）の根拠を不当利得に求める見解が有力に主張されている。そこで日本では、なお一層保証の別個債務性との矛盾が指摘されるであろう。

　このように考えてくると、保証の場面も求償型不当利得の適用領域にある

という視点に立つならば、本書で主張するように、保証は他人の債務の弁済という実質を有する、すなわち条件付の第三者弁済の実質を有すると捉える方が素直な解釈であるといえよう[101]。

c 適用準則

ここまでの検討から、近時のドイツの議論においては、求償型不当利得の適用場面について、次のような準則が一般に認められているといえる[102]。まず、特別の求償規定が予定されている場合には、それらの求償規定が優先的に適用され、このような特別の求償規定が存在しない場合に、はじめて求償型不当利得の適用があるというものである。前者の特別の求償規定については、まず連帯債務者の求償権（BGB426条）と主債務者に対する保証人の法定譲渡（BGB774条1項）があげられる。また、給付者自身が債務者ではないが、自己の権利の喪失が差し迫っており、給付によってそれを回避しうるというような場合には、法定譲渡（BGB268条3項など）が求償規定として指摘される。さらに、求償義務者（債務者）によって給付の指示がなされた場合には、委任の費用償還（BGB670条）が求償の根拠とされている。最後に、正当な事務管理（BGB683条）が根拠となる場合があげられている。以上のような特別規定による求償権が成立しない場合に、はじめて求償型不当利得が問題とされることになる。なお、不当な事務管理は、その性質上不当利得であると捉えられている。

(2) 実質的根拠

ドイツの議論のなかで、求償型不当利得の実質的根拠ないし機能について説明を試みる見解がみられる。たとえば、他人の債務の弁済において、第三者の弁済によって免責された債務者の利得は、「免責が法に適応した最終的な負担配分に反して存在している」ために正当化されないとする見解[103]がある。また、利得者の利得が、財貨に関する実体法上の割当て秩序に矛盾することから、「他人の財貨からの不当な獲得に対する調整」という機能を有する不当利得が必要であるとする見解[104]がある。さらに、費用利得と

求償利得の両場面では、ある人が他人のために「立て替えている」という点で共通性を有しているところ、その他人は立替え費用によって正当な負担割当てに矛盾して、法律上の原因なく利益を得ているということから、不当利得が成立するという見解[105]がある。

これらの見解を分析的にみると、互いに矛盾するものではないといいうる。まず、前者の見解および最後の見解は、「利得の不当性」という求償型不当利得の実質的根拠を説明するものであり、どちらも「財貨帰属秩序に反して配分された不当な利得」という点に実質的根拠を求めている。また、二番目の見解は、不当な利得の発生を前提として、そのような「不当な利得の調整という機能」の点に重点をおいて説明するものと捉えられる。さらに、これら以外の見解においても、実質的根拠ないし機能の点で取り立てて異論のある見解はみられない。そこで、ドイツにおいては、求償型不当利得の実質的根拠とは、「財貨帰属秩序に反して配分された不当な利得」という点に求められ、その際に認められる求償型不当利得の機能とは、「このような不当な利得に対する矛盾を調整する機能」であるということができる。ただし、このような実質的根拠および機能について、抽象的な概念としては理解できるとしても、具体的場面に即した形での詳細な検討はなされていない。そこで、日本法下の議論と同じく、ドイツにおいても実質的根拠が用語の問題を離れて具体的に明確になっているとはいえないであろう。

(3) 要件および効果

求償型不当利得の要件および効果については、ドイツでもあまり具体的な議論はなされていない。その理由として、不当利得の類型論が「法律上の原因欠如」の要件の具体的解明を目的として進展してきたということ（これにより、従来は適用範囲の問題が念頭におかれてきたということ）から、結果としてそれ以外の要件および効果が独立して論じられることが少なかったものと考えられる。ただし、メディクスが要件について若干の検討を加えている[106]。それによれば、①他人の債務が弁済されたこと、②この債務が有効に成立していること、③求償型不当利得が他の方法では規制されないこと、

が必要であるとされる。

　他方で、求償型不当利得の効果と関連して、「押し付けられた利得からの債務者の保護」の問題が議論されることがある。これは、給付者が勝手に第三者弁済をすることで債務者は利得を押し付けられたといいうる場合があることから、そのような利得の押し付けから債務者を保護する必要があるというものである。とりわけ、債務者が債権者に対して抗弁を有していた場合に問題となる。これについては、一定の場合に救済手段を講じる必要があるとしつつも、概して利得が押し付けられてもやむをえないものと捉えられている[107]。その理由は、債権譲渡においては債権者が債務者の協力なしに債権を譲渡する場合があり（BGB399条2文）、債務者は債権者が代わらないことを常に期待することはできないところ、債権譲渡と第三者弁済の場面との類似性からすると、第三者弁済においても同様に考えるべきところに求められる[108]。それでは、債務者が抗弁を有している場合に必要とされる救済手段であるが、具体的には債権譲渡の規定であるBGB404条、406条以下の類推適用[109]が考えられている。すなわち、これらの規定を類推することで、債権者に対して有していた抗弁を弁済者（求償権者）に対して主張することができることになる、ということである。

　ただし、この押し付けられた利得の問題とは別に、求償型不当利得の行使範囲を明確にすべきであり、これに触れていないドイツの議論は不十分といえよう。

第4節　小括──求償型不当利得の判断枠組

　ここまで、本章第2節で日本の議論をまとめるとともに、第3節でドイツの議論を詳細に検討した。そこで、本節では、ドイツの議論を比較対象としつつ、日本における求償型不当利得論の判断枠組を明らかにする。

1 適用範囲に関する準則

(1) ドイツにおける適用準則

　まずは、前節での検討結果を踏まえて、ドイツ求償型不当利得論の適用準則と適用場面について再度まとめることにより、日本での適用準則の検討につなげたい。

　先にみた通り、求償型不当利得の具体的な適用場面について、ドイツでは一定の共通性が認められる。まず、債務者以外の者が債務者に代わって弁済した場合に、広く求償型不当利得の適用可能性を検討している。その際に、特別の求償規定が予定されている場合には求償型不当利得の適用は否定され、特別の求償規定が予定されていない場合に求償型不当利得の適用が問題とされることになる。特別の求償規定が予定される前者の場合としては、①固有の求償権規定が予定されている場合（保証、連帯債務など）、②法定代位が予定される場合（利害関係を有する第三者の弁済など）、③債務者による弁済の委託がある場合（委任の費用償還）、④正当な事務管理が成立する場合（事務管理の費用償還）が一般に指摘されている。そして、以上のような特別の求償規定が予定されていない場合に、はじめて求償型不当利得の問題となる。したがって、結果的には、求償型不当利得が適用される場面はきわめて限られているということが認識されることになる。これに相当するのは、まず狭義の第三者弁済の場面では、債務者の委託がなく、かつ正当な事務管理が認められず、さらに第三者に法定代位が認められない場合ということになる。なお、ドイツでは、不当な事務管理の場合には、費用償還は不当利得の返還にほかならないと理解されている。他方で、それ以外の適用場面としては、争いはあるが、錯誤による他人の債務の弁済、広義での連帯債務の場合で連帯債務の求償権規定が適用されない場合があげられている。

(2) 日本での適用準則

このようなドイツで指摘される準則は、日本でも基本的には同様に考えられている。まず、①保証および連帯債務の場面では、固有の求償権規定が存在しているということから、求償型不当利得の適用場面ではないとされる。しかし、共同不法行為および使用者責任の場面では、特別の求償権規定の存否に争いがあることから、求償型不当利得の適用可能性が模索されている。次に、②の法定代位については日独間の規定形式に相違が認められることから、別途の考慮が必要となる。他方で、③の債務者・弁済者間に委任関係が認められる場合については、委任の費用償還請求権の適用を認めることが日独を問わず共通の見解といえる。最後に、④の事務管理が成立する場合については、事務管理法が優先し、不当利得法が適用されないという点でほぼ共通している。ただし、ドイツでは正当な事務管理と不当な事務管理とを区別することが一般的であり、日本の一般的見解と相違がみられる。

以上から、代位による求償権を認めること以外の点では、求償型不当利得の適用範囲に関するドイツの一般準則が、基本的には日本にも引き継がれているといえる。そして、このような準則に従って実際に求償型不当利得が適用される場合を指して、「不当利得による求償権の成立場面である」と称しているといえよう。

(3) 特別の求償権規定と求償型不当利得の関係

上記の適用準則からすると、特別の求償権規定が存在する場合には、求償型不当利得は適用されないことになる。しかし、ケメラーが明示しているように、求償型不当利得が直接には適用されないとしても、「これらの事例が不当利得法と関連を有し、不当利得法の領域に属するということを認めるべきである」という主張にこそ、本書にとっての重要なポイントが示されている。すなわち、他人の債務の弁済と評価できる場面においては、弁済者から債務者に対して（求償型）不当利得が成立しうるところ、この両者の間に特別の求償規定が存在している場合には、不当利得の補助性ないしは請求権競

合の結果として、不当利得が適用されないということである。そうであるならば、この直接に適用される求償権規定と背後に存在する求償型不当利得とは、実質的根拠ないし機能の点で同種の請求権といえるのではないであろうか。求償型不当利得の適用準則を明らかにすることによって、このような示唆が得られるのである。

次章では、このような視点をさらに明確化しつつ、まずは求償型不当利得の実質的根拠および機能を明らかとしたうえで、これを比較対象として特別の求償権規定の実質的根拠および機能を確定していく。

2 実質的根拠および機能

求償型不当利得の実質的根拠および機能については、先の検討からすると次のようにまとめられる。求償型不当利得の実質的根拠とは、給付利得にかかる「財貨移転法則」とは異なった機能を有していることを前提として、三当事者間で不当利得関係が問題となる場面において「財貨秩序に反して配分された不当な利得に対する矛盾を調整すること」であると指摘される。これは、ドイツでの一般的な見解が日本の議論に影響を与えた結果として、日独を問わずほぼ異論はない。

なおこの点に関連して、求償型不当利得の成立する場面があることを認めつつ、その実質的根拠を財貨帰属法則に位置づける見解や、または財貨移転法則にも財貨帰属法則にも属さない第三の類型とみる見解が存在しうる。しかし、求償型不当利得の判断枠組を理解するためには、求償型不当利得を定型的な類型として認めるか否かに問題の本質が存在しているのではなく、求償型不当利得返還請求権が実質的かつ具体的にどのような根拠で認められ、どのような機能を有しているかを探ることが重要である。したがって、いずれの類型に組み込むかという点は重要な問題ではないと考える。他方で、第三者弁済の場面における不当利得を多数当事者間の不当利得の問題と位置づける見解がある[110]。その際に指摘されるように、多数当事者間で不当利得が問題となる事例では、誰と誰との間に不当利得が成立するかが明確でない

場合がありうる。たしかに、本書での検討対象も他人の債務を弁済したという点で常に債権者・債務者・第三者という三当事者関係が前提とされており、多数当事者間不当利得の一場面といえる。しかし、求償型不当利得の場合には不当利得の当事者が債務者と弁済者であるという点に特に異論はみられないうえ、重視すべき問題はその際になぜ不当利得が認められるかという実質的根拠ないしは機能の点に存在している。そこで、多数当事者間不当利得の一場面として検討する見解を採っても、債務者と弁済者間で不当利得が成立する実質的根拠ないしはその機能を別途明らかとしなければならない。したがって、本書では多当事者であることからくる当事者確定の問題には触れないことにする。

　以上のような視点からすると、実質的根拠を「財貨帰属法則」、「第三の特殊な場面」または「多数当事者間の不当利得」として捉えるとしても、いずれも前述のように「債権者・債務者・弁済者という三者関係において、財貨秩序に反して配分された不当な利得に対する矛盾を調整する」という実質的根拠を有する請求権であると捉える点に取り立てて異論はないと思われる。ただし、このように実質的根拠を説明しうるとしても、具体的にはいかなる意味を有するかは不明確である。これはドイツでも具体的に明らかとされているわけではない。とりわけ、どのような機能を有するかは個別の場面ごとに具体的に検討する必要があるといえよう。

3　要件および効果

　まず要件について、ドイツにおける議論を参考にして、日本の従来の議論をまとめるならば、次のようになろう。不当性の実質的根拠の問題とは区別して、①弁済者の出捐が存在し、②債務者が自己の義務から解放されること、とまとめられる。なお、不当利得の補助性を認める見解によれば、③求償型不当利得が他の方法では規制されないこと、という要件が加味されることになる。

　他方で効果については、ドイツでは「押し付けられた利得からの債務者の

保護」という問題が指摘されている[111]。しかし日本では、求償型不当利得の主な適用場面とされる第三者弁済の場面で、押し付けられた利得からの債務者の保護をより徹底して、「利害関係を有しない第三者は、債務者の意思に反して弁済をすることができない」とされており（民法474条2項）、この問題が第三者弁済の成立要件面に影響している。このため、当該問題は効果との関連ではあまり議論されてこなかった。しかし、たとえば利害関係を有する第三者が債務を弁済した際に、債務者が債権者に何らかの抗弁を有していたために、第三者弁済に反対の意思を表明したような場合には、押し付けられた利得からの債務者の保護が問題とされなければならない。

他方、効果面に関しては、求償型不当利得を行使しうる範囲が問題とされるべきであるが、これもほとんど議論されていない。不当利得の一般規定である民法703条および704条によれば、不当利得者（債務者）が善意であれば「現存利益」の返還義務、悪意であれば「利益全額と利息」の返還義務を負うと考えられる。しかし、不当利得による求償権が具体的に問題となる状況を想定するならば、「善意」または「悪意」の意味合いは不明確といえよう[112]。

注　第3章

(1) 求償型不当利得の場面が三者間不当利得ないしは三角関係不当利得の問題に属することを前提に、ドイツにおける求償的（求償型）不当利得の学説を紹介する文献として、山田幸二『現代不当利得法の研究』（創文社、1989年）223頁以下参照。とりわけ、第2章第2節「三角関係における利得返還請求権のための前提要件」（H・A・クニッシュ論文）参照。

(2) この意味で、本書では、類型論との関係で使用されてきた「求償利得」という用語を避けて、弁済者から第三者に対する不当利得返還請求権のことを「求償型不当利得（返還請求権）」と呼称している。

(3) 類型論の萌芽的研究であり、ドイツにおける求償利得類型を肯定的に紹介、

検討するものとして、磯村哲「紹介カェメラー『不当利得』」法学論叢63巻3号（1957年）127-128頁および137頁、川村泰啓「不当利得返還請求権の諸類型（一）」判評76号（1965年）84-85頁および同「『所有』関係の場で機能する不当利得制度（六）」判評126号（1969年）102頁参照。その他、類型論の採否を問わず「求償型とみられる不当利得」の成立を肯定する見解としては、我妻栄『債権各論下巻一』民法講義Ⅴ4（岩波書店、1972年）1043-1048頁および1130頁、松坂佐一『事務管理・不当利得』法律学全集22-Ⅰ（有斐閣、新版、1973年）175-176頁および同『民法提要　債権各論』（有斐閣、第5版、1993年）267-268頁、広中俊雄『債権各論講義』（有斐閣、第6版、1994年）398-400頁、四宮和夫『事務管理・不当利得』現代法律学全集10-ⅰ（青林書院、1981年）52頁および202-209頁、鈴木祿弥『債権法講義』（創文社、三訂版、1995年）724-728頁、好美清光「不当利得法の新しい動向について（上）（下）」判タ386号19頁、判タ387号26頁（1979年）、加藤雅信『財産法の体系と不当利得法の構造』（有斐閣、1986年）241-242頁および504-506頁、同『事務管理・不当利得・不法行為』新民法大系Ⅴ（有斐閣、第2版、2005年）51-52頁、澤井裕『テキストブック事務管理・不当利得・不法行為』（有斐閣ブックス、第3版、2001年）27頁および75-76頁、藤原正則『不当利得法』（信山社、2002年）291頁以下参照。

(4) 加藤・前掲注（3）『不当利得法の構造』241-242頁、鈴木・前掲注（3）728頁参照。

(5) 我妻・前掲注（3）『債権各論下巻一』1045頁、好美・前掲注（3）「不当利得法の新しい動向について（下）」26頁参照。

(6) 我妻・前掲注（3）『債権各論下巻一』1045頁参照。

(7) 松坂・前掲注（3）『事務管理・不当利得』175-176頁、四宮・前掲注（3）『事務管理・不当利得』202-209頁参照。

(8) 澤井・前掲注（3）75頁参照。

(9) 我妻・前掲注（3）『債権各論下巻一』1130頁、松坂・前掲注（3）『事務管理・不当利得』188頁、四宮・前掲注（3）『事務管理・不当利得』154頁、山田・前掲注（1）318頁、加藤・前掲注（3）『新民法大系Ⅴ』96頁、藤原・前掲注（3）294頁、355-356頁参照。

(10) 広中・前掲注（3）399頁、鈴木・前掲注（3）727頁、四宮・前掲注（3）『事務管理・不当利得』206頁、加藤・前掲注（3）新民法大系Ⅴ47頁、澤井・前掲注（3）75-76頁、藤原・前掲注（3）295頁参照。

(11) 鈴木・前掲注（3）725-726頁参照。

(12) 四宮・前掲注（3）『事務管理・不当利得』206頁、好美・前掲注（3）「不

当利得法の新しい動向について（上）」19頁、澤井・前掲注（3）75頁参照。
(13) 我妻・前掲注（3）『債権各論下巻一』1047-1048頁、藤原・前掲注（3）293頁、295頁参照。
(14) 鈴木・前掲注（3）725-726頁参照。
(15) 四宮・前掲注（3）『事務管理・不当利得』206頁、好美・前掲注（3）「不当利得法の新しい動向について（上）」19頁、澤井・前掲注（3）75頁、藤原・前掲注（3）292頁参照。
(16) 我妻・前掲注（3）『債権各論下巻一』1047-1048頁参照。
(17) 四宮・前掲注（3）『事務管理・不当利得』206頁、同『不法行為』現代法律学全集10-ⅱ（青林書院、1985年）711頁参照。
(18) 澤井・前掲注（3）75-76頁参照。
(19) 我妻・前掲注（3）『債権各論下巻一』985頁参照。
(20) 磯村哲「不当利得」法セ23号（1958年）20頁、川村・前掲注（3）判評76号84-85頁、同「『所有』関係の場で機能する不当利得制度（六）」102頁における注（1）、広中・前掲注（3）398-399頁、四宮・前掲注（3）『事務管理・不当利得』52頁参照。
(21) 加藤・前掲注（3）新民法大系Ⅴ 60-63頁、同・前掲注（3）『不当利得法の構造』292-297頁参照。
(22) 加藤・前掲注（3）『不当利得法の構造』315頁。
(23) 加藤・前掲注（3）『不当利得法の構造』318頁参照。
(24) 加藤・前掲注（3）『不当利得法の構造』241-242頁および315-321頁、同・前掲注（3）新民法大系Ⅴ 51-52頁参照。
(25) 加藤・前掲注（3）新民法大系Ⅴ 95頁。
(26) 四宮説がこれについて若干説明を加えている（四宮・前掲注（3）『事務管理・不当利得』202-209頁参照）。これについては、ドイツの議論を踏まえたうえで、本章第3節で検討する。
(27) 好美・前掲注（3）「不当利得法の新しい動向について（上）」19頁、四宮・前掲注（3）『事務管理・不当利得』204-205頁、鈴木・前掲注（3）728頁参照。この問題に関しても、本章第3節においてドイツの議論と合わせて検討したい。
(28) E. v. Caemmerer, "Gesammelte Schriften", Bd.1, 1968, S. 237.
(29) 本書では、BGBの個別条文の訳出にあたり、椿寿夫＝右近健男編『ドイツ債権法総論』（日本評論社、1988年）、右近健男編『注釈ドイツ契約法』（三省堂、1995年）、椿寿夫＝右近健男編『注釈ドイツ不当利得・不法行為法』（三省堂、1990年）をそれぞれ参照する。また、ドイツにおける「債務法現代化法」（2002年施行）に関しては、岡孝編『契約法における現代化の課題』

法政大学現代法研究所叢書 21（法政大学出版、2002 年）、半田吉信『ドイツ債務法現代化法概説』（信山社、2003 年）における巻末の条文訳資料を参照する。なお、本書との関連で重要性を有する条文に関しては、特に債務法改正の影響を受けていないことを付言しておく。

(30) 【BGB267 条（債務法改正による変更なし）】〔第三者による給付〕①債務者が自ら給付を行う必要のないときは、第三者も給付を行うことができる。この場合、債務者の同意は必要でない。②債務者が異議を述べたときは、債権者は給付を拒絶することができる。

(31) Caemmerer, a. a. O., S. 237.

(32) Caemmerer, a. a. O., S. 237f.

(33) Caemmerer, a. a. O., S. 239f.

(34) König, Ungerechtfertigte Bereicherung. In "Gutachten und Vorschläge zur Überarbeitung des Schuldrechts". Hrsg.vom Bundesminister der Justiz, Band Ⅱ, 1981, S. 1564f.

(35) 【BGB426 条（債務法改正による変更なし）】〔連帯債務者の求償義務〕①連帯債務者は、別段の定めがない限り、その相互関係においては平等の割合で義務を負う。連帯債務者の一人からその負担部分を取り立てることができないときは、求償につき義務を負う他の債務者がその欠損を負担する。②連帯債務者の一人が債権者に満足を与え、かつ他の債務者に対して求償することができるときは、他の債務者に対する債権者の債権はその債務者に移転する。この移転は、債権者の不利益において主張することができない。

(36) 【BGB840 条（債務法改正による変更なし）】〔多数者の責任〕①ひとつの不法行為から生じた損害につき、複数の者が併存的に責任を負担するときは、その複数者は連帯債務者として責任を負う。②第 831 条および第 832 条によって他人が生ぜしめた損害の賠償につき義務を負う者とならんでその他人も損害につき責任を負担するときは、それらの者の間では、その他人のみが義務を負担し、第 829 条においては、監督義務者のみが義務を負担する。③第 833 条から第 838 条までの規定によって損害賠償につき義務を負担する者とならんで第三者がその損害につき責任を負担するときは、それらの者の間では、当該第三者のみが義務を負担する。

(37) König, a. a. O., S. 1565f.

(38) König, a. a. O., S. 1566.

(39) König, a. a. O., S. 1566.

(40) Reuter/Martinek, Ungerechtfertigte Bereicherung, Handbuch des Schuldrechts, Band 4, 1983, S. 383.

(41) Reuter/Martinek, a. a. O., S. 383.
(42) Reuter/Martinek, a. a. O., S. 376f.
(43) Reuter/Martinek, a. a. O., S. 471ff.
(44) 【BGB814条（債務法改正による変更なし）】〔非債弁済、道徳上の義務〕給付者が給付につき義務を負担していないことを知っていた場合、または給付が道徳上の義務もしくは儀礼を考慮したものであった場合は、債務の履行のため給付した者は、返還を請求することができない。
(45) 【BGB684条（債務法改正による変更なし）】〔不当利得の返還〕第683条〔正当な事務管理の費用償還〕の要件が存しないときは、本人は、事務管理により取得したすべてのものを不当利得の返還に関する規定によって管理者に返還する義務を負う。本人が事務管理を追認したときは、管理者は、第683条に定める請求権を有する。
(46) 【BGB404条（債務法改正による変更なし）】〔債務者の抗弁〕債務者は、債権譲渡の当時に旧債権者に対して有していた抗弁をもって、新債権者に対抗することができる。
【BGB406条（債務法改正による変更なし）】〔新債権者に対する相殺〕債務者は、旧債権者に対して有する債権をもって、新債権者に対しても相殺することができる。ただし、債権取得時に債務者が譲渡を知っていたとき、またはその債権の弁済期が譲渡を知った後で、かつ譲渡された債権の弁済期より後に到来したときは、この限りではない。
【BGB407条（債務法改正による変更なし）】〔旧債権者に対する給付〕①新債権者は、債務者が譲渡後に旧債権者に行った給付、ならびに譲渡後に債権に関して債務者と旧債権者との間でなされたすべての法律行為について、自己に対するその効力を認めなければならない。ただし、債務者が給付または法律行為をした時に譲渡を知っていたときは、この限りではない。②新債権者は、譲渡後に債務者と旧債権者との間で継続した訴訟において債務につき確定判決があったときは、判決の自己に対する効力を認めなければならない。ただし、債務者が訴訟継続を生じた時に譲渡を知っていたときは、この限りではない。
(47) W. Lorenz, Staudingers Kommentar, Zweites Buch, Recht der Schuldverhältnisse, Neubearb., 1999, S. 85.
(48) Lorenz, a. a. O., S. 85f.
(49) Lorenz, a. a. O., S. 117.
(50) 【BGB670条（債務法改正による変更なし）】〔委任の費用償還〕受任者が委任の執行のために事情により必要と認められる費用を支出したときは、委任者は費用償還義務を負う。

【BGB683条（債務法改正による変更なし）】〔事務管理の費用償還〕事務管理の引受が本人の利益およびその現実の意思または推知することのできる意思に適合するときは、管理者は、受任者と同様にその費用の償還を請求することができる。第679条の場合には、事務管理の引受が本人の意思に反するときでも、管理者はこの請求権を有する。

(51) Lorenz, a. a. O., S. 117f.
(52) M. Lieb, Münchener Kommentar, Bd. 5, Schuldrecht, besonderer Teil Ⅲ, 4.Aufl., 2004, S. 1317.
(53) Lieb, a. a. O., S. 1344.
(54) Lieb, a. a. O., S. 1286-1287.
(55) Lieb, a. a. O., S. 1287.
(56) 【BGB812条（債務法改正による変更なし）】〔原則〕①法律上の原因なく他人の給付またはその他の方法によってその他人の損失によりある物を取得する者は、その他人に対して返還義務を負う。この義務は、法律上の原因が後に消滅し、または法律行為の内容に従えば給付が目的とした結果が生じない場合であっても生じる。
(57) 【BGB旧455条（債務法改正後449条参照）】〔所有権留保〕動産の売主が売買代金の支払を受けるまで所有権を留保した場合、疑わしいときは、所有権は、売買代金の完済を停止条件として移転するものとし、かつ、売主は、買主が支払を遅滞したときは契約を解除することができるものとする。
【BGB改正後449条】〔所有権留保〕①売買代金が支払われるまで動産の売主が所有権を留保した場合には、疑いがあるときは、所有権は、売買代金の完済を停止条件として移転するものとみなす(所有権留保)。②売主は、契約を解除したときにのみ所有権留保にもとづき物の返還を請求することができる。③所有権移転を買主が第三者、特に売主と結合した事業者の債権を満足させることに関連させた限りにおいて、所有権留保の合意は、無効とする。
(58) Larenz/Canaris, Lehrbuch des Schuldrechts, Bd. 2. Besonderer Teil., 13. Aufl., 1994, S. 191.
(59) 【BGB旧195条（債務法改正後195条参照）】〔通常の消滅時効期間〕通常の消滅時効期間は30年である。
【BGB改正後195条】〔通常の消滅時効期間〕通常の消滅時効期間は3年である。
(60) Larenz/Canaris, a. a. O., S. 192.
(61) 【BGB399条（債務法改正による変更なし）】〔内容変更または合意による譲渡禁止〕債権は、その内容を変更しなければ当初の債権者以外の者に給

付することができないとき、または債務者との合意により譲渡を禁止したときは、譲渡することができない。

(62) Larenz/Canaris, a. a. O., S. 193f.
(63) D. Medicus, Bürgerliches Recht, 20. Neubearb. Aufl., 2004, S. 630ff. メディクスの見解は、他の求償権規定との関連性を考慮したうえ、求償制度を統一的な枠組のなかで検討するものである。そこで、本書の視点に大いに参考となることから、第6章において再度詳細に検討する。
(64) Medicus, a. a. O., S. 630.
(65) Medicus, a. a. O., S. 632f.
(66) Medicus, a. a. O., S. 633-635.
(67) 【BGB774条（債務法改正による変更なし）】〔法律上の債権移転〕①主債務者に対する債権者の債権は、保証人が債権者を満足させる限度で、保証人に移転する。この移転は、債権者の不利益に主張することができない。主債務者と保証人との間に存在する法律関係にもとづく主債務者の抗弁は、影響を受けない。②共同保証人は、相互に第426条に従ってのみ責任を負う。
(68) Medicus, a. a. O., S. 634.
(69) Medicus, a. a. O., S. 634f.
(70) Medicus, a. a. O., S. 655f.
(71) 【BGB398条（債務法改正による変更なし）】〔債権譲渡〕債権は、債権者と他の者との契約によってその者に譲渡することができる（債権譲渡）。新債権者は、契約締結によって旧債権者に代わる。
(72) Medicus, a. a. O., S. 656.
(73) Medicus, a. a. O., S. 656.
(74) W. Fikentscher, Schuldrecht, 9.Aufl., 1997, S. 700f.
(75) Fikentscher, a. a. O., S. 701.
(76) Fikentscher, a. a. O., S. 701-704.
(77) 【BGB818条（債務法改正による変更なし）】〔不当利得返還義務の範囲〕①返還義務は、取得した収益、獲得した権利にもとづき受領者が取得した物、または獲得した物の滅失、毀損もしくは侵奪の代償として受領者が取得した物に及ぶ。②利得した物の性質により返還が不能であるとき、または受領者がその他の事由により返還することができないときは、受領者は、その価額を賠償しなければならない。③受領者は、利得が現存していない限度において、返還または価額賠償の義務を免れる。④訴訟継続が生じた後は、受領者は一般原則により責任を負担する。
(78) Fikentscher, a. a. O., S. 703.
(79) Fikentscher, a. a. O ., S. 704f.

(80) Esser/Weyers, Schuldrecht, Bd. 2. Besonderer Teil, Teilband 2, 8.,völlig neubearb., 2000, S. 88.
(81) Esser/Weyers, a. a. O., S. 61.
(82) Esser/Weyers, a. a. O., S. 88.
(83) Esser/Weyers, a. a. O., S. 88. Vgl. S. 59f.
(84) Vgl. Caemmerer, a. a. O., S. 237f.; König, a. a. O., S. 1565f.; Reuter/Martinek, a. a. O., S. 376f.; Lorenz, a. a. O., S. 117f.; Lieb, a. a. O., S. 1344; Larenz/Canaris, a. a. O., S. 191; Medicus, a. a. O., S. 634f.; Fikentscher, a. a. O., S. 703; Esser/Weyers, a. a. O., S. 88.
(85) Vgl. Caemmerer, a. a. O., S. 239; König, a. a. O., S. 1566; Lorenz, a. a. O., S. 117; Medicus, a. a. O., S. 635; Esser/Weyers, a. a. O., S. 88.
(86) Vgl. Medicus, a. a. O., S. 634; Fikentscher, a. a. O., S. 701.
(87) Vgl. Caemmerer, a. a. O., S. 239; König, a. a. O., S. 1566; Lorenz, a. a. O., S. 117; Lieb, a. a. O., S. 1286-1287; Medicus, a. a. O., S. 634; Fikentscher, a. a. O., S. 703; Esser/Weyers, a. a. O., S. 88.
(88) この点で、日本法との相違が認められる。詳細については後述する。
(89) Vgl. Caemmerer, a. a. O., S. 237f.; König, a. a. O., S. 1565f.; Reuter/Martinek, a. a. O., S. 376f.; Lorenz, a. a. O., S. 117f.; Lieb, a. a. O., S. 1286-1287; Medicus, a. a. O., S. 652; Fikentscher, a. a. O., S. 703; Esser/Weyers, a. a. O., S. 88.
(90) Vgl. Reuter/Martinek, a. a. O., S. 471f.; Lieb, a. a. O., S. 1286 - 1287; Medicus, a. a. O., S. 656; Fikentscher, a. a. O., S. 703.
(91) Vgl. Caemmerer, a. a. O., S. 237f.; König, a. a. O., S. 1566; Larenz/Canaris, a. a. O., S. 191; Medicus, a. a. O., S. 633f.; Fikentscher, a. a. O., S. 703f.
(92) Vgl. Fikentscher, a. a. O., S. 704.
(93) 先にみたように、日本では民法707条との関連で捉えられるところ、同条2項が「求償権の行使を妨げず」と規定していることから、求償権の成否は争われていない。しかし日本民法707条とドイツの議論とでは解釈の視点が異なっていると思われる。この問題については、第5章で詳述したい。
(94) 第2章第3節で指摘したように、保証債務の別個債務性と関連する問題である。ここでは、ドイツにおける保証の求償権（法定譲渡）と求償型不当利得論との関係をみる。
(95) Vgl. Rohe, Bamberger/Roth Kommentar zum BGB, Bd. 2, Recht der Schuldverhältnisse, 2003, S. 792f.
(96) Vgl. Rohe, a. a. O., S. 793, 823f.; Larenz/Canaris, a. a. O., S. 15.
(97) ドイツにおける保証人の求償権および法定譲渡については、これ以上詳細

な検討を加える余裕はない。本書でまとめた結論をもとに、今後、個別の求償権規定についてドイツ法との比較の視点を得ながら研究を進めていくつもりである。

(98) Vgl. Medicus, a. a. O., S. 633.
(99) メディクスは、求償に関する諸規定の実質的根拠を統一的な視点から捉えている。ここでの問題も含めて、メディクスの統一的求償論については第6章で詳しく検討する。
(100) Vgl. Caemmerer, a. a. O., S. 239f.; König, a. a. O., S. 1564f.; Lorenz, a. a. O., S. 85f.; Esser/Weyers, a. a. O., S. 88.
(101) 続く第4章において、この問題を含めて、求償型不当利得と求償権の関係を踏まえながら、求償権の実質的根拠および機能についてまとめたい。
(102) Vgl. Medicus, a. a. O., S. 630ff.
(103) Vgl. Caemmerer, a. a. O., S. 237; Larenz/Canaris, a. a. O., S. 191.
(104) Vgl. Reuter/Martinek, a. a. O., S. 383.
(105) Vgl. Fikentscher, a. a. O., S. 701.
(106) Vgl. Medicus, a. a. O., S. 654f.
(107) König, a. a. O., S. 1566; Medicus, a. a. O., S. 655f.; Reuter/Martinek, a. a. O., S. 471ff.; Lieb, a. a. O., S. 1218.
(108) Medicus, a. a. O., S. 655f.
(109) Medicus, a. a. O., S. 656; Reuter/Martinek, a. a. O., S. 471ff.; Lieb, a. a. O., S. 1286f.
(110) ドイツの状況を紹介するものとして、山田・前掲注（1）223頁以下、とりわけクニッシュ論文の紹介を参照する（山田・前掲注（1）296-323頁参照）。また、加藤・前掲注（3）新民法大系V 51-52頁、同・前掲注（3）『不当利得法の構造』487-520頁参照。この見解は、三当事者間の関係を第三者のためにする契約との対比関係で捉えたうえ、給付関係・補償関係・対価関係に分解して考えれば、財貨移転を基礎づける法律関係の存在が「法律上の原因」の有無を決するという命題は、三当事者間、そして多当事者間の不当利得関係においても維持されるという。そして、第三者弁済の場合には、補償関係に対応する法律関係は存在せず、この部分の欠落によって「法律上の原因なく」とされて、その関係当事者（債務者と弁済をした第三者）間において不当利得関係が発生するという。
(111) 本書での検討に加えて、藤原・前掲注（3）295-297頁参照。
(112) 求償範囲については、第6章で検討する。

# 第4章

実質的根拠面での求償権統一化

第1節　緒論

　本書第1章および第2章では、広い意味で他人の債務の弁済と評価される場面において、求償権を統一的な枠組で捉える可能性があることを指摘した。すなわち、求償が問題となる場面は、適宜に相互保証説を媒介とすることで、「他人の債務を弁済した」という意味で共通性を有する場面とみることが可能であり、弁済後の求償関係については、狭義での第三者弁済の求償関係に準じて、債務者と弁済者との内部関係に従って、①債務者から委託を受けたか、またはそれに準じるような意思的要素の介在する場合には「委任の費用償還請求権」、②意思的要素は介在しないが債務者の意思および利益に反しない場合には「事務管理の費用償還請求権」、③債務者の意思または利益に反する場合には「不当利得の返還請求権」によって求償権が根拠づけられるということである。そして、第3章では、この③に対応する「求償型不当利得の判断枠組」を詳細に検討した。その結果、不当利得による求償権の実質的根拠および機能が明らかとなっただけでなく、他の求償規定との関連で一定の示唆を得ることができた。そこで、本章では第3章で得られた視点をもとに、求償型不当利得の判断枠組を比較対象として、統一的な求償権の実質的根拠および機能を探りたい。

第2節　求償権の実質的根拠および機能
——求償型不当利得との関係

1　不当利得の実質を指摘する見解

不当利得による求償権との関連で一般的な求償権の実質的根拠を検討するにあたっては、第2章でみたように、求償権の根拠として不当利得の実質を指摘する見解が興味深い。そこで、まずはこれらの見解をみておきたい。

　　a　序章で引用した求償権の実質的根拠に関する林見解によると[1]、「債権は本来債務者が弁済し、債務内容を実現するものである」ということが前提とされていた。当該見解によって明示されているわけではないが、ここで指摘される「本来債務者が弁済すべき状態」こそが、「本来あるべき法的な状態」、すなわち「財貨秩序」のひとつの具体的な発現形態であると捉えられる。

　　b　四宮見解は、不当利得の判断枠組に関して、基本的には「財貨帰属法型」と「負担帰属法型」とに分けて考えている[2]。そして後者の「負担帰属の法則」について、「ひとは、自らの負担すべき不利益を他人（損失者）の財産・労力によって免れるべきではない」こととされる。ただし、これ以上具体的には説明されていない。他方で、当該見解は、第1章で検討したように、共同不法行為における求償権の実質的根拠の問題としては、「法秩序の予定する負担配分の法則に反することによる不当利得（求償型）返還の関係である」としている。ただし、こちらも具体的場面に即した説明はなされていない[3]。これに対して、使用者の求償権については、「法的性質は、求償型不当利得」であるとして、使用者と被用者のリスク配分を検討しており、財貨秩序の具体的解明にとって参考となる[4]。しかし、そのほか求償権が

問題となる場面をどのように考えるかは不明である。

　　c　潮見見解は、求償権の判断枠組の問題として、その実質的根拠について、「責任財産のレベルにおける利得・損失の帰属割当ての調整」、つまり「責任財産の財貨帰属割当ての調整」とみている[5]。これは、「財産法の場面」での財貨帰属割当ての調整という視点をより限定的に捉え直して、「責任財産のレベル」の問題に引き直したものといえよう。そして、保証、第三者弁済、連帯債務の各場面の事情に沿って、このような実質的根拠に依拠した説明を加えている。さらに、共同不法行為についても、相互保証説の理解を前提として、保証部分の履行を理由として求償が正当化されると指摘して[6]、保証の求償権と同様の根拠によるものとして捉えているようである[7]。

　以上の見解に鑑みるときには、求償権の背後にある不当利得の実質、すなわち「財貨秩序に反してなされた財貨の割当ての調整」という機能については、求償関係が問題となる場面ごとの利益状況を具体的に考えて、「誰に対して財貨の本来的帰属を認めるべきであるか」を決定していく必要があると思われる。その際に、第1章でみた個別の場面をそれぞれ考慮したうえで、具体的妥当性を充たすように決定されなければならない。

2　不当利得による求償権

　第2章で検討したように、広義での他人の債務の弁済事例においては、全部義務を負う共同債務の場面、すなわち連帯債務および共同不法行為の場面では相互保証理論を介することにより、保証ひいては第三者弁済の場面に還元して、これを統一的に捉えることが可能である。そして、これらの場面における求償権の根拠は、委任、事務管理または不当利得が指摘されうる。ただし、このように他人の債務の弁済事例を統一的に捉えうるとしても、これら三つの請求権の実質的根拠が明らかとなるわけではない。そこで、前章での検討結果を踏まえて、まずは不当利得による求償権について検討する。

第3章でまとめた求償型不当利得論からすると、求償型不当利得返還請求権の実質的根拠は「三当事者関係において、財貨秩序に反して配分された不当な利得に対する矛盾を調整すること」と捉えられることになる。これを主な適用場面として指摘される第三者弁済の場面に即して具体的に検討するならば、次のようになる。そもそも求償関係は、債権者、債務者および弁済者という三者関係が問題となることを前提としている。そして、弁済される債務に関して、債務者が終局的に債務を弁済すべき義務を負っていることに対して、弁済者はそのような終局的義務を負わないといえる。それにもかかわらず、終局的に債務を負担するいわれのない第三者が債務者に代わって債務を弁済したという点で第三者に損失が生じていることに対して、本来終局的に債務を負担すべき債務者は第三者弁済によって債務を免れる結果となっている。このような状況は、第三者に帰属すべき財貨によって債務者に利得が生じており、財貨秩序に反する状況にあるといえる。このことをもって、第三者弁済による債務免除が債務者にとって不当な利得であると評価できる実質的根拠といえる。さらに、このような実質的根拠を前提とするならば、第三者弁済における求償型不当利得の機能については、財貨秩序に反する不当な利得を利得者（債務者）から損失者（弁済者）に返還させ、本来あるべき財貨秩序に適合した状態を回復させるという「財貨秩序の矛盾を調整する機能」と考えられる。

　この求償型不当利得が実際に適用されるのは、前章でまとめた適用準則からすると、特別の求償権規定が存在しない場合である。たとえば、債務者から委託を受けた第三者による弁済には委任の費用償還、また、委託を受けていない第三者が債務者の意思および利益に反することなく弁済した場合には事務管理の費用償還が適用されることになる。そこで、実際に不当利得による求償権が成立するのは、委託を受けない第三者が債務者の意思または利益に反して債務を弁済した場合である。しかし、日本では、利害関係を有しない第三者が債務者の意思に反して債務を弁済したとすると、これを民法は無効と規定している（民法474条2項）。他方で、利害関係を有する第三者は債務者の意思に反して弁済できるが、この場合には特別の求償権が予定されていることが通常である（民法372条および351条）。したがって、ドイツ

とは異なって、日本民法のもとでは実際の適用場面はほとんど生じない結果となる[8]。

この問題について、前節で述べた通り、本書との関連で重要なのは、不当利得による求償権が実際に適用される場面を探ることもさることながら、求償型不当利得の適用領域を確認することである。すなわち、特別の求償権規定との請求権競合の結果として求償型不当利得が適用されないとしても、この両請求権の実質的根拠および機能は同種のものとの予測が立つということである。そこで、次に、委任または事務管理による求償権が成立する場面を検討したい。

3 委任および事務管理による求償権

(1) 求償型不当利得から得られる視点

上述した不当利得による求償権の実質的根拠および機能の理解は、委任および事務管理による求償権についても同様に捉えられるのであろうか。まずは第三者弁済の場面を想定するならば、債務者からの委託にもとづいて第三者が弁済した場合であっても、または債務者からの委託はないが、債務者の意思および利益に反することなく第三者が弁済をした場合であっても、いずれも債務者が債権者に弁済すべき債務を第三者が弁済したという三者関係が問題になるという点において、不当利得による求償権（求償型不当利得）が問題とされる場面と共通している。そこで、このような共通性を前提とするならば、第三者弁済における各求償権の実質的根拠および機能は、求償型不当利得における実質的根拠および機能と同様の説明が可能となる。すなわち、弁済される債務に関して、終局的に債務を負担するいわれのない第三者が債務者に代わって弁済したという点で弁済者に損失が生じていることに対して、本来終局的に債務を負担すべき債務者の免責による利得が生じており、これは財貨秩序に反する状況にあるといえる。そして、この財貨秩序に矛盾する状況が生じているという実質的根拠を前提とするならば、第三者弁済に

おける求償型不当利得の機能については、財貨秩序に反する不当な利得を利得者（債務者）から損失者（弁済者）に返還させ、本来あるべき財貨秩序に適合した状態を回復させるという「財貨秩序の矛盾を調整する機能」ということになる。以上で指摘した財貨秩序に反する状況について、債務者が第三者に弁済を委託していたか否かにかかわらず、債務者が終局的に債務を負担すべき者であるという法的評価は変わらないといえる。そこで以上の視点について、委任および事務管理の費用償還請求権との関連性を念頭において具体的に検討してみたい。

(2) 委任の費用償還請求権

まず、委任の費用償還請求権に求償権の根拠を求めることの妥当性について検討する。債務者からの委託によって第三者が弁済した場合には、債務者と弁済者間に委任関係[9]が成立する。しかし、委任事務自体である弁済行為によって生じる出捐額を「費用」という概念に含めることが可能かどうかは問題である。これは、受託保証人の事前求償権（民法460条）の問題に付随して論じられることもある。保証の場面では、保証人の弁済額が「費用」に含まれるという見解が有力である[10]。民法の概念上、具体的に「費用」概念は限定されておらず、「委任にまつわる費用」というように、ある程度広く解釈する余地はあるといえよう。そこで、これが第三者弁済における求償権として実際に適用可能であるか否かを問題とすべきである。この問題を考えるにあたって、委任における費用償還請求権の法的性質ないし実質的根拠を探る必要があるが、従来これについて具体的な説明はなされていない。そこで、具体的な状況に即して検討する。

委任費用の具体例としては、売買契約の締結を委託した場合において、事務を執行するために受任者の費やした旅費などがあげられることがある。これについては、売買契約を委託するという委任契約の内容から発生する請求権というよりは、事務処理によって通常生じる一切の負担を委任者本人に帰属させるべきという視点から認められる請求権と捉えられるであろう。すなわち、事務処理によって生じる費用は本来的に委任者に帰属すべきであると

ころ、委任者に代わって事務を処理している受任者が費用を負担した場合においては、それを最終的に受任者負担とすることは受任者の財産権を侵害することになる。これは、財貨帰属秩序に対する違反状態が生じているといえる。そこで、このような矛盾した状態を調整するために受任者から委任者に対して「費用償還請求権」が認められたといえるのではないか[11]。

このように捉えるならば、「委任にもとづく費用償還請求権」は、先に述べたように「不当利得による求償権」の実質的根拠および機能と同一の性質を有する請求権であるといえる[12]。そこで、本節冒頭で述べた場面の共通性という視点からすると、委託にもとづく第三者弁済においても、債務者と弁済者間の利得を調整するために機能する求償権として、委任の費用償還請求権が適用可能であるように思われる。

ただし、このような実質的根拠および機能の点での共通性が認められるとしても、具体的な要件および効果、とりわけ「求償しうる範囲」の点で、当該規定を適用することの妥当性を問う必要が生じる。なぜなら、委任の規定が適用可能であるとしても、当事者間の利益状況を踏まえた形で妥当な要件および効果を認めるためには、具体的な場面を想定した妥当性の判断が不可欠だからである。場合によっては、債務者および弁済者間に委任関係があったとしても、求償権に関する要件または効果の点で不都合性があれば、委任の事務処理費用償還請求権を形式的に適用することには疑問が生じることになる。このような具体的妥当性については、第6章において要件・効果の問題を踏まえて検討を加えたい。

(3) 事務管理の費用償還請求権

次に、事務管理における費用償還請求権であるが、これも委任における費用償還請求権と同様に考えることが可能である。これに関しては、委任と事務管理の本質面での同質性が強調されていることも参考となる[13]。ただし、条文の規定上、委任と事務管理とでは費用償還請求権の範囲が異なっている。たとえば、委任の場合には「必要費と利息」であることに対して、事務管理の場合には「有益費」とされ、利息も含まれない[14]。この相違については、

事務の処理につき本人の委託があったか否かが影響している⁽¹⁵⁾。ただし、事務管理の費用償還請求権の範囲を委任と同じく、「必要費＋利息」と捉える見解⁽¹⁶⁾も主張されている。そこで、第6章で個別場面を念頭において求償範囲の問題を検討したい。

いずれにしても、事務管理における費用償還請求権の性質は、事務の処理にまつわる費用が本人に帰属させられるべきであり、この点で最終的な費用の負担が事務管理者に帰属させられることが財貨帰属秩序に反する点に求められる。したがって、委任と同じく「弁済」を「事務処理」に含めうることを前提とすると、第三者弁済が事務管理の要件を充たす場合には、債務者と第三者との間には事務管理の関係が成立しており、弁済者の出捐による損失に関して財貨秩序の矛盾を調整する機能を有する求償権として、事務管理にもとづく費用償還請求権の適用を認めることに問題はないと考えられる。

4　求償権の実質的根拠および機能

求償型不当利得論での適用準則をもとに、さらに議論を展開させるならば、広義での他人の債務の弁済事例における求償権の実質的根拠および機能をも求償型不当利得と同様に捉えられるのではないであろうか。

本書第2章における検討結果からすると、連帯債務および共同不法行為における求償権は相互保証理論を媒介とすることによって、保証における求償権に根拠を求めることが可能である。さらに、保証における求償権は、狭義での第三者弁済における求償権と同じく、形式的根拠として委任、事務管理または不当利得を指摘することになる。さらに突き詰めるならば、第2章第3節および第3章第4節で検討したように、保証債務の性質は、保証人と債権者との関係で債権回収機能を強化したという特徴を有するものではあるが、その実質は他人の債務の弁済にほかならないとみるべきである。その結果、保証人の求償権は狭義での第三者弁済における求償権の実質的根拠および機能へと還元することが可能となる。このような統一的な枠組を念頭において求償型不当利得の適用準則は展開されており、財産法の体型と不当利得

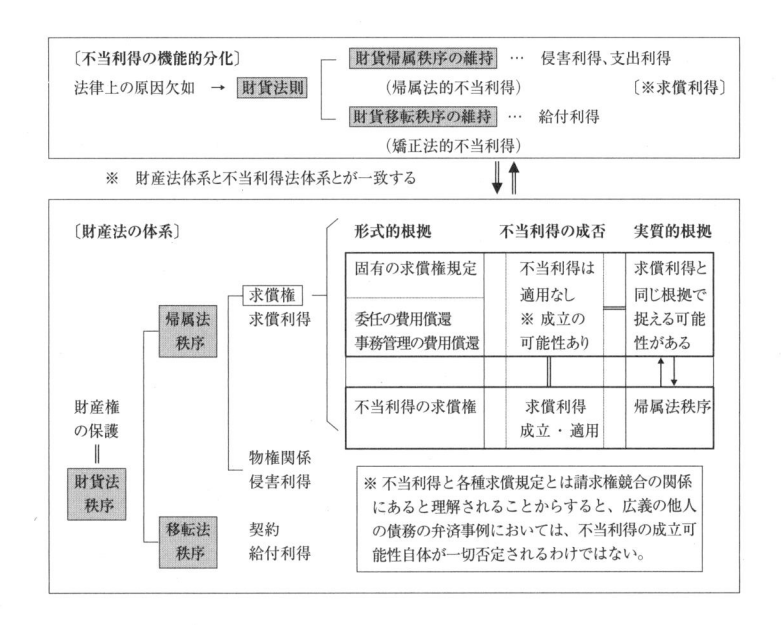

【図表3】 実質的根拠および機能面での求償権の統一的把握・概略図

法の構造とは求償権の分野でも一体性を有するといえる(【図表3】を参照)。これをもって、本書における第二の課題への解答としたい。

以上からすると、求償権が問題となりうる広義での他人の債務の弁済事例は、全部義務を負う共同債務においては相互保証理論を媒介とすることによって、他方の負担部分については、まさに他人の債務を弁済した場面として共通の枠組で捉えることが可能である。そこで、すべての求償場面における求償権の実質的根拠および機能については、求償型不当利得論の分析視点から、債権者・債務者・第三者(弁済者)という三当事者関係において、第三者が債務者に代わって債務を弁済したという財貨秩序に反する不当な利得を利得者(債務者)から損失者(弁済者)に返還させ、本来あるべき財貨秩序に適合した状態を回復させるという「財貨秩序の矛盾を調整する機能」と捉えるべきである。

第3節　求償権統一化の可能性と必要性

　第2章および本章第2節での検討によって、序章で設定した二つの課題に対する一定の解答が得られた。第一に、求償権に関する従来の議論を客観的かつ横断的に検討することによって、求償権の実質的根拠および機能面に強度の類似性が認められることを指摘した。すなわち、第三者弁済の場面のみならず、保証および物上保証、さらには使用者責任の場面も含めて、「他人の債務を弁済した場面」という共通性を有するということである。さらに、これは連帯債務や共同不法行為といった複数全部義務者の場面でも、相互保証理論を媒介とすることによって、他の全部義務者の負担部分については「他人の債務を弁済した場面」として共通性を有しうるということである。以上から、広義での他人の債務弁済事例においては、共同債務者が全部義務を負う場合には相互保証理論を媒介として保証を指摘しつつ、さらには保証を条件付の第三者弁済とみうることからすると、求償権の統一的根拠は究極には狭義の第三者弁済における求償権の根拠に求められることになる[17]。具体的には、債務者と弁済者との内部関係に従って、①債務者と弁済者間に意思的要素の介在する場合には「委任の費用償還請求権」、②意思的要素が介在しないが、債務者の意思および利益に反しない場合には「事務管理の費用償還請求権」、③債務者の意思または利益に反する場合には「不当利得の返還請求権」が指摘される。
　第二に、このような共通性を背景にして、三つの求償権の実質的根拠および機能を分析的に捉え直すならば、事前求償権を除いて、それぞれの求償権の実質的根拠を「財貨秩序に反してなされた財貨の割当ての調整」という財貨法則に求めることが可能である。すなわち、終局的に債務を負担すべきではない第三者が債務者に代わって債務を弁済したという点で損失が生じている一方で、本来債務を弁済すべき債務者が免責されたという点で財貨秩序に反する不当な利得が生じているところ、これを利得者（債務者）から損失者

（弁済者）に返還させることによって、本来あるべき財貨秩序に適合した状態を回復させるという「財貨秩序の矛盾を調整する機能」を有する権利が求償権であるといえる。このように実質的根拠および機能面での共通性を確定しうるならば、求償関係が問題となる場面に強度の類似性があると認められる。このように第二の課題である「求償権と不当利得との関係」については、権利の機能面での財貨秩序の矛盾調整という原則から「不当利得による求償権」が導かれるのみならず、広く他人の債務を弁済した場面が求償型不当利得の問題領域であるということから、債務者による委託によって債務を弁済をした場合、そして委託はないが債務者の意思および利益に反しない場合についても、同じ実質的根拠から求償権が導かれ、その有する機能は同一であるといえる。さらには、保証や連帯債務の求償権規定に関しても、その実質的根拠および機能は同様のものと捉えられる。

　以上のように、求償型不当利得の判断枠組の分析を踏まえて、とりわけ求償権の実質的根拠および機能面での強度の類似性を合わせ考えるときには、固有の求償権のみならず、求償型不当利得返還請求権をも含めた求償権の実質的根拠および機能面に「同質性」が存在するというべきである。そうであるならば、そこから導かれる要件および効果論をも含めた各求償権の判断枠組は共通の枠組のなかで捉えられるべきであり、求償権の判断枠組を統一的に把握する必要性が認められるといえよう。

　さらに言えば、このような統一的把握の視点からすると、各求償場面で個別に問題とされていた求償権に関する様々な解釈問題に対して、各場面を通して比較の基盤を整備することができる。すなわち、広義での他人の債務の弁済事例において、求償権の実質的根拠および機能が同質性を有していることからすると、求償権の判断枠組は「基本的」には同一の規準で判断されるべきことになる。ただし、場面によっては他人の債務を弁済するに至った債権者との外部的関係に相違点も存在する。そこで、個別の場面を検討することによって相違点が認められ、かつこの相違点を反映させた解釈が必要と判断されれば、「例外的」に場面ごとに異なった解釈が必要になるといえる。従来は、場面ごとの相違点ばかりが強調された結果として、本質的な面で同質性を有する場面であるにもかかわらず、統一的な枠組の構築ないし比較の

視点が意識されてこなかった。このことが現在のような求償にまつわる議論の錯綜する大きな原因となっていると考えられる。あくまでも基本は共通の枠組での統一的解釈であって、それによって他の求償場面との比較の基盤を整備することが可能となる。この基盤整備をもとにして、はじめて個別の相違を反映させた適切な解釈も可能となるといえよう[18]。

以上から、求償権の実質的根拠および機能面を中心とした検討から「同質性」を導き出したことによって、求償権の判断枠組を統一化する可能性があるというのみならず、そのように捉え直すべき必要性が提示できる。

注　第4章

(1) 林良平「弁済による代位における求償権と原債権――信用保証委託契約を中心として」金法1100号（1985年）52頁。

(2) なお、第3章でまとめた通り、当該見解は「財貨帰属法型」と「負担帰属法型」という両類型の実質ないし機能を同様のものとして捉えているようである。四宮和夫『事務管理・不当利得』現代法律学全集10-ⅰ（青林書院、1981年）52頁注（1）参照。

(3) 四宮和夫『不法行為』現代法律学全集10-ⅱ（青林書院、1985年）791頁参照。

(4) 四宮・前掲注（3）『不法行為』710-711頁参照。

(5) 潮見佳男『債権総論Ⅱ――債権保全・回収・保証・帰属変更』（信山社、第3版、2005年）277-278頁、481-482頁および568-573頁。

(6) 潮見佳男『不法行為法』（信山社、1999年）426頁参照。

(7) 潮見・前掲注（5）『債権総論Ⅱ』572-573頁参照。

(8) 第三者弁済における適用場面は、利害関係を有する第三者が債務者の意思に反する弁済をなした場合である。ただし、この場合でも物上保証人の求償権規定（民法351条、372条）など、特別の求償権規定が存在しており、このような特別の規定がない場合は実際にはほとんど考えられない。

(9) 委託の内容である「弁済」が「法律的な事務の処理」といえるか否かによって、委任とする見解と準委任とする見解とがある。しかし、委任と準委任とで法的効果が異ならないことに鑑みると、特に区別の実益はないと考え

られる。問題は、弁済が「事務処理」にあたるか否かであるが、「事務処理」は相当広く捉えられており、弁済も「他人の事務処理」にあたるものと考えられる。

(10) 我妻栄『新訂 債権総論』民法講義Ⅳ（岩波書店、1964年）491頁、柚木馨「保証人の求償権をめぐる諸問題（上）」金法261号（1961年）24頁、於保不二雄『債権総論』法律学全集20（有斐閣、新版、1972年）278頁、奥田昌道『債権総論』（悠々社、増補版、1992年）404頁、ほか参照。これに対して、明確に反対する見解としては、米倉明「判批」法協109巻4号（1992年）709-710頁、高橋眞『求償権と代位の研究』（成文堂、1996年）52頁参照。
(11) 委任契約の内容に「費用償還条項」を付加していたとしても、その請求権自体の属性は変わらないといえよう。
(12) 林・前掲注(1)金法52頁、潮見・前掲注(5)『債権総論Ⅱ』277-278頁参照。
(13) 四宮和夫「委任と事務管理」『四宮和夫民法論集』（弘文堂、1990年）121頁以下〔初出・谷口知平教授還暦『不当利得事務管理の研究(2)』（有斐閣、1971年）299頁以下〕参照。
(14) 加藤雅信『事務管理・不当利得・不法行為』新民法大系Ⅴ（有斐閣、第2版、2005年）18頁。
(15) 四宮・前掲注(13)「委任と事務管理」136-137頁参照。
(16) 我妻栄『債権各論下巻一』民法講義Ⅴ4（岩波書店、1972年）919頁、三宅正男『新版注釈民法(18)』（有斐閣、1991年）294頁、四宮・前掲注(2)『事務管理・不当利得』30頁、ほか参照。
(17) 本書では、狭義の第三者弁済が他人の債務の弁済事例の本質的場面にもっとも近い場面であると捉えている。ただし、狭義の第三者弁済も民法474条による一定の要件のもとに認められることからすると、他人の債務の弁済事例の本質は、このような要件をも外したものである必要があるだろう。
(18) のちの第6章では、ここで指摘した視点に立って個別場面の検討を行う。その際に、序章で述べた求償権にまつわる具体的な問題点にも一定程度言及したい。そのうえで、求償制度の概略および展望を提示したい。

第5章

錯誤無効の場面における求償権

第1節　緒論

　これまで、他人の債務が有効に弁済された場合を念頭において、弁済者から債務者への求償権を検討してきた。これに対して、第1章の学説の分析に際して民法707条における求償関係に触れたように、他人の債務の弁済が錯誤で無効な場合においても求償権が問題となりうる。すなわち、同条1項に規定される債権者を保護すべき一定の場合には、弁済者から受領者に対する給付物の返還請求が制限され、その結果として、弁済者から債務者に対する求償権（求償型不当利得）が認められることになる（同条2項）。ただし、これまで当該求償権に関してほとんど議論されておらず、なぜ求償権が認められるかという理論的根拠は明らかでない。他方で、ドイツにおいては日本民法707条に対応する規定は存在していない。しかし、第3章で触れたように、「誤想弁済者の選択権理論」として不当利得の解釈論のなかで、日本のように一定の場合に制限されず、より一般的な形で議論が展開されている。そこで、本章では、ドイツにおける当該理論を明確化することによって、錯誤無効の場面における求償型不当利得（不当利得による求償権）の成否を検討する。

　ドイツでは、錯誤によって自分が債務者であると誤信して他人の債務を弁

済した者（以下では「誤想弁済者」と称する）が、給付を受領した債権者（以下では「受領者」と称する）に対する不当利得返還請求権（いわゆる「給付型不当利得」）のほかに、真の債務者に対する不当利得返還請求権（いわゆる「求償型不当利得」）を行使できるかが問題となっている。たとえば、ある者が自己の飼犬が他人に噛みついたと思って損害を賠償したが、実際には他者の犬が噛みついていた場合や、交通事故の共同加害者の一人が損害を賠償したが実際には他の加害者のみが責任を負っていた場合などが例としてあげられる。これらの場合に求償型不当利得を肯定する実益は、とりわけ受領者が無資力状態である一方で、真の債務者に資力がある場合に存在するといわれる。この問題について、連邦通常裁判所（以下、BGH と略称する）では、誤想弁済者から真の債務者に対する求償型不当利得を肯定する裁判例がみられる。

ところで、日本では、錯誤無効の場面の一般論として展開される選択権理論についてはほとんど議論されていない[1]。その理由として、不当利得の類型論および錯誤の効果に関する日独間の理論的背景の相違が影響しているものと考えられる。そもそも当該問題は、ドイツでは、不当利得の類型論を背景としつつ、三者間不当利得の一場面として議論が展開されてきた。すなわち、上述の「給付型不当利得」と「求償型不当利得」という二種類の不当利得が観念されることを前提として[2]、これらの不当利得の選択的行使関係が三当事者間（誤想弁済者、受領者、真の債務者間）で問題とされている。これに対して、日本の学説では不当利得を類型的に考察することは近時の傾向である。また、三者間不当利得も最近になって意識的に議論されはじめたといっても過言ではない。それゆえ、当該問題は日本でこれまで本格的に議論されてこなかったといえよう。

他方で、日独間の錯誤に関する効果の相違からも、当該問題は日本で展開しがたい面があったように思われる。すなわちドイツの議論は、錯誤弁済を弁済者が取消さずに追認することで、真の債務者への求償型不当利得を問題としている。これに対して日本民法典では、錯誤の効果は取消ではなく無効である点に違いが存在する。ただし日本でも、錯誤無効の効果を取消に近づけることが近時の通説であり、ドイツの議論とパラレルに考察することが可

能となっているように思われる。

　ところで、錯誤での弁済事例には、①誤想弁済者と受領者とが共通して錯誤に陥っていた場合のみならず、②誤想弁済者のみが錯誤に陥っていた場合があげられることがある[3]。①の共通錯誤の場面では、債務の弁済給付関係は誤想弁済者と受領者間に確定することに異論はなく、給付関係の当事者決定規準は特に問題とされていない。しかし②の場合には、債務者本人からの指図があると思って債権者に給付したところ指図に瑕疵があった場合や、債権者の代理人と契約をしたと思って債権者本人に給付をしたが、代理権がなかった場合[4]が含まれる。これらの場合には、受領者（債権者）は仲介者による給付を受領したと思っているので、債務に関して錯誤に陥っているとはいえない。そこで、給付関係が受領者と真の債務者間にあるのか、給付者（誤想弁済者）と受領者間にあるのかが問題とされることになる[5]。BGH は受領者視角説を採るとされるが、給付者視角説を採って誤想弁済者から受領者への給付不当利得を認める見解も有力である[6]。②の場面で給付者視角説を採るならば、本章で扱う真の債務者への求償型不当利得の選択的行使を問題としうることになる。しかし、給付関係の当事者決定規準自体が困難な問題を含んでいることから、②の場面でも選択権が問題となりうることを指摘するにとどめ、本章では誤想弁済者の選択権に関する典型的事例と考えられる①の共通錯誤の事例を中心に検討を進めたい。

　以下では、まず第2節でドイツの判例を分析し、誤想弁済者による選択権が実際に問題とされる場面、および判例の判断枠組を検討したい。これにより、本章で扱う問題状況が明確化される。続く第3節では、理論構成の面に主眼をおいてドイツの学説を検討する。そして第4節では、日独間の規定形式および解釈の相違を踏まえつつ、日本で選択権理論を展開する必要性、およびその論理構造を明らかとしたい。具体的には、①誤想弁済者による選択権の行使場面、②選択権行使に関連する二種類の不当利得の関係を解明し、③日本での選択権行使の可否を検討する。

第2節　ドイツの裁判例

1　序説

ドイツでは、前述のいわゆる「イジールハイム事件」を契機として、誤想弁済者の選択権が学説上意識的に議論されるようになった。これを受けて、当該問題に言及する判決がいくつか出されている。そこで、まずはこれらの判決を検討することによって、いかなる事実状況のもとで選択権理論が問題とされうるのか、そして、当該問題に関してどのような判断が下されているのかをみていくことにしたい。

2　分析

【判決1】　BGH NJW 1964, 1898（1964, 7, 14）

　a　事実の概要　詳細は不明だが、原告（X）と被告（Y）とが交通事故を惹き起こし、被害者を死亡させた。被害者の遺族に対する損害賠償に際して、Xは道路交通法（StVG）12条1項1号および2項に定められる最高額の範囲内でのみ責任を負担すればよかったにもかかわらず、その負担部分を超える額を遺族の社会保険事業者（訴外A）に対して支払った。このような状況のもとで、複数加害者の一人Xは他の一人Yを相手取って、自己の負担部分を超える額の清算を求めて訴えを提起した。

　b　判旨　BGHはXのYに対する不当利得の返還請求を肯定した。①まず、複数加害者間の清算にあたって、XとYはそれぞれ2分の1の割合で責任を負担すると判断した。そのうえで、各加害者の負担する金額が

StVG による最高額を超える限りにおいて、各自の負担額はその最高額の範囲内に縮減されるとした。②そして、X が自己の債務に関する誤った認識のもとで A に自己の負担部分を超えて賠償金を支払った場合には、まずは受領者 A への不当利得が検討されるとする（BGB814 条参照）。③他方で、X が Y のためにも給付を調達するつもりであったなら、第三者弁済（BGB267 条）の問題となるにすぎないことを指摘し、本件では X の意思は明らかにされていないとする。次に、④かりに有効な第三者弁済にあたらないとすれば、X が「給付受領者に対する不当利得返還請求権を放棄するということ、そして、事故による損害を賠償するために調達した給付について、原告（X）の債務の最高範囲を超える限りで、事故で責任を負った被告（Y）のためにそのような給付をしたとみなすべきであると明示するか、または事後的に説明することは妨げられないであろう」と述べた。そしてこのような方法で、X の給付によって Y が債権者からの請求を免れた場合には、本来的に Y に義務づけられた給付を X が調達したことによって、Y は根拠なく利益を得たとする。⑤さらに、複数加害者間でこのような清算を認める実益について、加害者の一方が他方に先立った損害賠償を差し控えるという不当な結果を回避することになるとした。

【判決 2】 BGHZ70,389（1978,2,23）

a 事実の概要 建設会社を営む原告（X）は、W 市に 18 軒の一戸建て住宅を建築する際、被告（Y）に仕事の下請けを委託した。住宅完成後、X による住宅販売契約書の中で瑕疵担保責任について、「所定の引渡しが完了した時点で、買主は瑕疵修補請求から売主（X）を免責」し、「それと同時に、売主が各下請会社に対して有するすべての瑕疵担保請求権を購入者に譲渡する」と定められた。その後、当該住宅を購入者が受領したところ、その内の 6 軒で水漏れなどの瑕疵が見つかった。そのため、購入者達が X に対して瑕疵の修補を強く要求したところ、X は書面による意思表示で「可能な手段のすべてをもって全力で、責任者によって当該瑕疵の修補をできる限り迅速に完遂させる」という義務を負担した。ところが、Y が修補をなさなかったの

で、結局のところXが必要な措置を取った。そこで、XはYに対して瑕疵修補費用および利息を請求した。第一審および控訴審は、Xの訴えを退けた。Xが上告。

b 判旨　　破棄・差戻し。BGHは、①まず、Xの有する瑕疵修補請求権が特約によって有効に購入者へと移転していることから、XはYへの契約上の瑕疵担保責任は追及できないとする。次いで、契約外の責任追及手段として、②まず事務管理について、Xに他人のために事務を管理する意思は認められるものの、本人Yの意思に明確に反することから、その成立を否定した。しかし、③XからYへの不当利得は、有効な第三者弁済の問題としてBGB267条および812条にもとづいて直接認められるとした。その理由であるが、第三者弁済における求償が認められるためには、「第三者が少なくとも真の債務者のためにも給付を調達しようと思っていたこと」が必要であるところ（前記【判決1】引用）、本件では当該意思が認められるとする。すなわち、Xは自己の義務を履行するために瑕疵を修補したのではなく、書面による意思表示から判断して、Yの義務を履行する意思で瑕疵を修補したとする。他方で本判決は、前記【判決1】を参照して、錯誤で他人の債務を支払った場合の事後的な弁済決定の問題にも言及するが、その当否には触れていない。

【判決3】　BGH NJW1978,2392（1978,4,18）

a　事実の概要　　10歳のBは、祖母（被告Y）との散歩中に、責任保険会社（原告X）に加入するSの自動車にはねられ、重傷を負った。被害者Bの提起した前訴において、SおよびXは、20パーセントの割合で共働過失（過失相殺:Mitverschulden）によって減額された範囲で損害賠償義務を負わされた。しかし、前訴裁判所は祖母Yの過失行為を考慮に入れていなかった。そこで、Xは本件訴訟を提起し、連帯債務者間の求償規定（BGB426条）を根拠として、Xが前判決にもとづいて支払った金額の半分の支払をY

に求めるとともに、将来にわたってYがXと同額を支払うことの確認を求めた。第一審はこれを一部認容したが、控訴審は完全に訴えを退けた。そこで、Xが上告。

b 判旨　　破棄・差戻し。①まず、前訴裁判所が祖母Yの監督義務上の過失を被害者Bの過失と同視する「帰責単一体（Zurechnungseinheit）」という考え方を採用せず、Bの過失のみを考慮して2割の過失相殺しか認めなかった点に疑義を認めた。②そのうえで、Xが自己の負担部分を超えて、Yの負担すべき部分をも含めて過分の支払をなしたとしても、連帯債務者間の求償規定は適用されないとした。③ただし本件では、Xが前訴判決を信頼したことによって、B-Y間の帰責単一体という関係を見誤って過払をなしたことを強調して、前記【判決1】を引用して、XからYへの不当利得返還請求権は基本的には排除されないと判断した。

【判決4】　BGHZ75,299（1979,11,8）

a 事実の概要　　被告（Y）は、工事現場で労働者に清掃業務を行わせていた。その労働者は、原告（X）に雇われて現場に派遣され、Xから賃金を得ていた。これに関して、X-Y間の契約書では、「労働者派遣契約」ではなく「請負契約」との文言が使用されていた。このような状況のもと、YがXに報酬を支払わなかったので、Xは当該契約にもとづいて、他方でそれが認められない場合には不当利得を根拠として、未払報酬額および利息の支払を求めた。これに対して、Yは当事者間の申合せが労働者派遣に関する法律（AÜG）に違反していて無効であるとして、支払を拒絶した。また、Xが当該法律違反を知っていたということから、不当利得も認められないと主張した。第一審はXの訴えを認容したが、控訴審は訴えを却下した。そこで、Xが上告。

b 判旨　　破棄・差戻し。BGHは、①まず、X-Y間の契約は「請負契約」という文言にとらわれず、実質的に労働者派遣法（AÜG）の適用

される「労働者派遣契約」に該当すると認定したうえで、当事者間の取決めは当該法律に違反し、無効であるとした。②次に、Xが法律上の禁止規定違反を知りながらも労働者を派遣したことから、労働者の職務に代わる不当利得法上の価値賠償も認めなかった（BGB812条2項）。③しかし、Xが労働者に支払った賃金およびその他の物の引渡しがあった限りで、Yへの不当利得法上の清算請求は認められるとした。これに関して、有効な第三者弁済（BGB267条）における求償権が認められるには、基本的にはXに他人の債務を弁済する意思が必要であり、かつそれを明示的に表明する必要があるとする。そのうえで、前記【判決1】を参照して、選択権の問題に触れる。結果的に、本件では「労働者保護」の視点が強調され、Xによる労働者（受領者）への賃金の返還請求が認めらるべきではないことから、Yへの不当利得による清算が正当化されると判断した。

【判決5】　BGH NJW1983,812（1983,1,18）

a　事実の概要　　自動車修理工場を営む原告（X）は、被告（Y）によって製造された二柱自動車リフトに必要な部品を小売商から購入して、工場内に自身で設置し、使用していた。購入から3年後、修理のためにXに引渡されていた自動車が、修理作業中に当該リフトから転落し、ひどく破損した。Yはリフトの損害については賠償したが、その他の損害賠償は拒絶した。そこでXは、自動車の破損原因がリフトおよび荷台の主要部分の製造上の欠陥にあると主張して、自動車の修理費用の賠償、自動車の所有者（A）が修理期間中に借りたレンタカー代金の賠償、さらにリフトの使用不能にもとづく損害の賠償をYに請求した。第一審は、修理費およびレンタカー代については全額の賠償を認め、リフトの使用不能からくる損害については一定の範囲で認容した。Yの控訴により、控訴審はXの訴えをすべて棄却した。そこで、Xが上告。

b　判旨　　一部破棄。BGHは、①まず、YのXに対する不法行為責任は認めなかった。②しかし、リフトに構造上または製造上の欠陥が認め

られる場合には、Yが当該欠陥に関して過失を負っていないことを証明できなければ、YはAに対して損害賠償の義務（BGB823条）を負担するとした[7]。③そして、XがYのためにする意思でAへの損害を賠償しようとしたことから、有効な第三者弁済における求償の問題であるとした（前記【判決2】引用）。なお、Xがたとえ自己の債務であると誤信してこの賠償義務を給付したとしても、Xは「自己がAに対する不当利得返還請求権を放棄すること、および、その責任を負うYのために給付を調達したとみなすべきこと」を現時点で明示するか、または事後的に説明することができる（前記【判決1】引用）、とした。そこで、自動車修理費の賠償、ならびにレンタカー代金の賠償の限りで、XのYへの不当利得が認められると判断した。

【判決6】　BGH NJW1986,2700（1986,5,15）

a　事実の概要　　被告（Y）の娘（A）は、1977年11月10日、音楽学校に向かう途中で交通事故に遭遇した。傷害保険会社（原告X）が、Aの治療費の支払を引き受けた。その後、当該事故は、AがE市にある私立の音楽学校に行く途中に起こったものであって、Xが当初思っていたような公立の小学校に行く途中の事故ではないことが判明した。そこでXは、1978年3月22日に、「私立の音楽学校への通学は法律上の傷害保険による保護には該当しない」とYに告げたうえで、すでに治療費として支払った給付額の返還をYに請求した。第一審は、Xの請求を認容した。これに対して控訴審は、Xの請求を棄却した。そこで、Xが上告した。

b　判旨　　破棄、差戻し。①まず、事務管理にもとづく請求権は、Xがもっぱら自己の事務のみを処理しようとしていたことから否定した。②しかし、XのYに対する不当利得返還請求権は認められると判断した。その際、本件は有効な第三者弁済の事案ではないことを示したうえで、誤想弁済者Xにつき明示的に「選択権」を肯定した。その理由として、まず「学童への傷害保険による保護に関する特別法によれば、XはAに対して保険給付を調達する義務を負担していないので、Xの支払によってAが不当な

利益を得た」とする。そのうえで、XがYに対して「自己のAに対する不当利得返還請求権を放棄し、錯誤による自己の給付がYのために調達されたとみなされるべきである」と告げていたことから、Xは、Aへの扶養義務を負うYのために、BGB267条にもとづいて治療費の支払をなしたと結果的に判断しうるとする。それゆえ、XはYに対して求償権を取得しうるとした。これに続けて、錯誤給付の場合における弁済決定の事後的変更の可否について、先例および学説をあげて詳細に論じる。とりわけ、BGHはこれまで、BGB267条、812条にもとづく不当利得返還請求権を「第三者が、少なくとも真の債務者のためにも給付しようとした場合」にのみ認めてきたとし（前記【判決1】、【判決5】）、他人の債務を錯誤で履行した場合に、事後的な弁済決定が肯定されるか否かは未解決のままであるとする（前記【判決3】）。本判決は、信義誠実の原則（BGB242条）が不当利得の場面では特別な意味を有しうることを理由として、少なくとも当該事例においては、各当事者の具体的な利益衡量のもとにXの事後的弁済決定を肯定しうると判断した。

【判決7】 KG NJW1985,1714（1984,3,19）

a　事実の概要　　原告（X）と被告（Y）は、1970年11月以降、同じ賃貸アパート一階にある別々の部屋で暮らしていた。Xが、1980年4月に当アパートから退去する際に、電力会社（B社）による配電線接続ミスによって、XとYの部屋の電気メーターが取り違えられていることが判明した。Yは、メーターが取り違えられていたすべての賃貸期間においてXよりも電力消費量が多かったにもかかわらず、Yに割当てられた電気料金は本来Xに割当てられるべき低額なものであった。そこでB社は、1979年2月6日までの超過支払分については遡ってXに返還した。しかし、1970年11月9日から1979年2月5日までの超過支払分については返還しなかった。そこで、Xは訴えを提起し、不当利得の観点から、1979年2月までの超過支払分の返還をYに対して請求した。第一審はXの訴えを認容した。そこでYが控訴。

b 判旨 KGは、Yの控訴を認めた。①まず、X-B社間に電力供給契約関係が存在することから、Xの超過支払分の返還請求権は、電力供給に関する特別法（Allgemeinen Bedingungen für die Elektrizitätsversorgung von Tarifkunden）21条1項によってX-B社間で認められるとする。その際、XのB社に対する当該返還請求権は、同法21条2項によって、行使期間が長くとも2年に制限されるとする。②他方で、Xが支払った債務はX自身が負っており、かつ、Xはもっぱら自己の債務を履行しようと思っていた反面、B社もXに料金を適切に割当てていると理解していたとする。したがって、Xが有効な第三者弁済としてYの債務を弁済したとは認められないとする。③次に、錯誤による他人の債務の弁済の問題を取りあげ、BGB242条の範囲内で誤想弁済者が弁済決定を事後的に変更する権限を肯定する可能性を指摘する（前記【判決1】ほか）。ただし、本件では、B社のYに対する電気料金不足分の請求権が時効によって行使不可能となっていることから、YはXの超過支払によっては何も財産的利益を得ていないとする。また、XがB社に対するあらゆる請求権を一義的かつ最終的に放棄したとは認められないとも指摘する。したがって、本件のXは弁済決定の事後的な変更権を有しないものと判断する。

3 検討

まず【判決1】では、交通事故における複数加害者の一人が錯誤で自己の負担部分を超えて損害賠償を支払った事案において、傍論としてではあるが誤想弁済者の選択権を肯定している。当判決の判断枠組としては、Ⅰ）まず「他人のためにする意思があるか否か」が問題とされ、その意思があれば有効な第三者弁済（BGB267条）における求償の問題になるとする。Ⅱ）しかし「他人のためにする意思」がなければ、誤想弁済者による弁済の問題となり、ⅰ）まずは「受領した債権者に対する給付型不当利得」が問題になるところ、ⅱ）「このような受領者に対する不当利得を放棄すること、かつ真の債務者のために当該給付をなしたと明示するか、または事後的に説明すること」によっ

て真の債務者に対する求償型不当利得が行使可能となる、というものである。この判断枠組が、のちの裁判例に影響を与えている。

　【判決2】では、建設工事の請負人と下請人との関係で、下請人が発注者に負担すべき瑕疵担保責任を請負人が代わりに履行したが、第三者弁済の意思が不明確であった事例において、【判決1】を引用して、誤想弁済者の選択権の問題に触れる。その際に、請負人に他人（真の債務者）の義務を履行する意思があったと認定することで、上記Ⅰ）有効な第三者弁済の事例であると判断している。その結果、上記Ⅱ）誤想弁済者による選択権については判断していない。また、【判決3】では、交通事故の加害者と被害者側の監督者の過失とが競合した事例において、加害者が自己の負担部分を超えて損害賠償を支払った場合に、誤想弁済者による真の債務者への求償型不当利得の可能性を指摘する。ただし、当判決は【判決1】を引用するだけで、その論拠は明確にされていない。続く【判決4】では、労働者派遣に関する法律に反することを知りつつ派遣者が労働者を派遣し、被派遣者の支払うべき賃金を派遣者が支払ったという事案において、【判決1】を引用しつつ、「労働者保護」という特殊の考慮から被派遣者（真の債務者）への求償型不当利得が肯定された。さらに【判決5】では、自動車修理用リフトの欠陥によって自動車が破損した場合に、リフトの製造業者が自動車所有者に対して負担すべき損害賠償責任を修理業者が錯誤で支払ったという事案において、【判決1】を引用して、同様の判断枠組を示している。

　以上の流れを受けた【判決6】では、BGHは誤想弁済者による真の債務者への求償型不当利得の行使を正面から肯定した。この判決は、交通事故の際に、被害者に対して扶養義務を負う父親の債務を保険会社が錯誤で支払ったという事案において、保険会社から父親への求償型不当利得の行使を肯定している。その際、上記【判決1】を引用し、Ⅰ）保険会社に他人（父親）のためにする意思がなく、有効な第三者弁済の場面ではないことを示したうえで、Ⅱ）ⅰ）保険会社（誤想弁済者）が被害者（受領者）に対して給付型不当利得を有することを認め、ⅱ）保険会社がこの給付型不当利得を放棄することで、父親（真の債務者）への求償型不当利得を肯定している。さらにこの判決からは、被害者である受領者保護の視点が見て取れる。なお、当該

事件に対しては、子の交通事故に関する社会福祉法による特別の考慮[8]から選択権が肯定された判決であり、判例として一般化すべきではないと評するものがある[9]。

最後に【判決7】では、控訴審レベルではあるが、誤想弁済者による選択権の行使が否定されている。これは、電力会社の誤配線によって、アパートの一住人のメーターと隣人のメーターとが取り違えられ、片方の住人が本来支払うべき額よりも高額な他方住人の料金を一定期間支払い続けたという事案である。その際、電気料金に関する特別法によって電力会社の料金請求権が短期消滅時効にかかっており、真の債務者には利得が存在していないことを理由として、誤想弁済者による求償型不当利得の行使が否定された。

以上の検討から、BGHは誤想弁済者による求償型不当利得の選択的行使に好意的であるといえる。しかし、【判決1、2、5】は、第三者弁済の意思が不明確な場合に、いずれも第一に「有効な第三者弁済における求償の可否」を問題とすべきことを指摘しており、誤想弁済者の選択権についてはあくまで傍論として述べているにすぎない。他方で、【判決3】では前訴判決の判断ミスを考慮して、また【判決4】も労働者保護という特殊の考慮が働いたことにより、論拠を明確にしないまま誤想弁済者の選択権行使を肯定している。さらに、この問題を正面から肯定する【判決6】も、社会福祉法上の考慮が働いているという点で事例判決と評価されうる。そこで、BGH判例として誤想弁済者の選択権理論を「一般的に肯定している」と捉えることには現段階では慎重であるべきといえよう。

他方、選択権行使の理論的根拠については、【判決1】および【判決6】が一定の判断枠組を提示しているとはいえ、かならずしも明らかとはいえない。そこで、ドイツにおける学説の展開をみていきたい。

第3節　ドイツの学説

1　序説

　誤想弁済者による選択権の問題は、古くはドイツ普通法時代に議論の萌芽がみられるが[10]、その後長らく問題とされてこなかった[11]。しかしフルーメが、冒頭で触れたイジールハイム事件に対する判例評釈の中で選択権理論に言及し、これを肯定して以来、議論が再燃した。この肯定説が前述の諸判決にも影響を与えている。その一方で、選択権を否定する見解も有力に主張されている。さらに、否定説による批判を受けた形で、選択権を限定的ないしは修正して肯定する折衷的見解が主張されている。以下では、このような学説の主張内容を詳細に検討する。

2　肯定説

　フルーメ[12]は、誤想弁済者による弁済給付の場合であっても、債権者の立場からみれば、「自分の債権への履行そのもの」として給付を受領したと評価できるとする。そこで、債権者は受領後に当該給付を否定すべきではないという。また真の債務者の立場に立っても、誤想弁済の場合と有効な第三者弁済の場合との類似の利益状況から、他者が自己の債務を履行したことに反対すべきではないとする。そこで、誤想弁済が真の債務者による有効な債務の履行とみなされるべきか否かは、もっぱら給付者の利益状況次第であるとする。そのうえで、誤想弁済者が自己の債務履行を第三者弁済として有効とみなす場合には、真の債務者を債務から解放することになるので、誤想弁済者から真の債務者への求償型不当利得を肯定すべきであると結論づける。

　次いでテーメ[13]は、非権利者による処分に対する権利者の追認に関する

規定（BGB362条2項、185条2項）を根拠として、誤想弁済者による給付の場合にも給付の事後的な表明によって第三者弁済の要件を回復しうるとする。そして、追認の遡及効によって（BGB184条）、誤想弁済者による給付の時点で遡及的に効果が生じるものとし、有効な第三者弁済の場合と同じように真の債務者に対する不当利得が発生するという。

これに対して同じ肯定説に立つケメラー[14]は、誤想弁済者の弁済に関して、まずは受領者への不当利得を基本としつつも、受領者が支払不能、外国在住、または所在不明の場合には、真の債務者への不当利得を認めるべきであるとする。その根拠として、誤想弁済の受領者が破産した場合に、誤想弁済者の給付型不当利得については配当金を受けうるだけであることに対して、受領者の破産管財人は改めて真の債務者に全額請求できる点を指摘し、結果的に破産者が二重に支払を受けるに等しくなることを不当とする。また、給付不当利得の際に行為基礎の喪失が問題となるところ、これを一方的に放棄し、給付を正当なものとみなすことができるとして、取消の際の追認に関するBGB144条の類推適用を主張する。なお、本来の債務が時効または除斥期間によって消滅した場合には、真の債務者が請求権の主張を予測する必要がまったくなかったという点で、真の債務者の利益が優先され、誤想弁済者はこの者への不当利得を行使できないとする。

最後にケーニッヒ[15]は、誤想弁済者の内心に着目して選択権を肯定する。すなわち、通常は他人の債務を意識的または錯誤で履行することはあまりなく、むしろ多数当事者の関与する交通事故の場合などで、彼自身が加害者（債務者）であるか他人が加害者であるか疑いをもちながらも弁済せざるをえない場合があることを指摘し、選択権を肯定すれば訴訟上で債務者の内心を問題とする必要がないことを強調する。

3 否定説

ローレンツ[16]は、次のように、真の債務者、受領者（債権者）、受領者破産の場合の破産債権者の利益に反することを指摘して、選択権を否定する。

まず真の債務者の不利益について、たとえば本来の債務が時効にかかる場合や、真の債務者が債権者に反対債権を有し、自己の債務と相殺適状にあった場合には、誤想弁済者による選択権の行使によって時効の援用、相殺の主張ができなくなるとする。また、真の債務者が選択権の行使を知らずに自己の債務を弁済した場合には、法律上の原因のない債務の弁済として真の債務者が受領者に対して不当利得を請求せざるをえず、受領者無資力の危険を負担させられることになる。他方、受領者の不利益については、BGB267条2項によれば、第三者弁済は債権者と債務者の両者による異議によって拒絶されうるにもかかわらず、誤想弁済者から真の債務者に対する不当利得返還請求権の行使を一方的に認めると、このような債権者の拒絶権が考慮されないとする。さらには、受領者が破産した場合には、誤想弁済者による一方的な事後的弁済決定によって誤想弁済が有効とされれば、破産財団から真の債務者に対する債権が除外されることになるので、結果的に破産債権者の利益を害することになるという。以上の不都合を考慮すると、誤想弁済者の選択権に清算過程の単純化という利点があるとしても、これを肯定できるものではないと結論づけている。

これに加えてリープ[17]は、追認の効果が遡及することによって時間的にまったく制限されない選択権の行使を認めるならば、給付型不当利得か求償型不当利得の行使かが不明な、不当に流動的な状態に受領者および真の債務者をおくことになるので、受領者に対する給付型不当利得に限られるべきであるとする。

4 折衷的見解

(1) 債権譲渡の規定を類推適用する見解

ラーレンツ・カナリスは[18]、上記の否定説による批判を受けて次のように主張する。まず、真の債務者が債権者に対して相殺などの抗弁を有していた場合には、債権譲渡に関するBGB404条、406条[19]を類推適用して、

誤想弁済者に対して相殺などの抗弁を主張できるとする。また、真の債務者が誤想弁済者による選択権の行使を知らずに債権者に弁済した場合には、BGB407条[20]を類推できるとする。他方で、従来の肯定説が主張する債権者の破産・行方不明の際の弁済者保護という理由に対しては、このような特殊な事例を想定した理由づけではなく、当事者の利益状況を考慮して選択権の可否を検討すべきであるとする。たとえば、債権者破産の場合には選択権を認めるべきではないが、それ以外の場合には、債権者は実際に債権に相当するものとして弁済を受領していることから、債権者の利益は通常は考慮する必要がないとする。また、真の債務者にとっては、債権者が債務の履行を請求しないこともありうるので、その時には誤想弁済者による真の債務者への求償型不当利得の選択的行使を拒む理由があるといえる。しかし、いずれにしても債権者側および債務者側の正当な利益と矛盾しない場合には、第三者弁済への事後的変更を認めるべきであり、ひいては清算過程の単純化に役立つとする。

(2) 選択権の行使を将来に向かって有効とする見解

ウィルヘルム[21]は、前記否定説の批判は誤想弁済者による選択権の「遡及的な行使」に対してのみ向けられていることを指摘し、それゆえ選択権を将来に向かって有効なものとして承認すべきであるとする。たとえば、選択権行使前に調達された真の債務者による給付は、その後の選択権行使によっては履行としての効果を覆されない。同じく、選択権行使前に本来の債権が時効で消滅した場合や相殺適状にあった場合には、誤想弁済者による真の債務者への不当利得は減額または否定される。なお、債権譲渡規定の類推適用による真の債務者の保護は、選択権行使後の真の債務者による弁済や時効完成の場合には、考慮されるべきではないとする。以上に対して、受領者が破産した場合には、受領者以外に受領権限者（破産管財人など）がいるので、選択権の行使をもって受領権限者に給付したとはいえないことから、遡及効のない、弁済決定以降に有効となる選択権の行使であっても無効であるとする。他方で、受領者のみが債権の処分権限を有する場合には、弁済決定

以降に有効となる選択権が認められるべきである。ただし、その際に受領者がなおも給付を有しており、かつそれを引き渡す気持ちがある場合には、BGB267条2項による受領者の拒絶権が考慮されるべきであるとする。

なお当該見解に対して、選択権に事後的な効果しか与えず、受領した債権者が破産した場合に選択権を認めないなら、もはや選択権の必要性は認められないと批判される[22]。

(3) 債権者との事後的な目的合意を必要とする見解

シュナウダー[23]は、誤想弁済を有効な第三者弁済へと変更するには、誤想弁済者が履行給付の目的に関する決定を一方的に変更するだけでは足りず、誤想弁済者の「選択権行使」は受領者が目的の変更に同意した場合にはじめて、真の債務者の債務の履行のための給付目的の変更決定を惹き起こすとする。すなわち、事後的な新しい目的決定は、弁済受領者の法律行為上の承認を必要とする。そこで、受領者の破産事例においては、処分権限のある破産管財人の協力が必要となる。また、目的合意の変更前に、真の債務者が自身で弁済した場合や、相殺適状が存在していた場合には、受領者と誤想弁済者との事後的な目的合意の変更は達成できないとする。以上から、真の債務者が給付目的の変更に従って弁済をした場合や、変更決定後に相殺適状が発生した場合には、誤想弁済者は真の債務者に対して費用不当利得を取得するとする。その理由として、誤想弁済者が真の債務者を免責したからであるとする。

5 小括

ドイツの学説は、有効な第三者弁済に該当しない、純粋な誤想弁済の事例を検討の対象としている。そして、まず肯定説は、①誤想弁済者の選択権行使により、真の債務者に対する求償型不当利得を肯定することで、とりわけ受領者が破産した場合に誤想弁済者の利益に資することを指摘する一方で、

これを認めても受領者および真の債務者の利益には基本的に反しないと主張する。なぜなら、選択権が行使された場合、受領者は自己の債権への弁済を受領したにすぎず、真の債務者も債務から解放されるので、両者の利益には反しないからである。そして、②選択権を肯定するための理論構成について、誤想弁済者が錯誤による弁済給付を事後的に追認するか、または行為基礎喪失の主張を一方的に放棄することによって、瑕疵のある弁済給付が有効な弁済給付へと事後的に変更されうると主張する。さらに、③選択権を肯定することで、清算関係の単純化が図られるという利点も主張される。

これに対して、とりわけ①の点で否定説から批判が出されている。すなわち選択権を肯定すると、真の債務者が自身で債務を履行した場合や、真の債務者の債務が時効で消滅した場合、または相殺を主張できた場合における真の債務者の利益や、他方で受領者が破産した際の破産債権者（破産財団）の利益に反することが念頭におかれている。

以上に対して、一般論として選択権肯定の必要性があることを前提としつつも、否定説による批判を受けて、真の債務者の保護のために債権譲渡の規定を類推することを主張する修正的な見解がある。また、選択権の行使を将来に向かって認めることで真の債務者および破産債権者の保護をはかる見解、有効な債権譲渡とパラレルに考えることで受領者（または破産財団）の同意を求める見解が主張されている。これらはいずれも、限定的ではあるが選択権肯定の必要性を認める見解といえよう。

学説では現在、選択権否定説が若干有力なようである。しかし、否定説に再反論を試みる折衷的見解を限定的な肯定説とみれば、選択権肯定説も十分に説得力を有している。さらに判例の肯定的な傾向を加味すれば、選択権肯定の可能性および必要性は無視できないのではないだろうか。そこで、次節ではドイツの判例および学説の議論を踏まえながら、日本において選択権理論をいかに展開すべきかを考えたい。

第4節　日本での展開可能性

1　序説

　日本においても誤想弁済者の選択権理論に触れて、これを肯定する見解がある。たとえば、ケメラーの見解を引用して、誤想弁済者による「関係づけの追完を行うことを認めるべきである」と簡単に触れるものがある[24]。また、当該問題をどう評価するかは困難な問題であるとしつつ、「わが国の民法707条が債権者からの債権譲渡を介さず誤想弁済者への代償物の帰属を認めている点からは、少なくとも同条は誤想弁済者の利益を債権者の一般債権者の利益に優先させているといえる。そういった観点からは、事態の簡明性を優先して、誤想弁済者の選択権を支持すべきであろう」とする見解がある[25]。

　たしかに民法707条の想定する場面は、選択権理論の想定する場面と重複する。しかし、本条はフランス法に由来しており[26]、同様の規定をもたないドイツの選択権理論とは異なる沿革を有している。そもそも民法707条は、錯誤により他人の債務を弁済した場面の中でも、1項所定の「債権者の善意による証書毀損、担保放棄、あるいは債権の時効消滅」という「限定的な場面」でのみ、一次的に「債権者保護」の視点に立って債権者に対する弁済者の給付型不当利得を否定することに主眼がある[27]。そして、その事後的な調整として本条2項が二次的に真の債務者に対する不当利得を認める規定と捉えられる。これに対して、ドイツで主張される選択権理論は、錯誤弁済の一般事例を想定して、一次的に「弁済者保護」のために主張されている。このように一次的な保護主体が異なることからすれば、適用場面に一定の関連性が認められるとしても、民法707条の存在が選択権理論を日本で一般的に肯定するための積極的な理由にはならないと思われる。他方で、これまでの日本の議論では、選択権理論の適用場面および論拠は明確にされていない。

そこで、まずはドイツの判例に現れた事案を参考にしながら、日本における適用場面の存在可能性を検討する。そのうえで、民法707条の問題とは別に、誤想弁済者の選択権を日本で一般的に肯定しうるか否かを検討する。

2 想定される場面の検討

日本では本章で考察してきた問題に言及する裁判例は見当たらない。しかし、第2節で検討したように、ドイツでは、不法行為の損害賠償責任に関する錯誤の事例（【判決1、3、5】）、建設工事で下請人が負う責任を請負人が錯誤で負担した事例（【判決2】）、法令違反にもかかわらず他人の債務を弁済した事例（【判決4】）、扶養義務に関する錯誤の事例（【判決6】）がある。また、結果的に時効消滅を理由として否定されたとはいえ、電気料金の過払の事例で選択権の可否が問題とされた事例（【判決7】）がある。

以上に関して、日独間の法令の相違から、たとえば【判決4】のように直接には参考とならないものもあろう。しかし、その他の事例は、日本でも十分に問題となりうるように思われる。たとえば、扶養義務を負わない者が扶養義務者に代わって弁済した場合に、本来の扶養義務者に不当利得の返還が肯定された事例[28]が日本でも認められる。このような場合に、一定の関係にある者が扶養義務の存在を誤信して扶養料を支払うことはありえよう。また、不法行為の事例に関して、第一事故の被害者が約1年4カ月後に第二事故に遭って同一部位に傷害を受けた場合に、第一事故の加害者が共同不法行為と誤信して両交通事故の損害全額を支払ったところ、各事故における損害が分別されて認定された事例[29]がある。当該事例では、被害者への直接の不当利得が認められているが、被害者保護の視点からは第二事故の加害者への求償が考慮されてもよいであろう。同じく裁判例はないが、建設工事の請負契約では下請会社に仕事を委託することが通常であることから、請負業者と下請業者間で発注者への責任に関する錯誤が生じる可能性は、わが国でも生じうるものと思われる。

このように具体的な場面を想定すると、錯誤で他人の債務を弁済するとい

214

う事例自体は日本でも現に生じている問題である[30]。これまで、日本では当該理論が一般的に知られていなかったため、錯誤で弁済した紛争当事者によって真の債務者への不当利得が主張されなかっただけであろう。しかしこのような場合には、誤想弁済者および受領者を保護するために、選択権理論の可否が検討されるべきであると考える。

3　選択権の可否

(1)　二種類の不当利得の関係

　他人の債務の弁済者に「真の債務者のためにする意思」が認められれば、有効な第三者弁済（民法474条）として真の債務者への求償権が問題となる[31]。しかし、弁済者に「真の債務者のためにする意思」が認められなければ、本章が扱う誤想弁済者の選択権の問題が発生する。

　その際に誤想弁済者から真の債務者に対する不当利得返還請求権を肯定する見解に立てば、二種類の不当利得返還請求権が観念される。すなわち、①誤想弁済者の受領者に対する給付型不当利得と、②誤想弁済者の真の債務者に対する求償型不当利得である。これまでの検討から明らかなように、これら二種類の不当利得は、両者が併存的に存在するわけではない。まずは①の不当利得が主位的に問題となるところ、この①を放棄することによって②の不当利得が発生するものと解される。なぜなら、誤想弁済者は、自己が債務を負担していないにもかかわらず、債務を負担していると勘違いをして給付行為を行ったのであるから、本来的にこのような給付行為は給付当事者間で錯誤無効となり（民法95条）[32]、法律上の原因なく給付を受領した債権者から損失者である誤想弁済者に対する給付型不当利得の返還がまずは問題とされるからである。そのうえで②の求償型不当利得が認められるためには、誤想弁済者の弁済によって真の債務者が法律上の原因なく自己の債務から免責されている必要があるので、①の給付型不当利得が存在しないことが必要になる。換言すれば、誤想弁済者の弁済が有効とされることによって、その

後は有効な第三者弁済における求償関係と同様の法律関係が生じていなければならないことになる。

(2) 錯誤で無効とされる弁済給付の追認可能性

以上のように二種類の不当利得の関係を分析するならば、錯誤による弁済を有効な弁済へと変更しうるかどうかが本質的な問題といえよう。この点に関しては、ドイツ法と日本法の相違が影響を及ぼすことになる。

ドイツでは錯誤の効果は取消とされていることから、選択権を肯定するためには、さしあたり追認が問題とされる。または、先述したケメラーの見解のように、ドイツで主張される行為基礎喪失の問題、すなわち行為基礎の喪失した誤想弁済を追完できるか否かの問題とも捉えられる。いずれにしても、誤想弁済者による「一方的かつ遡及的な事後の弁済決定」が問題とされることになる。

これに対して、日本では現在のところ行為基礎喪失論は一般的に採用されていない[33]。また、錯誤の効果は無効とされていることから、基本的には追認は問題とされず（民法119条本文）、当事者が無効を知って追認したときに限り、新たな行為をしたものとみなされる（同条但書）。このことが、日本で誤想弁済者の選択権が議論されてこなかった一因であると思われる。しかし、周知の通り、日本でも錯誤の効果について取消的無効ないし相対的無効という考え方が近時の通説である。さらに、法律行為の効果面で無効と取消とを明確に二分するのではなく、絶対無効から有効に向けて一定の幅をもたせつつ段階的に法的効果を把握しようとする方向にある。とりわけ錯誤においては、この傾向は顕著である。そうであるならば、追認の根拠または無効性緩和の程度において差はあるものの、このような通説的見解を採ることによって、日本でも錯誤無効の弁済給付を「一方的かつ遡及的」に追認する可能性は認められるといえよう。なお、錯誤無効の際にこのような追認を認めるとしても、追認によって害される第三者を保護すべき要請がある。そこで、このような錯誤論の流れを受けて、本章で扱う錯誤による他人の債務の給付という場面における錯誤無効の追認の可否を検討したい[34]。

（3）検討

　ドイツの選択権否定説が主張するように、錯誤給付を追認することで、真の債務者、受領者、および受領者破産の際の破産債権者の利益に反する可能性が指摘される。まず真の債務者に関しては、誤想弁済者の追認によって弁済が有効になると、真の債務者が本来の債務を弁済したり、または本来の債務が時効消滅すべき場合、ないしは反対債権によって相殺できた場合に不利益が生じる。次に、債権者の利益に関しては、給付者が誰であるかにかかわらず「債権の満足を得ている」という視点からすると、「有効な第三者弁済としての追認」を拒否すべき必要性は認められない。そこで問題は、受領者が破産した場合における、破産財団による二重取りの点である。すなわち、誤想弁済者の弁済が錯誤で無効の場合には、債権者の破産管財人は改めて真の債務者に全額請求できることに対して、誤想弁済者による破産財団への給付型不当利得については、わずかな配当金を受けうるにすぎないという点である。しかしながら誤想弁済者は、まったく給付型不当利得を主張しえないのではなく、破産者に関する債権債務の清算という破産法上の考慮によって縮減されているとはいえ、破産債権を有している。したがって、破産財団は、錯誤での給付が無効とされ、真の債務者に対して債権を有するとしても、破産債権の縮減は法律が予定する結果であるので、法律上の原因なく利益を得ているとはいえないであろう。逆にいえば、錯誤での給付を追認し、真の債務者への求償型不当利得を肯定するならば、破産者から真の債務者に対する債権が破産財団から除かれ、破産債権者の利益を害する可能性が生じることになる。そこで、とりわけ破産債権者の保護を考慮する必要があるといえよう。

　まず、誤想弁済者による弁済給付の追認を認めつつ、利害関係人、とりわけ破産債権者の利益状況を考慮に入れるならば、追認の遡及効を制限するドイツの折衷的肯定説が参考となる。すなわち、第三者の利益を害する場合には追認の遡及効を制限して、追認以降に第三者弁済としての効力が発生すると考えれば、利害関係人（真の債務者、受領者、および破産債権者）のすべての保護が可能となる。たとえば、受領者が追認以前に破産していたとする

と、追認の効力は破産財団には及ばないことになり、破産債権者の保護に資するといえる。また、真の債務者が誤想弁済以降追認前に自ら弁済したとしても、追認が弁済時まで遡及しないので、消滅した他人の債務を第三者が弁済したに等しい状況となり、真の債務者の保護に資することになる。これは本来の債務が時効で消滅した場合、または相殺適状にあった場合も同様である。他方で、追認によって有効な第三者弁済へと移行することから、本来的に有効な第三者弁済の場面（民法474条）とパラレルに考える必要が生じる。日本では、利害関係のない第三者は本人の意思に反して弁済できないとされている。そうであるとすると、利害関係のない誤想弁済者が真の債務者の意思に反して追認したとしても、その弁済を有効とすべきではないであろう。

　ところで、以上のように錯誤の追認を将来に向かってのみ有効と考えるならば、もはや選択権の意味はほとんど存在しないと批判されている。たしかに、ドイツでの肯定説が主張するような、受領者破産の際に実益を有するという意味での選択権は、これを否定することになろう。しかし、誤想弁済者がのちに「第三者として弁済する意思」を有するに至った場合に、受領者から給付物を一旦取り戻して、改めて第三者弁済をして真の債務者に求償するというのでは、法律関係としてはあまりに迂遠である。そこで、すでになした給付を端的に有効とみなすことで、真の債務者への求償を認めるべきであろう。また、たとえば交通事故の際、ある者（保険会社など）が自己に損害賠償の義務があると誤信して被害者に賠償した場合に、受領者（被害者）ではなく本来の加害者に求償するといった途を残すべきである。なぜなら、清算関係の単純化のみならず、被害者の保護にも資することになるからである。

第5節　小括

　本章では、誤想弁済者が受領者に対して給付型不当利得の返還を請求するのみならず、別途、真の債務者に対して求償型不当利得の返還請求権を行使できるか否かを検討対象とした。これら両不当利得は並存の関係にあるのではなく、まずは錯誤無効を理由として受領者への給付型不当利得が問題となるところ、誤想弁済者が追認によって自己の弁済を有効とみなし、受領者への給付型不当利得を放棄することで、真の債務者への求償型不当利得を行使する可能性が生じることを指摘した。この関係を念頭におけば、本章における本質的問題は、錯誤で無効な弁済給付を有効とみなすことが可能かという点に帰着する。ドイツでは、錯誤取消の追認または行為基礎喪失論における追完が問題とされることに対して、日本では錯誤無効の追認可能性が問題となる。結論として、利害関係人保護の視点から、誤想弁済者が錯誤で無効な弁済給付を追認する場合には、追認の効果を将来に向かって有効と捉え、かつ有効な第三者弁済に反する形態では追認を認めるべきではないと考える。これは、受領者保護および清算関係の単純化をはかることにもつながる。このような問題は日本ではほとんど議論されておらず、判例上も問題とされていない。しかし、日本での適用場面の存在、そして誤想弁済者および受領者の保護と求償関係の簡易化という問題点を認識するならば、十分に検討に値する理論的課題であるといえよう。
　他方で、「自己が債務者である」と誤信した場面のみならず、「自己が保証人である」、または「共同不法行為者である」と誤信して、結果的に他人の債務を弁済してしまった場合にも当該理論の類推適用の可能性が指摘されている。そうであるならば、他人の債務を弁済したと評価できる事例において、弁済者の錯誤によって弁済が無効な場合に広く適用の余地のある規準とみうる。そこで、前章までの検討内容と比較しつつ総合的にみてみると、「有効な他人の債務の弁済事例」における求償権の判断枠組の問題と、そのような

弁済が無効であった場合に認められる「不当利得による求償権」の問題であると捉えることが可能となる。したがって、求償制度を統一的に構築するにあたって、誤想弁済事例をも考察対象に含める必要があるといえよう。

注　第5章

(1) この問題を扱うものとして、四宮和夫「給付利得の当事者決定基準」『四宮和夫民法論集』(弘文堂、1990年) 208頁 [初出・成城 8号 9号 10号 (1980-1981年)]、山田幸二『現代不当利得法の研究』(創文社、1989年) 303頁、318頁、藤原正則「西ドイツ不当利得法の諸問題――デトレフ・ケーニッヒの法律案と鑑定意見の紹介を通じて」『西ドイツ債務法改正鑑定意見の研究』(日本評論社、1988年) 457頁、同『不当利得法』(信山社、2002年) 356頁。

(2) 第3章「求償型不当利得論」で述べたように、本章においても、求償型不当利得の類型化を主張するものではない。

(3) Vgl. W. Lorenz, Staudingers Kommentar, Zweites Buch, Recht der Schuldverhältnisse, Neubearb., 1999, S. 140, 143-146.

(4) BGHZ 36, 30 (1961, 10, 5)。これは「イジールハイム事件」と呼ばれる裁判例であるが、本件を契機として選択権理論が再燃した。事件の概要は次の通りである (詳細は、山田・前掲注 (1) 239-240頁参照)。「被告 Y は、自己の土地に家を建てるため、訴外建設会社 (I 社) と建築請負契約を締結した。その後、I 社は当該住宅の建築工事を原告 (X) に請け負わせた。X による住宅完成後、X と I 社間の契約が合意を欠き不成立であったと判明したうえ、さらに I 社が破産した。そこで、X は『I 社は Y の有権代理人であったこと』、および『Y が住宅完成により不当に利益を得ていること』を主張して、X は Y に対して工事代金を請求する訴えを提起した」

(5) 詳細は、四宮・前掲注 (1) 143頁以下、廣瀬克巨「三角関係における給付利得――ドイツ類型論の一断面 (1) (2)」比較法雑誌 15巻 1号 1頁以下、2号 1頁以下 (1981年)、和田隆夫「ドイツにおける不当利得法上の給付概念」判タ 551号 (1985年) 160頁以下、山田・前掲注 (1) 223頁以下、平田健治「ドイツにおける三当事者不当利得論の近時の展開――判例における給

付概念の意義の相対化(1)(2)(3)」民商 116 巻 1 号 1 頁以下、2 号 1 頁以下、3 号 1 頁以下(1997 年)、藤原・前掲注(1)『不当利得法』356-358 頁参照。
(6) 受領者視角説は、給付受領者の視点から給付関係を受領者と真の債務者間に認める見解であり、給付者視角説は、給付者の視点から給付関係を受領者と給付者間に認める見解である。
(7) 当該事件は製造物責任法が成立する以前の判決である。
(8) 被害者(受領者)が子であったため、受領者に対する給付型不当利得を認めるべきではないという考慮が働いている。
(9) Lorenz, a. a. O., S. 141; Lieb, Münchener Kommentar, Bd. 5, Schuldrecht, besonderer Teil Ⅲ, 3. Aufl., 1997, S. 1208; Denck, JZ 1987, S. 127f.
(10) Vgl. Flume, JZ 1962, S. 280 ff.
(11) ただし、マイヤーがこの問題に触れている (G.H.Maier, AcP 152 (1952, 1953), S.97f.)。本章では、イジールハイム事件以降の学説を取り扱う。
(12) Flume, a. a. O., S. 280 ff.
(13) Thomä, JZ 1962, S.627 f.
(14) Caemmerer, JZ 1962, S. 385 ff.; ders. Festschr. f. Dölle, 1963, S. 147ff.
(15) König, Gutachten und Vorschläge zur Überarbeitung des Schuldrechts, Bd.Ⅱ, 1981, S. 1967-1968.
(16) Lorenz, a. a. O., S. 139 - 143 ; ders.Festschrift zum 50-jährigen Bestehen des Instituts für ausländisches und internationales Privat- und Wirtschaftsrecht der Universität Heidelberg, 1967, S. 267ff.; ders. AcP 168 (1968), S.308ff. 同旨の見解として、Esser/Weyers, Schuldrecht, Bd. 2. Besonderer Teil, Teilband 2, 8., vollig neubearb., 2000, S. 449 f.; Lieb, a. a. O., S. 1207 f.; D. Medicus, Bürgerliches Recht, 20., Neubearb. Aufl., 2004, S. 652-654.
(17) Lieb, a. a. O., S. 1207 f.
(18) Larenz/Canaris,Lehrbuch des Schuldrechts, Bd. 2. Besonderer Teil., 13. Aufl., 1994, S. 192 f.
(19) BGB404 条は債権譲渡における新債権者への抗弁接続の規定であり、BGB406 条は同様に債権譲渡における相殺の抗弁接続の規定である。
(20) 【BGB407 条(債務法改正による変更なし)】①新債権者は、債務者が譲渡後に旧債権者に行なった給付、ならびに譲渡後に債権に関して債務者と旧債権者との間でなされたすべての法律行為について、自己に対するその効力を認めなければならない。ただし、債務者が給付または法律行為をしたときに譲渡を知っていた場合には、この限りではない。
(21) Wilhelm, Rechtsverletzung und Vermögensentscheidung als Grundlagen

und Grenzen des Anspruchs aus ungerechtfertigter Bereicherung, 1973, S. 175 f. 同旨の見解として、Koppensteiner/Kramer, Ungerechtfertigte Bereicherung, 2. Aufl., 1988, S. 38 ff.
(22) Lieb, a. a. O., S. 1208.
(23) F. Schnauder, Grundfragen zur Leistungskondiktion bei Drittbeziehungen, 1981, S. 185 ff.
(24) 四宮・前掲注（1）208頁。
(25) 藤原・前掲注（1）『不当利得法』356頁。
(26) 『法典調査会民法議事速記録五』（商事法務研究会、1984年）246-251頁参照。
(27) 石田喜久夫『新版注釈民法（18）』（有斐閣、1991年）680頁参照。
(28) 神戸地判昭和56年4月28日・家月34巻9号93頁。なお、本件では自己に扶養義務があると誤信していたかどうかは明らかでない。
(29) 宇都宮地判平成2年3月22日・判時1381号98頁。
(30) 自己が保証人であると思って弁済したが、実際には保証人でなかった場面にも展開可能である。
(31) 前章までにおいて、有効な他人の債務の弁済における典型事例として詳しく検討した。
(32) 本章では、弁済が法律行為または準法律行為として錯誤で無効となることを前提とする。滝沢昌彦「弁済の無効・取消」椿寿夫編『法律行為無効の研究』（日本評論社、2001年）579頁以下参照。
(33) 行為基礎喪失論に詳しく触れる余裕はない。たとえば、五十嵐清「ドイツ法における行為基礎論の諸相」三ヶ月章編『裁判と法（上）』（有斐閣、1997年）1頁以下、吉岡祥充「W. フルーメの法律行為論に関する一考察（1）（2）」法雑31巻3・4号177頁以下、32巻2号81頁以下（1985年）、橋本恭宏「法律行為と行為基礎――わが国の判例の分析を中心として」山本還暦『法律行為論の現代的課題』（第一法規、1988年）87頁以下、岡林伸幸「契約解釈と行為基礎論（1）（2）」同法42巻5号54頁以下、6号97頁以下（1991年）、小林一俊「原始的不能・瑕疵担保の不履行法化、行為基礎障害法と錯誤」亜大30巻1号（1995年）53頁以下参照。
(34) 紙数の関係上、一般的な錯誤論を検討するには及ばない。たとえば、前掲注（32）『法律行為無効の研究』所収の諸論文、とりわけ林幸司「錯誤無効の『取消への接近』とその限界」729頁以下参照。

第6章

統一的求償制度への架橋

第1節　緒論

　本書で検討してきた求償権の実質的根拠および機能が実際に妥当性を有しており、求償権の統一化が必要といえるか否かは、今後の検証に待つほかはない。ただし、本書の視点をもとにして、統一的求償制度の構築に向けた一定の視座を提示しておくことは、今後研究を進める方向性を見定めることにつながる。また、その際にドイツにみられる統一的求償制度論を参照することは、本書の視点を補強することにもつながる。そこで、これまで検討してきた主張内容を基本に据えればいかなる求償制度を描くことができるかについて、基本的な考察を加えておきたい。さらには、求償権統一化の視点によってもたらされる理論的かつ実践的な優位性についても、一定の具体性をもたせた形で再度指摘をしておきたい。

　このような視点から、本章では、まずドイツにおけるメディクスの求償論を紹介・検討する。メディクスは、ドイツ民法に関する教科書のなかで、最終章に「求償（Rückgriff・Regreß）」という独立の章を設けて、求償に関係する諸規定を統一的に捉えている[1]。その際に、明示的に説明されているわけではないが、本書第3章で検討した「求償型不当利得」の判断枠組をもとに求償制度を捉えるという視点がみてとれる[2]。そうであるならば、

当該見解を分析および検討し、その問題点を明確化しておくことは、日本で統一的な求償制度の構築に向けて一定の考察を加えるにあたって重要な意義を有するであろう。

これに続けて、本書で検討してきた求償権統一化の視点をもとにして、日本における統一的求償制度の展開可能性について考察を加えたい。その際に、各求償場面を具体的に想定しながら検討を進めることによって、第4章でまとめた「求償権とは財貨法秩序に反する矛盾の調整機能を有する請求権である」という実質的根拠および機能面での統一化の妥当性を問うことができると考える。さらに、求償制度統一化の具体的可能性を明確にするために、求償権の要件および効果に関する従来の日本の議論を横断的に検討し、要件・効果面での統合可能性の有無にも言及したい。

以上に加えて、第5章で検討した錯誤で無効な場合における求償権の判断枠組を参照することにより、統一的求償制度内において、他人の債務の弁済が有効な場合と無効な場合とをパラレルな構造のなかで基礎づけることが可能となる。

第2節　メディクスの求償制度論

1　求償の意義および目的

メディクスは、著書『民法』第35章において求償制度に統一的な考察を加えている。まず第1節において求償制度の概要を説明しているが、その冒頭において、求償の意義および目的について次のように述べている[3]。

「求償は、費用賠償（Verwendungsersatz）と同じく、一般的には費用償還（Aufwendungsersatz）の特殊事例である。この場合には、次のような求償の特殊性が存在する。そもそも費用償還の通常形態では、二人の者が関係

するにすぎない。一人は、費用として発生した犠牲を支払った者であり、そのために賠償をなしうる者である。もう一人は、この犠牲から利益を得るに至った者であり、そのために賠償をしなければならない者である。これに対して、求償関係については、例外なく三人の者が関与している。一人（給付者）は、給付をして、そのために賠償を請求する。ただし、この請求は当該給付の受領者（二人目、債権者）に向けられているのではない。求償義務者は、むしろ第三者であって、この者に給付が何らかの方法で利益を与えているのである。または、この者は給付者よりも給付に対して正当により強く義務を負担させられているのである。この場合に、求償の目的とは、給付によって生じる犠牲を給付者から第三者に転嫁する（abwälzen）ことである」。

2　求償の手段

メディクスは、上述の求償目的である「犠牲の転嫁」のために、法のもとでいくつかの求償手段が存在するとして、次のような求償に関する規定を列挙する[4]。

a　法定譲渡（法律による債権移転、Legalzession（cessio legis））

求償に関しては、法定譲渡がもっとも多く利用されている。給付によって「利益を与えられた」第三者に対する債権者の請求権が消滅するのではなく、給付者へと移転することになる。それゆえ、第三者にとって単に債権者が交代することによってのみ、第三者への利益付与（Begünstigung）は回避されうる。

このような法定譲渡による求償権者の利点は、これによって求償権者に移転する債権者の原債権とともに、優先権および付従する担保権（Vorzugs- und akzessorische Sicherungsrechte）をも獲得するということである（BGB412条、401条）[5]。不利な点は、時効にみられる。すなわち、給付者は、債権者の権利の承継として、移転前にすでに経過した時効期間の算入を甘受するしかないことになる。

このような法定譲渡は、たとえばBGB268条3項、426条2項、774条1項などで規定されている。

b　法律行為上の譲渡義務（Pflicht zur rechtsgeschäftlichen Abtretung）

法律が、たとえばBGB255条、285条1項 [6] で選択している方法は、法定譲渡というには困難な賠償方法である。すなわち、この場合には債権者の債権が法律にもとづいてのみ給付者に移転するというのではなく、自分自身で譲渡せねばならないのである。ただし、この譲渡に関しては、給付者の立場は法定譲渡による場合と異なるところはない。とりわけ、この場合にもBGB401条が有効である。

c　通知による移転（Übergang nach Anzeige）

法定譲渡と法律行為上の譲渡との中間に、特別法（連邦社会扶助（BundessozialhilfeG）90条、連邦教育助成法（BundesausbildungsförderungsG）37条）による特殊な求償手段が存在する。この場合には、書面による譲渡通知によって、求償の手段となる第三者に対する請求権が求償権者に移転する。

d　特別の求償権

債権譲渡に代えて、もしくはそれと同時に、法は求償のために、固有のかつ新しい請求権を用意している。その請求権は、求償権者にとって次のような利点を有している。それは、この請求権が、多くの場合に、まずは給付とともに生じており、そのために時効もまずは当該給付とともに進行するということである。他方で、この請求権についてはBGB412条、401条は適用されない。すなわち、付着していた担保権は消滅するということになる。

e　複合的な求償

以上から、求償権者が上記aとdの両方法の利点を享受しうるために、法はaとdの可能性を組み合わせることも予定している。とりわけ、BGB426条 [7] が明確にそれを実現している。すなわち、同条1項がdの方法に、

そして同条2項がaの方法に合致する。固有の求償権のさらなる事例は、BGB670条、683条[8]である（もっとも求償だけに役立つのではなく、一般的に費用償還に役立つ規定である）。そこで、たとえば委託ある保証人は二重の求償というものを手に入れる。すなわち、BGB774条1項[9]にもとづく譲渡による求償（Zessionsregreß）と、BGB670条による委任（委託）にもとづく求償（Mandats- (Auftrags-) regreß）である。

f 一般的な求償型不当利得

法律が求償のために特別の根拠を認めていない場合には、最終的には求償型不当利得の枠組に依拠する不当利得返還請求権が考慮されることになる。ところで、この求償型不当利得は費用利得と同じように補充的である。そのため、この求償型不当利得は、最後にじっくりと議論されるべきである[10]。

3 求償の根拠

メディクスは、求償の根拠について次のように説明する。

「求償の根拠としては、給付が第三者に利益を得させたということだけでは十分ではない。

例）放火犯が損害を賠償した場合には、それによって被害者への火災保険は免除される。それにもかかわらず、放火犯には求償は認められない。すなわち、放火犯は被害者からBGB255条によって保険会社への請求権の移転を要求することはできない、ということである。この場合には、求償型不当利得というもの自体も問題とされないことは確実である」。

この説明に続けて、求償の根拠をa 特別な求償の根拠とb 一般的な求償型不当利得とに分けて説明する[11]。さらに、前者aの場合を四つに分類する。

a 特別な求償の根拠
特別な求償根拠は、以下のようにいくらか簡略化して区分されうる。

（a）　求償が認められるためには、給付者が受益者とともに、同列かまたはもっと上の段階で自身も債務を負っているという状況を考慮に入れるべき場合がある。この場合には、給付者は、債権者との関係で義務を負わされているにすぎない。その一方で、共同債務者との関係では、そのような義務を欠いている。この種の事例としては、BGB426条（または共同保証では、BGB769条[12]、774条2項）による連帯債務者の求償、もしくはBGB774条1項による主債務者に対する保証人の求償がある。この場合に生じる問題は、各段階に分けられた複数債務者の地位に関するものである。

（b）　また、給付者自身は債務者ではないが、しかし権利の喪失が差し迫っていて、給付によってそれを回避するしかないような場合には、しばしば求償が問題となる。この例としては、BGB268条3項、1143条1項、1150条、1225条、1249条がある[13]。

ただし、負担の付いた土地の所有者との関係における共同抵当（Gesamthypothek）の場合には例外がある。すなわち、所有者の一人が債務を弁済した場合に、その人が共同抵当を負っているということから、直ちに他の土地所有者に対する求償を獲得するわけではないのである。それというのも、BGB1173条1項、1181条2項[14]が、BGB1143条1項、1225条とは異なって、給付者への債権移転を規定していないからである。また、この場合にBGB426条が適用できるわけでもない。すなわち、共同抵当には「求償がない」のである。ただ、給付者が共同抵当以外の法的根拠で求償しうる限りにおいて、求償義務者の土地についての抵当権が求償権者に移転する（BGB1173条2項、1182条）。

（c）　求償義務者自身による給付の指示（Veranlassung）が、さらなる求償の根拠を形成する。委任者に対する受任者の求償がこれにもとづいている（BGB670条）。そして、損害賠償義務の生じがちな仕事から第三者の侵害が生じた場合において、委任者に対する受任者の請求権もこれにもとづく（この点、使用者が仕事を指示し、それによってまた、被用者が第三者に賠償義

務を負わされることを間接的に仕向けている)。その際に、「損害の起こりやすい」仕事というものが問題とされる必要があり、現在の課題とされている。

　保証または質が債務者の委託によって行われた場合には、BGB670条にもとづく求償は保証人または質権者にも当然に認められるべきである。それゆえこの場合には、BGB426条での法定譲渡の手段による求償(前記「求償の手段」、BGB774条1項、1143条1項、1225条)と同じように、固有の求償と結びつけられる。この結合の利点については、前記「複合求償」の項目を参照されたい。

　(d)　事案のなかの第四のグループは次のように特徴づけられる。それは、給付者の擁護が望ましく、そのためには求償によって埋め合わせをさせるべきということである。それゆえ、正当な事務管理(BGB683条)によることがあるし、一次的に別の人が扶養料を支払った場合には(BGB1607条2項2、3項、1608条3文、1615条13項1、1584条3文)、扶養義務の履行によることがある。

b　一般的な求償型不当利得

　以上のような特別の求償根拠が最終的に欠ける限りにおいて、ごく非力な求償形態としてBGB812条1項1文後段の場合による求償型不当利得のみが考慮される(前記「一般的な求償型不当利得」)。前述の「特に有用な」事例との区別は、BGB267条と268条[15]とを比較することによって非常に明確となる。すなわち、BGB268条は、弁済権利者(Ablösungsberechtigten)にとって債権者への弁済をしやすくしているだけではない(BGB267条2項は有効ではない。また、供託および相殺は可能である(BGB268条2項))。むしろ、BGB268条3項は法定譲渡、およびそれによる求償のための特別の方法を規定している。その一方で、BGB267条は求償について何も規定していない。この場合には、同様に、一方が前記の特別の求償根拠(たとえば事務管理)が存しない場合に、非力な求償型不当利得のみを考慮することになる。

4 小括

(1) メディクスの求償制度概略

メディクスによれば、求償は上記のように統一的な制度として説明される。これを要約するならば、次のようになろう。

まず求償の意義について、求償は一般的には費用償還請求の特殊事例と捉えられるところ、給付者、受領者および債務者の三者関係が常に問題となる点に特殊性が存在するという。すなわち、給付者は受領者ではなく債務者に利益を与えている反面、債務者は給付すべき義務を本来的に負担する者であるとする。そこで、求償の目的は、給付によって生じる犠牲を給付者から第三者に転嫁することであると指摘する。次に、求償の手段について、①法定代位、②法律行為上の譲渡義務、③通知による移転、④特別の求償権、⑤この①と④との複合的な求償、⑥一般的な求償型不当利得を列挙する。他方で、求償の根拠について、a 特別な求償根拠と b 一般的な求償型不当利得とに分ける。前者には、①給付者も債務者とともに債務を負っている場合（連帯債務、共同保証、通常の保証）、②権利の喪失が差し迫っており、給付によってこれを回避しようとする場合、③求償義務者によって給付が指示された場合（受任者から委任者への求償、場合によっては使用者責任）、④給付者の擁護が望ましく、これを求償によって埋め合わせる場合（事務管理、複数の扶養義務）が含まれると指摘する。これに対して、この a の①から④という特別な求償根拠が欠ける場合に限って、b の一般的な求償型不当利得が適用されるとする。

メディクスによる以上の基本的理解からは、第 3 章で検討した求償型不当利得論の影響がみられる。たとえば、求償の意義および目的は求償型不当利得の理解と同義であるし、求償の根拠に関しては、求償型不当利得論において「他に求償根拠がない場合に不当利得が適用される」という準則を具体化したものと考えられる。

ところで、メディクスはこのような求償制度の概略的な説明に続けて、連

帯債務における求償権規定（BGB426条）に関する個別問題、および保証または物上保証における求償に関する問題、さらに事務管理および不当利得による求償について、個別に検討を加えている。本書では、求償制度の概略の理解にまずは焦点をあてる必要があることから、この点の紹介には踏み込まない。

(2) 問題点

メディクスは、求償として問題となりうる規定を統一的な視点から一定の段階に分けて列挙している。日本と同じく、ドイツでも各求償権を個別に検討する傾向が一般的であって、求償権を統一的に説明する見解はほとんどみられない。そこで、メディクスの見解は、「統一的な視点」から求償規定をまとめて説明する点でドイツにおいても特殊な見解であると位置づけられる。したがって、メディクスの求償論をドイツの一般論として参照するわけにはいかない。ただし、本書で検討してきたように、求償型不当利得の実質とされる財貨秩序の矛盾調整という実質的根拠から求められた「求償権統一化の視点」に対して一定の評価が得られるのであれば、これと同様の視点に立つメディクスの見解は、求償制度の統一的枠組を具体化するにあたって大いに参考となるであろう。

ところで、このようなメディクスの見解について、いくつかの問題点を指摘できる。まず、①上述した求償の意義および目的の説明のみでは、実質的根拠および機能の説明が不十分である。たとえば費用賠償との相違――すなわち関係当事者が常に三者であるという指摘――を踏まえて、求償が想定されうる場面の説明はなされているものの、求償の目的を「給付によって生じる犠牲を給付者から第三者に転嫁すること」と説明するだけでは具体性に欠けるであろう。また、②求償の手段と根拠とを分けて説明するが、両者の関係が不明瞭である。そして、③各求償手段の要件・効果が必ずしも明確ではなく、統一化の視点になじむものなのかが明らかでない。他方で、④メディクスは求償型不当利得を他に求償の根拠がない場合の一般的な求償根拠と位置づけており、不当利得の「補助性」を強調していると捉えられる。しか

し、この問題は請求権競合の一種として具体的に各請求権を比較することから適用関係を決すべきものと考えられる。さらに、⑤受託保証人の免責請求権（BGB775条）が求償根拠に含められていない。これが妥当であるとしても、その理由が明示されていない。最後に、⑥法定代位による求償を当然に認めるが、日本と比較すると、「弁済による代位」の規定および解釈上の相違点が問題となる。

　次節では、以上でみてきたメディクスの見解および問題点を踏まえつつ、第4章で明らかにした求償権の実質的根拠および機能面での同質性をもとにして、日本における求償制度の構築に向けて若干の考察を加えたい。

第3節　日本における統一的求償制度の素描

1　緒論

　上述したメディクスの見解とその問題点を参照するならば、日本で統一的な求償制度の構築を問題とするにあたって次の諸点をクリアーにする必要が認められる。

　まず、求償の意義および目的について、前章までの検討結果からすると、財貨秩序の矛盾調整機能を有する請求権と説明しうることになる。このような主張とメディクスの見解とを実質的に比較してみると、その意味合いは異ならない[16]。さらに、メディクスの求償論からも、本書での検討と同じく求償権の根拠および機能面での統一化の視点がみられる。すなわち、詳細な求償権規定の存在する保証、物上保証、連帯債務の各場面のみならず、詳細な規定の存在しない使用者責任、錯誤で他人の債務を弁済した場合、または規定自体が存在しない第三者弁済、共同不法行為の各場面においても、各求償権はすべて共通の機能を有する請求権として実質的に根拠づけられること

になる。ただし、メディクスによる求償の意義および目的の説明も多分に抽象的である。そこで、求償権の実質的根拠および機能、さらに手段としての根拠規定について具体的場面を想定して検討を加える必要が生じる。その際に、不当利得規定と他の求償権規定との関係に注意が必要である。

これに加えて、統一的求償制度の構築を考えるにあたっては、要件および効果面での統合可能性を考察する必要がある。この点を明らかにすることによって、本書の視点の妥当性がより実質的なものとなると考える。しかし、メディクスの議論では統一的な形での要件・効果論は明確ではない。そこで、従来の日本の議論において各求償権の要件および効果がいかに解されてきたかを検討する。これに続けて、求償型不当利得論における要件・効果論を参照しながら、求償権の要件・効果面における統合可能性について一定の考察を加えたい。

次に、受託保証人の事前求償権（民法460条）を求償制度に含めるか否かが問題である。本書第2章の視点からすると、保証人が弁済するより前に求償が認められるという点で、事後求償権とは一線を画すべきものと考えられる。この問題について、ドイツではBGB775条で受託保証人の免責請求権が規定されているが、メディクスはこの免責請求権を求償制度に含めていない。しかし、事前求償権が受託保証人の事後求償権を保護するために認められる権利であるならば、事後求償とは性格を異にするとしても、広く求償制度の範疇に含めて検討する余地があると思われる。

最後に、弁済による代位を求償制度内でどのように位置づけるかが問題となる。メディクスはドイツでの法定代位制度の規定形式から、弁済による代位によって移転する原債権を求償権そのものとみなしている。しかし、第1章第3節で検討したように、日本では、弁済による代位は統一的に規定され、求償権の存在を代位の成立要件としていると一般に捉えられている。そこで、日本で展開可能な求償制度という意味で、「弁済による代位」をどのように位置づけるかが問題となろう。

以下では、これらの問題点を踏まえつつ、まず求償権の要件・効果面での統合可能性を検討する。次に、①固有の事後求償権、②事前求償、③弁済による代位について、統一的求償制度の構築という視点から考察を加える。そ

のなかでも、固有の事後求償権については、求償権が財貨秩序の矛盾調整機能を有する請求権であるという統一的な視点に立てば、それぞれの場面でいかに具体化して把握できるのかを説明したい。これに加えて、各場面における求償範囲の問題にも言及する。

2 要件および効果面での統一化の視点

(1) 序説

まずは、要件および効果面での統合可能性を探る前提として、従来の日本の議論状況を横断的に検討する。これによって、統一化の可能性および障害事由の有無をまとめておきたい。

(2) 要件

a 要件に関する議論の横断的検討

求償権の要件について、各場面間の共通点および相異点を探る。

(a) 連帯債務者の求償権の要件は、民法442条1項により、①連帯債務者の一人が共同の免責を得たこと、②自己の財産（出捐）をもって免責を得たこと、の二点である。そして解釈上、③免責を得た額が債務全額に対する負担部分を超えること、を必要とするか否かが争われている。負担部分を超えることを必要とする見解もあるが[17]、通説は必ずしも負担部分を超える弁済は必要ないと解している[18]。

(b) 保証債務における事後求償権については、委託の有無を問わず、①保証人が主債務の全部または一部を消滅させたこと、②保証人の財産（出捐）によること、を要件とすることに争いはない。これに対して、かつては、委託のある保証人の場合に、③保証人に過失がないこと、すなわち事前または事後の通知を行っていることを要件に加える見解があった[19]。この③の要件を加える見解によれば、委託の有無で要件を区別すべきことになる。これ

とは逆に、①②のみを要件とする見解によれば、委託の有無で要件を区別する必然性はないことになる。なお、③を要件として加味しない見解が現在における異論のない通説といえ[20]、「通知」は求償権の制限事由と捉えられている。

(c) 物上保証人の求償権については、民法351条（これを準用する民法372条）が保証の求償権規定を準用している。そのため、要件については保証の場合と同様に解することになるだろう。ただし、この点についてはほとんど議論されていない。

(d) 共同不法行為においては、求償権を認める場合には、①賠償義務を履行したこと、②負担部分を超える賠償をなしたことがあげられる[21]。さらに、③求償権者が故意に不法行為をなしたのではないことが、民法708条との関連で問題とされることがある[22]。

(e) 使用者責任においては、使用者の求償権および被用者の逆求償権という二種類の求償権ともに、その要件については詳しく検討されていない。その理由として、まず使用者の求償権については、実質的根拠の問題や、また求償制限をいかに導くかという点に学説上の興味が引かれたことに一因があると思われる。他方で被用者の求償権については、これを否定する見解が一般的であること、またこれを認める見解においても、被用者の求償権の可否に重点がおかれていることから、要件についてまで議論が進んでいないようである。

(f) 第三者弁済、錯誤での他人の債務の弁済、土地工作物責任における求償権についても、求償権の要件については取り立てて論じられていない。

b 共通する要件の抽出

以上の各場面において、求償権の要件とされるもののなかで、共通してあげられているものがある。

まず、「他人の債務を弁済したこと」という要件があげられる。それぞれの場面ごとに、用語の使い方に相違が存在するが、本質的には同様の要件を掲げている。たとえば、(a)の連帯債務においては、「連帯債務者の一人が共同の免責を得たこと」とされるが、これは「連帯債務者の一人が、弁済そ

の他により総債務を消滅または減少せしめること（共同の免責）」とされている[23]。そこで、他の連帯債務者の負担部分については、「他人の債務を弁済したこと」と共通するといえよう。また、(b) の保証においては、「保証人が主たる債務の全部又は一部を弁済したこと」とされており、まさに当該要件が指摘されている。(c) の物上保証も、保証の規定が準用される以上、当該要件についても同様に解されるといえよう。そして、(d) の共同不法行為においては、「賠償義務を履行したこと」とされるが、これも他の共同不法行為者の負担部分について「他人の債務を弁済したこと」に該当するであろう。そのほか、(e) 使用者責任や (f) 第三者弁済などの場面においては、解釈上、要件が明確化されていないので、比較はできない。

以上に対して、受託保証人の事前求償権については、この「他人の債務を弁済したこと」という要件は問題とされていない。なぜなら、主債務者の債務を代位弁済する前に認められる権利が事前求償権だからである。したがって、当該要件は事前求償権にはあてはまらないということが明確化されうる。このように、当該要件は事後求償権を当然に念頭においたものといえ、事前求償権の要件については権利の性質を考慮に入れて別途問題とすべきであろう。

次に共通する要件としては、「自己の財産（出捐）をもって免責を得たこと」を指摘できる。これは、(a) の連帯債務における②の要件であり、さらに (b) の保証の場面でも「保証人の財産（出捐）によること」が要件とされている。また、(c) の物上保証の場面においても当該要件が問題となる。なぜなら、物上保証人の所有する担保目的物を売却した代金の配当などによる被担保債権の消滅や、物上保証人による弁済が「自己の出捐」にあたるといいうるからである。なお、(d) の共同不法行為においては、先の「賠償義務を履行したこと」とされるのみであって、当該要件はことさらにはあげられていない。しかし、賠償義務を履行することが「自己の出捐」にあたることには問題がないであろう。最後に、(e)(f) の場面においては、こちらも特に論じられていない。

なお、この出捐の内容としては、(a) の連帯債務の場面では、弁済に限らず、代物弁済、供託、相殺、更改、混同をも含むものと解されている。これに関

して、各場面に共通して「弁済」を含むことには問題ないが、その他の行為についてはそれぞれの場面ごとに異なっている。したがって、「出捐の内容」については、場面ごとに考慮されるべき問題であるといえよう。

c 共通しない要件

次に、場面ごとに共通しない要件について検討する。

まず、「免責を得た額が債務全額に対する負担部分を超えること」があげられる。これは、先にみた通り、(a)の連帯債務の場面での通説によれば認められない。また、(b)の保証においては、保証人には負担部分が存在しないので、当該要件は問題とされない。そして(c)の物上保証でも、保証と同様に解しうることから、当該要件は問題とされない。さらに、(d)の共同不法行為においても、当該要件を不要とする見解が存在する[24]。しかし、この要件を必要と解することが現在における有力な見解とみうる[25]。したがって、連帯債務と共同不法行為の場面での通説によれば、当該要件については結論が分かれることになる。なお、(e)(f)の場面では、この点も不明である。

他方、先にみたように、(c)の保証の場面では「通知」を要件とする見解があった。しかし現在の通説によれば、この「通知」は要件とされていない。また、連帯債務においては、求償権が制限される場合の問題として、要件とは区別して規定されている。その他の場面でも、そもそも通知は問題とされていない。

さらに、(d)の共同不法行為において一部で問題とされている「求償権者が故意に不法行為をなしたのではないこと」を要件として認めるならば、これも共通しないことになる。しかし、一般的には当該要件は問題とされていない。さらに、連帯債務、保証、物上保証、第三者弁済においてはそもそも問題とされる性質のものではないといえよう。なぜなら、対外関係としての債務関係は、通常不法行為によって生じるものではないからである。そうであるとすれば、使用者責任においては問題とされる余地はあろう。しかし、使用者責任における求償権の要件自体が明らかではなく、この点についても詳細は不明である。

d 要件のまとめ

　以上のようにみてくると、要件としてある程度確立したものにおいては、共通する部分が多いといえる。すなわち、bで検討したように、「他人の債務を弁済したこと」と「自己の財産（出捐）をもって免責を得たこと」という二つの要件である。これに反して、cで検討したように、共通しない要件はそもそも確立していないものが多い。たとえば、前記cにおける後二者、「通知」および「求償権者が故意に不法行為をなしたのではないこと」については、通説的な見解によれば、そもそも要件としては必要ないことになる。ただし、cで検討した「負担部分額を超えること」という要件については、連帯債務と共同不法行為の場面において顕著なように、ある程度確立した要件の解釈として相対立している。したがって、要件の統一化を考えるにあたっては、この点が唯一の障害になるものと考えられる。ただし、どちらかの場面において少数説に従うとすれば、この要件についても統一化は可能である。また、かりに当該要件について統一的に解せないとしても、各場面の相違からくる理由を明確に示すことができれば、bであげた共通する二つの要件に限って統一的に把握し、cの要件については個別の相違を反映させて解釈すればよい。このことは、連帯債務に関する民法442条が当該要件を明文で規定していないことからも、十分に可能な解釈であると思われる。

　以上より、要件面に限っていえば、それを統合する可能性は十分に存在しているものと考えられる。

(3) 効果

a 横断的検討

　求償権の要件を充たし、求償権を行使しうる場合には、その行使しうる範囲がまずは重要な問題である。ここでは、求償範囲の点に限定して検討を加え、求償権の制限・拡張の問題については、項目を改めて検討する。

　(a)　連帯債務においては、民法442条に従って、①出捐した額、②免責のあった日以降の法定利息、③不可避的な費用その他の損害、を含むものとされている[26]。

(b)　保証においては、委託の有無でその範囲が分けられている[27]。委託を受けた保証人の場合には、民法459条2項が連帯債務の民法442条2項を準用していることから、連帯債務の場合と同じ範囲である。他方、委託を受けない保証人の場合には、民法462条が規定されている。まず、主債務者の意思に反しないならば、同条1項で、保証人は主債務者に対して、弁済その他免責の当時利益を受けた限度で求償できるとされており、利息、損害賠償の請求はできないものとされている。次に、主債務者の意思に反する場合には、同条2項本文で、保証人は求償時に現に利益を受けている限度において求償しうるとされている。

　(c)　この保証人の求償権の範囲が、物上保証人に準用される結果、その範囲については同様に解されることとなる[28]。

　(d)　弁済した第三者（代位弁済者）の求償権の範囲については、委任（準委任）関係の存在する場合には民法650条、委任関係のない場合には民法702条1項に従うという見解がある[29]。また、委任関係になく、債務者の意思に反する場合には、利害関係のない第三者弁済はそれ自体が無効となるので、求償の範囲は問題とはならない。

　(e)　これに対して、共同不法行為、使用者責任の各場面において求償権の範囲をいかに解するかにつき、明らかにされていない。

b　効果のまとめ

　以上より、連帯債務者、受託保証人、受託物上保証人、委任関係にある第三者の求償権の範囲は一致しており、これは委任にもとづく費用償還請求権（民法650条）に近いものと解されている。これに対して、委託を受けない保証人・物上保証人・第三者弁済における弁済者の求償権の範囲は、債務者の意思に反しない場合にはそれぞれ一致しており、事務管理の費用償還請求権（民法702条1項）に近いものとされる。また、委託を受けない保証人・物上保証人において、債務者の意思に反する場合には、求償権の範囲は一致し、不当利得の返還請求権（民法703条）に近いものと解されている。

　これに対して、委託を受けた場合と受けない場合とでは、すなわち連帯債務者、受託保証人・物上保証人、委任関係にある第三者の求償権の範囲と委

託を受けない保証人・物上保証人・代位弁済者の求償権の範囲とは相違することになる。

このような求償範囲に関する統合可能性の有無であるが、求償権者と求償義務者間に委託ないしはそれに準ずるような意思的な結合関係の存在する場合には求償権の範囲は共通しており、委任の事務処理費用償還請求権を参考として、統合の可能性を有するものといえる。これに対して、委託ないしはそれに準ずるような意思的結合関係の存在しない場合においては、債務者の意思に反しないときに共通性を有しうるものといえ、事務管理の費用償還請求権を参考として、統合の可能性を有するものといえる。さらに、債務者の意思に反するときには、保証と物上保証については不当利得の返還請求権が指摘されるという点で共通性を有する。ただし、第三者弁済の場合において、委任関係にない第三者が債務者の意思に反して弁済したときには、求償自体が認められない。

ところで、このような共通の枠組が、求償権の範囲が明確にされていない場合にもあてはまりうるかは、現在の解釈上不明である。これは従来の学説が求償権を個別の場面でしか検討してこなかったひとつの弊害といえよう。しかし、求償権の範囲が明確化されている場面における共通性に鑑みるときには、求償権の範囲の統合可能性は十分に存在するものと思われる。そうであるならば、求償範囲が明確でない場合に対して一定の解決指針を与えうるといえよう。このような視点に立って、のちの項目で個々の求償範囲について一定の展望を示したい。

(4) 求償権の制限・拡張

a 通知義務による求償権の制限

連帯債務においては、民法443条によって事前・事後の通知義務が課されており、この規定が民法463条1項によって保証にも準用されている。さらに保証の規定を準用する物上保証においても同様に通知義務が課されることになる（民法351条、372条）。

これに対して、共同不法行為、使用者責任、第三者弁済の場面では、事前・

事後の通知による求償権の制限は取り立てて問題とされていない。

このように、通知義務による求償権の制限については、各場面における相違が明確である。したがって、これを統一的にすべての場面に課すべきものと捉えることには問題があろう。ただし、意思的結合関係の存在する場合と存在しない場合とに分けて、意思的な結合関係にある場面に限って統一的に通知義務を問題とすることは可能であるように思われる。

b 求償権の拡張

連帯債務における民法444条は、償還無資力者の負担部分につき償還資力を有する者の間で分割して負担させる旨を規定している。この規定は、通常の保証には準用されない。なぜなら、通常の保証においては、主債務者と保証人の二者間の関係のみが予定されているので、民法444条の想定するような場面は生じえないからである。これに対して、分別の利益を有しない共同保証人間の求償権について定めた民法465条1項は、民法444条を準用している。なぜなら、共同保証は保証人が二人以上の場合を予定していることから、各保証人が分別の利益を有していない場合には、保証人のうちの一人が債権者に全額を弁済すべき場合が存在するからである[30]。なお、物上保証においては、この点について明らかにされていない。そのほか、共同不法行為、使用者責任、第三者弁済の場面でも、この点について明らかにされていない。ところで、民法444条を「主観的共同の関係の存在することに基づく規定である」と捉える見解が存在している[31]。この見解によれば、主観的共同の関係の存在しない場面には、同条は類推適用されえないことになるだろう。他方、民法445条については、その準用ないし類推に関する議論はみあたらない。

c まとめ

通知義務による求償制限に関しては、連帯債務、保証および物上保証の場面において、明文の規定または準用規定があることから、共通して問題とされている。しかし、その他の場面を含めた議論は展開されていない。他方で、求償権の拡張事由についても、規定の存在する連帯債務と共同保証の場面以

外では、ほとんど議論されていない。したがって、各場面での異同についても、現在の解釈論上、それを明確に指摘することはできない。このような状況は、統一的な視点から他の場面との異同を考慮しつつ求償権を検討してこなかったことからくる弊害のひとつといえよう。なお、「意思的な結合関係にある場面」に限って統一的に通知義務を問題とする可能性があることを指摘しておきたい。

(5) 求償型不当利得論を踏まえた要件・効果面での統合可能性

a 要件

本書第3章で求償型不当利得の判断枠組を検討した。それによれば、求償型不当利得返還請求権の要件については、「不当性」の実質的根拠の問題とは区別して、①弁済者の出捐が存在すること、②債務者が自己の義務から解放されることである。さらに不当利得の補助性を認める見解に立てば、③求償型不当利得が他の方法では規制されないことが加えられる。これに対して、上述の求償権の要件面での共通性は、(a) 他人の債務を弁済したこと（共同の免責を得たこと）、(b) 自己の出捐によること、という二つの要件に求められることを指摘した。

そこで、これらの両要件を比較すると、①と (b) とがそのまま対応することには問題がないであろう。また、②の要件についても、(a) の要件と同旨であるといえる。すなわち、「共同の免責」とは、免責された者とともに、出捐をなした者自身も債務を負っていることを念頭におく表現であって、この「共同の免責」がなされれば、出捐者以外の債務者が常に免責される関係にあるといえる。したがって、共同で全部義務を負う債務者間において、「弁済者が他方の負担部分を免責したこと」と表現し直すことができる。このことは、保証人または第三者弁済の場面でも、同じく「債務者を免責させたこと」として捉えられる。そこで、②と (a) の要件とは、これを同視しうるであろう。他方で、求償権の要件には、求償型不当利得における③の要件に対応するものは存在しない。この「補助性」の要件は、求償型不当利得の「法律上の原因欠如」の要件を、実質的根拠の問題と区別して抽出したものである。

すなわち、①②の要件を充たしたならば、利得者の利得は「財貨秩序に反する利得」と評価しうるのであり、求償型不当利得返還請求権の成立する基盤が生じうる。しかし、これのみでは「法律上の原因欠如」の要件をすべて充たしているとはいえず、さらにこの要件を充たすためには、他の求償に関する規定との調整が必要となるのである。このことを明確化するために、「法律上の原因欠如」の要件を実質的根拠の問題と「補助性」の問題とに区分したと捉えられる。したがって、③の要件を認めるとしても、求償型不当利得返還請求権の成立に特有の要件として考えるべきであり、他の求償権規定との調和をはかる機能を有するものであるといえる。他方で、③のような不当利得の補助性を認めない見解を採れば、求償権と求償型不当利得との関係は請求権競合の一種として解決されることとなる。
　以上より、求償権の要件と求償型不当利得の要件とは、①弁済者の出捐が存在すること、②債務者が自己の債務から解放されることの二つをもって、統合の可能性を有するものと考えられる。ただし、先にも検討したように、要件面において共通しない事項もあるので、この点を個別の求償場面にいかに反映させるべきかは今後の課題となろう。
　ところで、この二つの要件は、本書第4章における主張とまさに帰を一にする帰結である。すなわち、共同で全部義務を負う連帯債務または共同不法行為関係について相互保証理論を媒介とする分析的な視点に立って、各自の負担部分について他人の債務の弁済という実質を有するものとして「財貨秩序の矛盾調整」という実質的根拠および機能を導きうることを指摘した。ここで検討した「弁済者の出捐」は「弁済者の損失」、そして「債務者の自己の債務からの解放」は「債務者の利得」を言い表している。このような利得と損失とが財貨秩序に反する状態を醸し出していると法的に評価されることによって、利得と損失という矛盾の調整機能を有する求償権が認められることになるのである。

b　効果

　次に効果の問題として、主として請求範囲の問題を検討する。まずは、求償権者と求償義務者間に委託ないしはそれに準ずるような意思的な結合関係

の存在する場合には求償権の範囲は共通しており、委任の事務処理費用償還請求権を参考として、統合の可能性を有するものといえる。これに対して、委託ないしはそれに準ずるような意思的結合関係の存在しない場合においても、債務者の意思に反しないときには共通性を有しうるものといえ、事務管理の費用償還請求権を参考として、統合の可能性を有するものといえる。さらに、債務者の意思に反するときには、保証と物上保証については不当利得の返還請求権が指摘されるという点で共通する。ただし、第三者弁済における委任関係にない第三者が債務者の意思に反して弁済をなした場合には求償自体が認められない。

以上について、求償型不当利得論の視点からは、後者の債務者の意思に反する場面における「返還の範囲」を考察する際に、「利得の押し付けからの債務者の保護」の要請を考慮する必要が指摘される。その結果、実際に第三者の出捐によって債務者が出費を節約しえた限りにおいてのみ、すなわち現存利益についてのみ返還義務を負うと説明される。これは、不当利得の返還請求権の範囲であると同時に、事務管理における本人の意思に反した場合の費用償還請求権（民法702条3項）と合致する。すなわち、委託を受けない保証人・物上保証人の求償権が問題となる場合において、債務者の意思に反して弁済などがなされたときには、求償時に「現に利益を受けている限度」で求償できるとされ（民法462条2項）、これは事務管理における本人の意思に反した場合の費用償還請求権（民法702条3項）か、または不当利得の返還請求権の範囲が指摘される。以上から、委託を受けない保証、物上保証、第三者弁済の場面において、債務者の意思に反する形で出捐がなされた場合には、求償範囲は不当利得における「現存利益」と一致する。すなわち、求償型不当利得論において考慮された「利得の押し付け」の問題が、「現存利益」という求償権の範囲の点に反映されていると考えることが可能である。そして、これらの場面には範囲における統合可能性が存在するといえる。

ただし、先に検討したように、第三者弁済の場面では、利害関係を有しない第三者は債務者の意思に反して弁済をなすことができないと規定されており（民法474条2項）、この場合をいかに考えるかが問題となろう。この点、求償型不当利得において問題とされた「押し付け利得からの債務者の保護」

の要請が、第三者弁済の場面に限っては、その成立要件面に強く反映されているということができる。すなわち、本人の意思に反してなされた利害関係を有しない第三者の弁済では、当該要請が成立要件に影響する結果として、第三者弁済自体が無効となるということである。したがって、保証・物上保証において、先の要請が効果面の問題として処理されていることと整合性がとれない結果となる。そこで、このような第三者弁済の場面に求償型不当利得返還請求権の成立を認め、「押し付け利得」の問題は効果面での処理に任せるべきであるとの考え方も成り立ちうるであろう。また、このように解することは、ドイツ法下の議論の大勢とも合致する。しかしこのように考えることは、実質的には当該第三者弁済を有効とみることにほかならないのであり、民法474条2項の文言を無視してしまう結果となる。この点で、第三者の弁済を広く認めるドイツ法との違いが存在する。したがって、先の求償型不当利得の判断枠組の箇所で述べたように、日本の現行法下においては、このような解釈は採りえないものと考える。他方で、利害関係を有する第三者の場合には債務者の意思に反する弁済が可能であり、この場合に不当利得による求償権が認められる。ただしこの場合に、実際にいかなる求償範囲が妥当であるかはひとつの問題であって、具体的な場面を考慮した検討が必要となる。

　以上より、委託なき保証および物上保証においては、債務者の意思に反する場合における求償権は範囲の点で統合可能性が存在する。ただし、利害関係を有しない第三者が債務者の意思に反して弁済した場面では、民法474条2項によって求償権自体が発生しないことになる。

c　まとめ

　以上の検討からすると、求償権の要件および効果は相当高度な統合可能性を有しており、求償型不当利得論における要件および効果論からも統一的な帰結を導き出しうる。そして、このような帰結は、本書で指摘した求償権の実質的根拠および機能面からも相応に導き出しうるものである。このことからすると、第4章での求償権統一化という主張の妥当性がより具体化されると考える。

それでは次に、本書の視点に立って、統一的求償制度としての一定の枠組の構築に向けて考察を加えておきたい。

3　統一的求償制度としての枠組の提示

(1)　固有の事後求償権

　メディクスは特別の求償手段が存在するとして、その根拠を四つの項目に分けて指摘している。ただし、先に指摘した通り、求償権の実質的根拠および機能面の説明は不十分である。これに関して、本書第4章では、広義での他人の債務を弁済した場面における求償権の実質的根拠としては「三当事者関係において、財貨秩序に反して配分された不当な利得に対する矛盾を調整する」という実質的根拠を有する請求権であることを指摘した。そして、各求償権の判断枠組は、このような実質的根拠および機能を具体的に反映した形で確定可能である。そこで、以上のような求償権統一的把握の視点から、各求償権の根拠および機能を実質的に捉え直してみたい。さらには、先に検討した要件・効果面での統合可能性の視点をもとに、従来の議論がとりわけ不十分と感じられる効果面における求償範囲の問題に絞って、場面ごとに考察を加えたい。

a　第三者弁済における求償権
(a)　実質的根拠および機能

　第三者弁済では、弁済される債務に関して、債務者が終局的に弁済すべき義務を負わされていることに対して、弁済者はそのような終局的義務を負わないといえる。それにもかかわらず、終局的に債務を負担するいわれのない第三者が債務者に代わって弁済したという点で第三者に損失が生じていることに対して、本来終局的に債務を負担すべき債務者は第三者弁済が有効になされること（民法474条）によって債務を免れる結果となっている。このような状況は、第三者に割当てられるべき財貨によって債務者に債務消滅の利

得が生じており、財貨秩序に反する状態が生じているといえる。このことをもって、第三者弁済による債務の免除が債務者にとって不当な利得であると評価できる実質的根拠といえる。さらに、このような実質的根拠を前提とするならば、第三者弁済における求償権は、財貨秩序に反する不当な利得を利得者（債務者）から損失者（第三者）に返還させて、本来あるべき財貨秩序に適合した状態を回復させるという「財貨秩序の矛盾を調整する機能」を有していると考えられる[32]。

(b) 求償範囲

このような実質的根拠および機能からすると、求償しうる範囲は第三者が債務者に代わって実際に給付した額（出捐額）が基本に据えられるべきである。しかし、給付者が債務者から頼まれて債務を弁済したという場合には、求償権者（給付者）と義務者（債務者）間に意思的要素が存在することにより、求償しうる額は出捐額に利息を付加したものとすべきである。なぜなら、債務者にとっては自己の要求で債務を猶予されているに等しい状況にある一方で、第三者としては、債務者からの委託がなければ、弁済に供した自己の財貨を第三者弁済以外の用途に利用しうる可能性があったといえ、その際に民事上の利息（年利5パーセント）を得る可能性があったからである。これは、同じく財貨秩序を実質的根拠として成立すると考えられる「委任の費用償還請求権」の範囲と一致するものである。

次に、債務者からの委託によらずに利害関係を有しない第三者が弁済した場合においても、基本的には弁済者の拠出した「出捐額」を返還額と考えるべきである。そこで、まずは債務者と弁済者間に上述のような委任の関係が存在しないことからすると、債務者は自己の意思で利益を得た状態にあるとはいえないことになる。また、弁済者にとっても、債務者との委任関係が存在するわけではないので、第三者として弁済すべき義務は生じておらず、別のことに自己の財貨を利用してもよかったはずである。それにもかかわらず、あえて第三者として弁済したのであるから、得られるべき利息が得られなくなったとはいえないであろう。したがって、利息を求償の範囲に付加すべきではない。さらに、利得の押し付けから債務者を保護すべき必要性を考慮す

るならば、債務者にとって第三者の弁済が有益であった限度で返還を認めるべきものと思われる。以上から、ここでは「有益費」の範囲で求償しうるとすることが妥当であり、事務管理にもとづく費用償還請求権が民法702条1項の文言通りに適用されるべきと考える。

最後に、意思的要素が介在せず、かつ第三者弁済が債務者の意思に反する場合には、「現存利益」が求償しうる範囲となる。なぜなら、債務者への利得の押し付けが問題とされうるからである。これは不当利得返還請求権（民法703条）に一致することになる。ただし、日本では民法474条2項において「利害関係を有しない第三者は、債務者の意思に反して弁済をすることができない」と規定されたことにより、この場合には求償自体が問題とならない。これに対して利害関係を有する第三者の場合には、債務者の意思に反しても第三者弁済が可能である。これは、弁済に関して利害関係を有する第三者は、たとえば担保不動産の取得者や債務者の一般債権者など、担保権実行による自己の権利消滅が差し迫ったことにより、やむをえず債務者に代わって弁済するということに鑑みて、弁済を有効としたものである。この場合には、債務者は自己が弁済しなければ、担保設定者などの利害関係人が損失を被ることを知っていたとみなしうることから、悪意の不当利得に関する民法704条が適用され、求償額としては「出捐額」に「利息」を付加すべきと考える。

以上のように、第三者弁済における求償権は実質的根拠および機能の面で具体的かつ統一的に捉えられる。ただし、求償当事者間の意思的要素の有無が効果面に反映することによって、請求しうる範囲がそれぞれ異なることになる。

b 保証における求償権
(a) 実質的根拠および機能

保証の場合には、第三者弁済の場合と異なって、保証人と債権者間の外部関係として保証契約が存在している。したがって、第三者弁済と保証とでは、自己の債務を履行するか否かという点で法律的な地位が異なっている。しかし、保証人は、「債務者が弁済できない場合に債務者に代わって弁済する」

という保証契約にもとづいて弁済しているのであって、保証債務履行の目的はあくまで他人の債務の弁済にほかならず、終局的に保証人が債務を負担するという趣旨ではない。

　このことからすると、保証債務が履行された場合、主債務に関して、債務者が終局的に債務を弁済すべき義務を負わされていることに対して、保証人はそのような終局的義務を負わないといえる。それにもかかわらず、終局的に債務を負担するいわれのない保証人が債務者に代わって弁済したという点で保証人に損失が生じていることに対して、本来終局的に債務を負担すべき債務者は保証人の弁済によって債務を免れる結果となっている。このような状況は、保証人に割当てられるべき財貨によって債務者に債務消滅の利得が生じており、財貨秩序に反する状態にあるといえる。このことをもって、保証人の弁済による債務免除が債務者にとって不当な利得であると評価できる実質的根拠といえる。さらに、このような実質的根拠を前提とするならば、保証人の求償権は、財貨秩序に反する不当な利得を利得者（債務者）から損失者（保証人）に返還させて、本来あるべき財貨秩序に適合した状態を回復させるという「財貨秩序の矛盾を調整する機能」を有していると考えられる。

（b）　求償範囲

　以上のように、保証人は自身が保証債務を負っているが、本書の視点からすると、これは実質的にみて他人の債務の弁済にほかならない。保証人が債権者との対外関係において保証債務を負うということは、債権者の債権回収機能に資するために第三者弁済が変形した制度と捉えられる。すなわち、第2章で述べたように、保証債務とは、債権者の債権回収機能を強化するために、第三者を保証人として弁済すべき地位に拘束するという形態の「第三者弁済」といえる。さらにいえば、「主債務者が債務を履行しないこと」を停止条件とする第三者弁済、または「主債務者が債務を履行したこと」を解除条件とする第三者弁済と捉えることも可能であろう。したがって、保証人の事後求償権に関する保証人と主債務者との関係は、繰り返し述べてきた通り、実質的根拠および機能面での同質性を媒介として、第三者弁済における求償権と同様に捉えられうる。具体的には、受託保証の場合には、求償権者と義

務者間に意思的要素が介在しているので、求償の範囲は出捐額と利息であり、民法459条がこれを規定している。他方で、委託がない保証人の場合には、求償当事者間に意思的要素が介在していない。このとき、保証債務の引受けに関して債務者の意思に反しないのであれば、求償の範囲は出捐額と考えられ、民法462条1項が「その当時利益を受けた限度」と規定している。これに対して、債務者の意思に反する場合には、求償の範囲は「現存利益」であり、民法462条2項がこれを規定している。

なお、受託保証人には事前求償権が認められている（民法460条）。これは先に検討したように、債務者の資力に一定の不安が生じた場合に限って、弁済後に認められるべき事後求償権を観念化して捉え、受託保証人を保護するという政策的配慮からこれを弁済前に発生させたものと考えられる。したがって、弁済後に発生すべき事後求償権の枠組とは、政策的考慮による観念化および事前発生という点で一線を画すべきである。この事前求償権については、のちにもう少し説明を加えたい。

c 物上保証における求償権

(a) 実質的根拠および機能

物上保証も、本書の視点からは、基本的に保証人の求償権と同様に考えられる。そもそも弁済される債務に関して、債務者が終局的に債務を弁済すべき義務を負わされていることに対して、物上保証人はそのような終局的義務を負わないといえる。それにもかかわらず、終局的に債務を負担するいわれのない物上保証人が債務者に代わって債務を弁済したか、または担保目的物の所有権を失ったという点で物上保証人に損失が生じていることに対して、本来終局的に債務を負担すべき債務者は物上保証人の弁済（第三者弁済）によって債務を免れる結果となっている。このような状況は、物上保証人（第三者）に割当てられるべき財貨によって債務者に債務消滅の利得が生じており、財貨秩序に反する状態にあるといえる。このことをもって、物上保証人による債務の免除が債務者にとって不当な利得であると評価できる実質的根拠といえる。さらに、このような実質的根拠を前提とするならば、物上保証人の求償権は、財貨秩序に反する不当な利得を利得者（債務者）から損失者（物

上保証人である第三者）に返還させて、本来あるべき財貨秩序に適合した状態を回復させるという「財貨秩序の矛盾を調整する機能」を有していると考えられる。

(b) 求償範囲

　物上保証人が債務を弁済した場合にも、本書における統一的な視点から保証ないしは第三者弁済の場面との比較のうえで把握可能である。すなわち、債務者から頼まれて物上保証人となった場合には、債務者と弁済者間に意思的要素が介在しているので、求償範囲は出捐額および利息となり、委任の費用償還請求権と一致する。この場合、民法351条およびこれを準用する民法372条によって受託保証人の求償権に関する民法459条が準用され、結果的には民法442条2項が準用されることになる。また、利害関係を有する第三者の弁済の場面に該当するともいえる（民法474条）。他方で、債務者からの委託によらずに物上保証人になった場合には、債務者の意思に反しないならば、弁済時に利益を受けた限度で求償することができる。これは、委託を受けない保証人に関する民法462条1項の範囲と一致する。これに対して、債務者の意思に反する場合には、現存利益の返還に限られる。これは、民法462条2項または不当利得と一致する。

　ところで、担保不動産の譲受人に対する売主の責任という視点から、民法567条2項が「その費用の償還を請求することができる」と規定する。これも求償関係を予定した規定と捉えることが可能であり、保証および第三者弁済の求償規定との関係を考慮する必要が生じるといえよう。

d　連帯債務における求償権

(a) 実質的根拠および機能

　連帯債務における相互保証説による構造分析からすると、連帯債務者は各自の負担部分に関して相互に保証しあっているといえる。したがって、連帯債務者の一人が連帯債務を弁済した場合には、他の連帯債務者の負担部分については他人の債務を弁済したことにほかならない。したがって、弁済以降の連帯債務者同士の内部的関係は、保証、ひいては第三者弁済の場面と共通

性を有することになる。

　具体的には、他の連帯債務者の負担部分に関して、その者が終局的に債務を弁済すべき義務を負わされていることに対して、弁済した連帯債務者はそのような終局的義務を負わないといえる。それにもかかわらず、終局的に債務を負担するいわれのない連帯債務者が他の連帯債務者に代わってその他者の負担部分を弁済したという点で弁済者に損失が生じている。これに対して、本来終局的に債務を負担すべき連帯債務者は他の連帯債務者の弁済によって債務を免れる結果となっている。これは、弁済した連帯債務者に割当てられるべき財貨によって他の連帯債務者に債務消滅の利得が生じており、財貨秩序に反する状況にあるといえる。このことをもって、連帯債務者の負担部分を超える弁済による債務の免除が他の連帯債務者にとって不当な利得であると評価できる実質的根拠といえる。さらに、このような実質的根拠を前提とするならば、連帯債務者の求償権は、財貨秩序に反する不当な利得を利得者（他の連帯債務者）から損失者（弁済した連帯債務者）に返還させて、本来あるべき財貨秩序に適合した状態を回復させるという「財貨秩序の矛盾を調整する機能」を有していると考えられる。

　(b)　求償範囲

　連帯債務においても、求償権の範囲を考慮するにあたっては、求償権者と義務者間の意思的要素を考慮すべきである。この点、連帯債務の発生根拠を考えるならば、通常は債務者相互間に連帯債務を負うべき意思がそれぞれ認められる。たとえば、共同事業のために借りた資金や必要経費については、共同事業者同士で負担する意思が認められる。もし、これに反する意思を有していれば、共同事業者内の誰かが単独で債務を負うという特約を付すべきである。このような連帯債務を負担する意思には、債権者から請求されれば全額を支払うという意思が含まれている。そこで、各自の負担部分に関して、いわば委託を受けた保証人と同様の関係にあるといえる。したがって、求償しうる範囲は、意思的要素の認められる受託保証人の求償権（民法459条）と同じく、出捐額に利息を付したものと考えるべきである（民法442条）。これは、ひいては委託を受けた第三者の弁済の場面に帰着するといえる。

e 共同不法行為における求償権

(a) 実質的根拠および機能

共同不法行為の場合も、連帯債務と同様に相互保証的関係から説明が可能である。ただし連帯債務の場合には、連帯債務者間に意思的要素が介在していることに対して、共同不法行為の場合には意思的要素は存在していない。共同不法行為の場合には、被害者である債権者の保護を目的として、民法719条によって共同不法行為者にいわゆる全部義務が負担させられることとなる。このような外部関係上の相違点は存在するものの、共同不法行為者の一人が弁済した後の内部関係については、基本的に連帯債務者の弁済の場合と異ならない[33]。

共同不法行為の場合には、他の共同不法行為者が弁済すべき損害賠償債務の負担部分に関して、その他者が終局的に債務を弁済すべき義務を負わされていることに対して、弁済した共同不法行為者はそのような終局的義務を負わないといえる。それにもかかわらず、共同不法行為者の一人が他の共同不法行為者の負担部分を代わって弁済したという点で弁済者に損失が生じていることに対して、本来終局的に債務を負担すべき共同不法行為者は他者の弁済によって債務を免れる結果となっている。これは、弁済をした共同不法行為者に割当てられるべき財貨によって他の共同不法行為者に債務消滅という利得が生じており、財貨秩序に反する状態にあるといえる。さらに、このような実質的根拠を前提とするならば、共同不法行為における求償権は、財貨秩序に反する不当な利得を利得者（他の共同不法行為者）から損失者（弁済者）に返還させて、本来あるべき財貨秩序に適合した状態を回復させるという「財貨秩序の矛盾を調整する機能」を有していると考えられる。

(b) 求償範囲

求償範囲に関しては、共同不法行為者間に意思的要素が介在していないことから、連帯債務者間の求償権と同様に解しうるか疑問が生じる。しかし、この問題に関しては従来あまり議論されてこなかった。本書の視点からすると、連帯債務と共同不法行為の場面では、求償権の実質的根拠および機能面で同質性が認められることから、基本的には同様に考えるべきことが導かれ

る。しかし、共同不法行為の場合では共同不法行為者間に連帯債務を負うべき意思的要素は介在しておらず、外部的要素としての債権者保護のために法律によって連帯債務を課されたといえる。そこで、求償範囲には「利息」を含めるべきではなく、求償範囲の基本に立ち返って、他人の負担部分に関する「出捐額」を基本とすべきではないであろうか。

f 使用者責任における求償権
(a) 実質的根拠および機能

使用者が不法行為を行った被用者に代わって損害賠償債務を履行し、その被用者に求償しうる場合には、不法行為を行った本人である被用者が終局的に損害賠償債務を履行すべき義務を負わされている。これに対して、弁済した使用者はそのような終局的義務を負わないといえる。それにもかかわらず、終局的に債務を負担するいわれのない使用者が被用者の損害賠償債務を代わって弁済したという点で使用者に損失が生じていることに対して、本来終局的に債務を負担すべき被用者は使用者の弁済によって債務を免れる結果となっている。このような状況は、弁済をした使用者に割当てられるべき財貨によって被用者に債務消滅の利得が生じており、財貨秩序に反する状況にあるといえる。さらに、このような実質的根拠を前提とするならば、使用者責任における求償権は、財貨秩序に反する不当な利得を利得者（被用者）から損失者（使用者）に返還させて、本来あるべき財貨秩序に適合した状態を回復させるという「財貨秩序の矛盾を調整する機能」を有していると考えられる。

以上に対して、使用者から被用者への求償を制限すべき場合があるという主張がなされている。いわゆる求償制限の場面である。この場合には、報償責任または危険責任の原則が影響することによって、被害者に対して損害賠償義務を終局的に負担する者が使用者であると評価されることになり、使用者が弁済をしたとしても、これは自己の債務の弁済にほかならず、財貨秩序に反する状態は出現していない。したがって、財貨秩序の矛盾を調整する機能を有する求償権も成立しないことになる。

他方で、被用者から使用者への求償権（いわゆる逆求償）に関しては、被

用者が終局的に損害賠償義務を負うと考えられる限りは、そのような被用者が損害を賠償しても財貨秩序に反する矛盾状態は生じていないことになる。したがって、被用者の求償権は基本的には成立しない。しかし、危険責任ないしは報償責任の原則によって被用者が免責されるべきである反面、使用者自身が損害賠償義務を負担すべきと評価される場合には、本来義務を負担すべき使用者に代わって被用者が債務を弁済したことにより、被用者に財産的な損失が生じていることに対して、使用者に債務からの免責という利得が生じているといえる。したがって、この場合には財貨秩序の矛盾を調整する機能を有する求償権が成立すると考えられる。

(b) 求償範囲

使用者の求償権が成立する場合に、求償当事者間、すなわち使用者と被用者間で被用者の負う損害賠償債務を使用者が代わって弁済するという意思的要素は存在していない。民法715条は、被害者である債権者の地位を保護・強化するために、法律上、使用者に代位弁済の義務を課すという制度であると考えられる。したがって、求償しうる範囲は、出捐額が基本に据えられるべきであろう。他方で、逆求償に関しても、求償当事者間に代位弁済の意思は介在していない。したがって、被用者の逆求償を認めるならば、求償範囲は出捐額が基本となる。

このような使用者責任の場合にも、求償しうる範囲の問題はこれまでほとんど議論されておらず、今後検討されるべき問題と考える。

g 土地工作物責任における求償権

(a) 実質的根拠および機能

土地工作物責任においては、民法717条1項によって、第一次的には占有者が損害賠償の責任を負担するが、占有者が損害発生の防止に必要な注意をなしていたときには、第二次的に所有者が損害賠償の責任を負担する。ただし、この規定に従って占有者または所有者が被害者に対して損害賠償を履行したにもかかわらず、損害原因責任者が他に存在する場合には、弁済者はその者に対して求償権を行使できる（同条3項）。この場合、損害原因責任者

が終局的に損害賠償責任を負担すべきと法律上評価されることによって、占有者または所有者が損害を賠償した場合には、財貨秩序に反する状態が出現していることになる。すなわち、占有者または所有者は終局的に損害賠償債務を負担するいわれはないにもかかわらず、債務を履行した点で財産的に損失を被っている一方で、損害原因責任者は被害者との関係で免責という利益を得ている。したがって、財産的に損失を被っている弁済者（占有者または所有者）から利益を得ている損害原因責任者に対して、利得と損失の調整機能を有する求償権が成立するということになる。

(b)　求償範囲

求償範囲については、従来ほとんど議論されていない。これに関して、本書の視点からすると、占有者または所有者と損害原因責任者との間に代位弁済の意思的要素が存在していないことから、「出捐額」を基本とすべきではなかろうか。

(2)　錯誤無効の場合における求償権

以上の場面に対して、錯誤で他人の債務を弁済した際に、このような誤想弁済者が、民法707条1項によって受領者（債権者）に対して不当利得の返還を請求できない場合には、真の債務者に対する求償が認められる（民法707条2項）。この場合、本来的に債務を弁済すべき真の債務者に代わって債務を弁済し、法律の規定によって債権者から出捐の回収ができなくなった誤想弁済者に財産上の損失が発生していることに対して、債務の弁済を免れた真の債務者に利得が生じている。したがって、財貨秩序に反する矛盾状態を調整するために、求償権が成立するといえる。その際の求償範囲は、求償当事者間に意思的要素が介在していないことにより、基本的には出捐額となるはずである。ただし、弁済者には勘違いという一定の落ち度が認められることから、利得の押し付けからの債務者の保護を考慮して、結論としては「現存利益」の返還と考えるべきではなかろうか。

他方で、民法707条の規定から離れて、錯誤で他人の債務を弁済した場合

を広く想定するならば、誤想弁済者は不当利得による求償権を一般的な形で行使できる。すなわち、錯誤による弁済の無効を弁済者が有効とみなすことによって（無効行為の追認）、給付受領者（債権者）への給付型不当利得を放棄し、その結果、債務免除という利益を得た債務者に対して求償型不当利得を行使するということである。その際に、受領者である債権者が破産した場合を想定して、破産債権者など利害関係人保護の視点から、誤想弁済者が錯誤で無効な弁済給付を追認する場合には、追認の効果を将来に向かって有効と捉え、かつ有効な第三者弁済の要件に反する形態では追認を認めるべきではないと考える。この場合の不当利得による求償権の実質的根拠は、誤想弁済者の出捐による損失と、真の債務者の免責による利得とに求められる。

　このような準則は、他人の債務を自己の債務と誤信した場合のみならず、自己が保証人であると誤信した場合にも適用可能である。さらには、自己が共同不法行為者であると誤信して損害賠償債務を支払ったが、実際には不法行為責任を負わないという場合にも適用可能である。そこで、上記（1）でみた他人の債務の弁済が有効な場面に対して、他人の債務の弁済が錯誤で無効な場面における求償権の問題として、統一的求償制度内でパラレルな構造として捉えることが可能である。

（3）　事前求償権

　次に、求償制度内における事前求償権の位置づけについて考えたい。

　先に検討したように、メディクスは受託保証人の免責請求権（BGB775条）を求償制度の枠外においている。これは、日独間の規定形式の相違が影響していると考えられる。ドイツでは、BGB775条の規定形式からすると、同条1項により、保証人が主債務者の資力が悪化した一定の場合に、保証債務からの免責を請求できると規定し、同条2項では、免責に代えて担保を供与できると規定する。すなわち、「免責請求権」および「担保供与」が主目的とされており、「事前求償権」は規定されていない。そこで、ドイツでは受託保証人の事前求償権は考慮されず、メディクスも当然に求償制度から除外しているものと捉えられる。

これに対して、日本民法の規定は、受託保証人を保護するために、この者の弁済前に「求償権」を認めることが主目的であり、さらに事前求償への不安を解消するために担保提供または保証人の免責が認められていると捉える余地がある。そこで、日本法における受託保証人の事前求償権の法的根拠をどのように解すべきかが問題となろう。この問題を解決するには、先に述べた通り、事前求償権規定の沿革および立法経緯を踏まえた詳細な検討が不可欠である。しかしここではその余裕がないことから、本書での成果を踏まえて、現時点での展望を述べるにとどめたい。

　これまで述べてきた事後求償権の実質的根拠および機能からすると、保証人による債務の弁済より前に認められる事前求償権については、弁済による損失も債務の消滅による利得も生じていない。従って、財貨秩序の矛盾が生じていない段階で発生する権利であるという点で、事後求償権と同様の根拠で説明することは困難である。一般的には、事前求償権は受託保証人を特別に保護した政策的規定であると説明されている。しかし、政策的規定というだけでは、事前求償権の発生メカニズムを分析的に説明しているとはいえないであろう。

　そこで、本書の事後求償権の考え方を前提とするならば、本来的には他人の債務の弁済後に発生すべき「事後求償権」をひとつの確定した権利として観念的に捉えうることを前提として、「事前求償権」とは、債務者無資力の危険が発生する一定の場合に限定して、意思的要素の介在する受託保証人を保護するために、将来の弁済を先取りして弁済前に「事後求償権の発生および権利行使」を認める制度であると考えられるのではないか[34]。すなわち、あくまで事後求償権が本来の求償権であるところ、意思的要素の介在する受託保証人を保護するために、弁済前に事後求償権の行使を例外的かつ創設的に認める政策規定だということである。このように考えるならば、事前求償権、担保提供または保証人の免責は、すべて受託保証人の事後求償権を一定の場合に側面から補強する制度であると捉えられるであろう。

　ところで、求償権を統一的に捉えることが可能であって、かつ事前求償権を認めるにあたって求償当事者間の意思的要素を強調するならば、事前求償権は委託を受けた物上保証および連帯債務にも拡大して適用することが可能

といえるのではないか。物上保証への事前求償権の類推適用は、第1章第1節第3款でみたように、判例がこれを否定したことを契機として、学説上も議論がさかんになっている。他方で、連帯債務への類推適用はほとんど議論されていないが、今後、検討に価する問題であると考える。

(4) 弁済による代位

　最後に、本書第1章第3節での検討をも踏まえつつ、弁済による代位の位置づけを考えたい。
　ドイツでは、統一的な代位の規定というものは存在せず、個別の場面で法定代位によって移転する原債権自体を求償権として認めている（BGB268条3項など）。したがって、メディクスも法定代位を手段とする求償を当然に認めている。しかし日本では、弁済による代位は条文上統一的な形で規定されており（民法499条、500条）、これに加えて民法501条が「自己の権利に基づいて求償をすることができる範囲内において」代位権を行使できると規定していることから、代位の前提として固有の求償権の存在を要求していると考えられている。そのうえで、原債権の行使範囲は求償権の範囲に制限されるという主従的競合関係にあると解されている。他方で、固有の求償権については、求償型不当利得が適用されることによって、常に成立が根拠づけられるといえる[35]。さらに、求償権の実質的根拠および機能を本書のように確定することが可能であるとすれば、このような求償権と代位による原債権とは発生根拠がまったく異なることになる。すなわち、原債権は債権者と債務者との間のそれぞれの関係から発生する債権であるが、求償権はそのように発生した他人の債務を弁済することによって弁済者のもとで固有に発生する請求権であるといえる。以上のように考えるならば、日本では弁済による代位によって移転する「原債権」を「求償権」として認める法律上の根拠は存在せず、かつそのような必要性もないということになろう。あくまで固有の求償権を確保するために、原債権および担保の移転を法律的に認めた制度であると捉えることで足りると思われる。
　そこで、弁済による代位は、上述の事後求償権を確保するために、意思的

要素の有無を問わず求償権者を一般的に保護するための制度と考えるべきであろう。

注　第6章

(1) D. Medicus, Bürgerliches Recht, 20., neubearb. Aufl., 2004, S. 626ff.
(2) メディクスは、求償型不当利得の適用範囲に関する一般的規準をそのまま求償制度の説明のために活用している。Vgl. Medicus, a.a.O., S.651-655.
(3) Medicus, a.a.O., S.630.
(4) Medicus, a.a.O., S.630-633.
(5) 【BGB401条（債務法改正による変更なし）】〔従たる権利と優先権の移転〕①債権のために存在する抵当権、船舶抵当権および質権、ならびに債権のために設定した保証にもとづく権利は、譲渡した債権とともに新債権者に移転する。②強制執行または破産の場合につき債権と結合した優先権は、新債権者も行使することができる。
【BGB412条（債務法改正による変更なし）】〔法律上の債権移転〕第399条から第404条まで、および第406条から第410条までの規定は、法律にもとづく債権の移転に準用する。
(6) 【BGB255条（債務法改正による変更なし）】〔代償請求権の譲渡〕物または権利の喪失に対して賠償しなければならない者は、物の所有権または第三者に対する権利にもとづいて賠償権利者が有する請求権の譲渡と引換えにのみ賠償する義務を負う。
【BGB改正後285条1項（改正前281条1項）】〔代償の引渡し〕債務者が、第275条第1項から第3項にもとづき給付をする必要のない事情により、債務の目的につき代償または代償請求権を取得したときは、債権者は、代償として受領した物の引渡しまたは代償請求権の譲渡を請求することができる。
(7) 【BGB426条（債務法改正による変更なし）】〔連帯債務者の求償義務〕①連帯債務者は、別段の定めがない限り、その相互関係においては平等の割合で義務を負う。連帯債務者の一人からその負担部分を取り立てることができないときは、求償につき義務を負う他の債務者がその欠損を負担する。

②連帯債務者の一人が債権者に満足を与え、かつ他の債務者に対して求償することができるときは、他の債務者に対する債権者の債権はその債務者に移転する。この移転は、債権者の不利益において主張することができない。

(8) 【BGB670条（債務法改正による変更なし）】〔委任の費用償還〕受任者が委任の執行のために事情により必要と認められる費用を支出したときは、委任者は費用償還義務を負う。

【BGB683条（債務法改正による変更なし）】〔事務管理の費用償還〕事務管理の引受が本人の利益およびその現実の意思または推知することのできる意思に適合するときは、管理者は、受任者と同様にその費用の償還を請求することができる。第679条の場合には、事務管理の引受が本人の意思に反するときでも、管理者はこの請求権を有する。

(9) 【BGB774条（債務法改正による変更なし）】〔法律上の債権移転〕①主債務者に対する債権者の債権は、保証人が債権者を満足させる限度で、保証人に移転する。この移転は、債権者の不利益に主張することができない。主債務者と保証人との間に存在する法律関係にもとづく主債務者の抗弁は、影響を受けない。②共同保証人は、相互に第426条に従ってのみ責任を負う。

(10) Vgl. Medicus, a.a.O., S.651-655. メディクスの求償型不当利得論に関しては、第3章を参照。

(11) Medicus, a.a.O., S.633-635.

(12) 【BGB769条（債務法改正による変更なし）】〔共同保証〕数人が同一の債務につき保証した場合は、保証を共同で引き受けないときでも、その保証人は連帯債務者として責任を負う。

(13) 【BGB1143条】〔債権の移転〕①所有者が人的債務者でない場合には、債権は履行された限度で所有者に移転する。この場合、保証人に関する第774条1項を準用する。

【BGB1150条】〔弁済権を有する第三者〕債権者が土地につき弁済を請求した場合には、第268条、第1144条および第1145条が適用される。

【BGB1225条】〔質権設定者への債権の移転〕質権設定者が人的債務者でない場合には、質権者に弁済した限度で債権は質権設定者に移転する。この場合、保証人に関する第774条を準用する。

【BGB1249条】〔弁済権〕質物の譲渡によって質物上の権利を失う者は、債務者が給付する権利を得た場合には、ただちに債権者に弁済することができる。この場合、第268条第2項および第3項の規定を準用する。

(14) 【BGB1173条】〔所有者の一人による弁済〕①共同抵当の設定された土地の所有者の一人が債権者に弁済した場合には、その者はその土地に存在する

抵当権を取得する。ただし、他の土地上に存在する抵当権は消滅する。債権者の権利が所有者に移転したとき、または債権と債務が所有者一人に帰属したときは、債権者は所有者から弁済を受けたものとみなす。②弁済した所有者が他の土地の所有者または前の所有者に対して償還を請求しうる場合には、その所有者の土地上に存在する抵当権もまた償還請求権の額の限度において弁済した所有者に移転する。その抵当権は、自己の土地上に存在する抵当権とともに共同抵当として存続する。

【BGB1181条】〔土地についての弁済による消滅〕①債権者が土地につき弁済を受けた場合には、抵当権は消滅する。②共同抵当の設定された土地のひとつにつき弁済がなされた場合には、他の土地はその負担を免れる。

【BGB1182条】〔共同抵当の弁済による移転〕共同抵当の場合には、債権者に弁済した土地所有者が他の土地の所有者または前の所有者に対して求償しうる限度において、その土地上に存在する抵当権は弁済した所有者に移転する。

(15) 【BGB267条（債務法改正による変更なし）】〔第三者による給付〕①債務者が自ら給付を行う必要のないときは、第三者も給付を行うことができる。この場合、債務者の同意は必要でない。②債務者が異議を述べたときは、債権者は、給付を拒絶することができる。

【BGB268条（債務法改正による変更なし）】〔第三者の弁済権〕①債権者が債務者に属する目的に対して強制執行を行うとき、その強制執行によりその目的上の権利を失うおそれのある者は、債権者を満足させる権利を有する。強制執行により物の占有を失うおそれがあるとき、その占有者も同様の権利を有する。②満足は、供託または相殺によっても与えることができる。③債権は、第三者が債権者を満足させる限度で、第三者に移転する。この移転は、債権者の不利益に主張することができない。

(16) そもそも本書においてドイツ求償型不当利得論を参照していること、およびそのなかにメディクスの求償型不当利得論も含まれることからすると当然の帰結ともいえる。ただし、メディクスが求償権の根拠、ひいては求償制度の枠組を求償型不当利得から導いているか否かは明示されていない。

(17) 鳩山秀夫『日本債権法（総論）』（岩波書店、増訂改版、1925年）273頁、勝本正晃『債権総論 中巻（一）』（厳松堂、1934年）187-188頁。

(18) 我妻栄『新訂 債権総論』民法講義Ⅳ（岩波書店、1964年）433-434頁、松坂佐一『民法提要 債権総論』（有斐閣、第4版、1982年）160頁、奥田昌道『債権総論』（悠々社、増補版、1992年）364-365頁、前田達明『口述 債権総論』（成文堂、第3版、1993年）340頁、淡路剛久『債権総論』（有斐閣、2002年）369頁ほか。

(19) 鳩山・前掲注（17）323頁、石坂音四郎『日本民法 第三編債権第三巻』（有斐閣、1923年）1097-1098頁。
(20) 我妻・前掲注（18）『債権総論』488-495頁、於保不二雄『債権総論』法律学全集20（有斐閣、新版、1972年）278-280頁、松坂・前掲注（18）180-182頁、奥田・前掲注（18）403-408頁、前田・前掲注（18）368-371頁、近江幸治『債権総論』民法講義Ⅳ（成文堂、第3版、2005年）224頁。
(21) 青野博之「不法行為における複数関与者間の求償権」法時60巻5号（1988年）43頁。
(22) 谷口知平『不法原因給付の研究』（有斐閣、第3版、1970年）228頁、四宮和夫『事務管理・不当利得』現代法律学全集10-ⅰ（青林書院、1981年）182頁、青野・前掲注（21）43頁。
(23) 奥田・前掲注（18）364頁。
(24) 淡路剛久「共同不法行為に関する諸問題」ジュリ臨増431号（1969年）147頁、並木茂「求償権」判タ268号（1971年）118-119頁、原田和徳「自動車事故と共同不法行為」『現代損害賠償法講座3』（日本評論社、1972年）195頁。
(25) 吉原節夫「共同不法行為の内部関係」『不当利得・事務管理の研究（3）』（有斐閣、1972年）254頁、安井桂之介「共同不法行為者間の求償」判タ632号（1987年）39頁、青野・前掲注（21）43頁、平井宜雄『債権各論Ⅱ・不法行為』（弘文堂、1992年）205頁、四宮和夫『不法行為』現代法律学全集10-ⅱ（青林書院、1985年）790頁ほか。
(26) 我妻・前掲注（18）『債権総論』434頁、於保・前掲注（20）240頁、松坂・前掲注（18）160頁、奥田・前掲注（18）365頁、前田・前掲注（18）341頁、林良平ほか『債権総論』現代法律学全集8（青林書院、第3版、1996年）416頁〔高木多喜男〕、淡路・前掲注（18）『債権総論』369頁ほか。
(27) 我妻・前掲注（18）『債権総論』487-495頁、於保・前掲注（20）277-280頁、松坂・前掲注（18）179-182頁、奥田・前掲注（18）403-408頁、前田・前掲注（18）367-371頁、高木・前掲注（26）『債権総論』450-454頁、淡路・前掲注（18）『債権総論』403頁ほか。
(28) 我妻栄『新訂 担保物権法』民法講義Ⅲ（岩波書店、1968年）129頁、228頁、於保・前掲注（20）277頁参照。
(29) 我妻・前掲注（18）『債権総論』249頁。同旨のものとして、奥田昌道『注釈民法（12）』（有斐閣、1970年）65-66頁、於保・前掲注（20）386頁、星野英一『民法概論Ⅲ（債権総論）』（良書普及会、1978年）257頁、松坂・前掲注（18）239頁、奥田・前掲注（18）497頁、前田・前掲注（18）444頁、平井宜雄『債権総論』法律学講座双書（弘文堂、第二版部分補正、1996年）205頁、林ほか『債権総論』現代法律学全集8（青林書院、第3版、1996年）

257頁〔石田喜久夫〕、川井健＝鎌田薫編『債権総論』現代青林講義（青林書院、1999年）229頁〔工藤祐巌〕、安達三季生『債権総論講義』（信山社、第4版、2000年）293頁参照。

(30) 具体的に想定される場面の一例をあげると、保証人が三人いるとして、各人が分別の利益を有していないとすると、債務者が無資力となったような場合には、債権者は共同保証人の一人に全額の弁済を請求することができる。このような状況において、その保証人が全額弁済したが、他の共同保証人のうちの一人が無資力であったというような場合である。この場合には、民法465条1項によって準用される民法444条によって、弁済した共同保証人と他の資力のある保証人とが、無資力者の負担部分を負担することとなる。

(31) 山中康雄「いわゆる連帯ということの意義」民商33巻3号（1956年）337頁。

(32) 詳細については、第4章第2節参照。

(33) この問題にもう少し踏みこめば、第2章で言及したように、共同不法行為者各自の負担部分を観念しうることからすると、他方の負担部分に関しては、当事者の意思にもとづかない法定人的担保と捉えることが可能であろう。

(34) 渡邊力「判批」名法183号（2000年）387頁以下、とりわけ405-408頁参照。ここでは、最判平成10年10月14日に対する判例研究において、破産法104条3項（旧26条1項）にいう「将来行うことがある求償権」の解釈との関連で「事後求償権」と「事前求償権」の関係について一定の考察を加えた。もとより、破産法の特殊性を考慮する必要性を留保しつつも、民法の解釈論に一定の影響を与えうると考える。

(35) 日本でも、第1章第3節でみたように、代位による求償権を認めようとする見解がある。これは固有の求償権が認められない場合があることを想定している。しかし、繰り返しになるが、不当利得の規定を求償権の根拠と認めうる限り、債務者と弁済者との内部関係においては、固有の求償権が認められない場面は存在しないといえる。したがって、代位による求償を認める必要性は存在しないものと考えられる。

結章

まとめと展望

1　本書のまとめ

　（1）　本書では、一貫して求償権の基本構造を問題としてきた。これまでの検討において、求償関係を規律する諸制度、すなわち事後求償権、事前求償権および弁済による代位という三つの制度が密接に関連していることを改めて認識するにいたった。このことが、求償関係にまつわる問題点を複雑化するひとつの要因となっているといえよう。本書は、これら三つの制度の関連性を意識しつつ、とりわけ事後求償権の実質的根拠および機能面に焦点を絞って検討を加えるものである。

　この事後求償権は、代位弁済者と債務者との求償関係を明確化するにあたって特に重要な位置を占める権利である。しかし、事後求償権が代位弁済後に弁済者と債務者との内部関係において問題となる権利であるところ、代位弁済にいたる原因となった債権者との外部的法律関係がまずは重視されてきたといえる。そのため、外部的法律関係についての議論の熟度に比べて、弁済後の内部関係に関する議論は一歩も二歩も立ち遅れている感が否めない。このような議論熟度の乖離状態は、外部的法律関係が不明瞭であり、かつ詳細な求償権規定が存在しない場面であればあるほど、大きくなっている[1]。そこで本書では、あえて外部的法律関係から一定の距離をおいて事後求償権の側面から検討を加えた次第である[2]。

　本書の特徴的な検討手法ないし課題としては、次の二点があげられよう。

まずは、求償権に関する従来の議論を題材とした帰納的手法による分析および検討を中心に据えて、求償制度統一化の視点を探ったことである。次に、事後求償権の実質的根拠および機能を明確化するために、ドイツの議論を相対的な比較対象としつつ、求償型不当利得論を詳細に検討し、ひとつの分析視点を得たことである。これら二つの課題に対する妥当な結論を得ることができたか、そして本書における所期の目的を達成することができたか否かは今後の評価に待つほかはない。そのためにも、重複をいとわずに、これまでの検討結果の重要部分を要約的にまとめておきたい。

　(2)　まず第1章では、求償関係が問題とされる主な場面ごとに、求償権の根拠に関する議論を客観的かつ詳細に分析した。この分析結果を踏まえて、第2章では、求償権の適用場面、根拠および機能面での共通性を明らかとした（第一の課題）。その結論は、次のようにまとめられる。まず、求償関係が問題となる場面において、第三者弁済の場面のみならず、保証および物上保証、さらには使用者責任の場面も含めて、「他人の債務を弁済した場面」という共通性を有する。さらに、これは連帯債務や共同不法行為といった複数全部義務者の場面でも、相互保証理論を媒介とすることによって、他の全部義務者の負担部分については「他人の債務を弁済した場面」として共通性を有している。そこで、広義での他人の債務弁済事例においては、共同債務者が全部義務を負う場合には相互保証理論を媒介として保証の場面を指摘しつつ、さらには保証を条件付の第三者弁済とみうることからすると、求償権の統一的根拠は究極には狭義の第三者弁済における求償権の根拠に求められる。すなわち、債務者と弁済者との内部関係に従って、①委任の費用償還請求権、②事務管理の費用償還請求権、③不当利得の返還請求権のいずれかの規定によって求償権が形式的に根拠づけられるということである。

　続いて第3章では、ドイツの議論を比較対象とすることで、日本の求償型不当利得論を相対化して捉えつつ、不当利得による求償権の判断枠組を明確化した（内容の詳細は同章第4節を参照）。とりわけ、求償型不当利得が「他人の債務の弁済事例」において広く適用可能性を有するということから、その実質的根拠および機能が委任および事務管理の費用償還による求償権の

解明に大きな影響を及ぼすことを指摘した。そして第4章では、とりわけ第3章での検討結果を通じて、形式的根拠の問題とは区別した形で、求償権の「実質的根拠および機能」を統一的な視点から明確化した（第二の課題）。すなわち、事前求償権を除いて、それぞれの求償権の実質的根拠を「債権者・債務者・第三者という三者関係が問題となる他人の債務の弁済事例において、財貨秩序に反してなされた財貨割当てを調整する」という財貨法則に求めることが可能であることを明らかとした。これを機能面に焦点をあてて具体化するならば、求償権とは、終局的に債務を負担すべきいわれのない第三者が債務者に代わって債務を弁済したという点で財貨秩序に反する不当な利得と損失が生じているところ、これを利得者（債務者）から損失者（弁済者）に返還させることによって、本来あるべき財貨秩序に適合した状態を回復させるという「財貨秩序の矛盾を調整する機能」を有しているということである。

　さらに、以上の二つの課題への解答を前提として、求償権を統一的に把握すべき必要性についてまとめた。すなわち、上述のように実質的根拠および機能面での共通性を具体的に確定しうるならば、求償関係が問題とされるすべての場面に「強度の類似性」すなわち「同質性」があると認められる。そして、序章でも述べたように、ある権利の要件および効果面に解釈上不明な点が存在する場合には、その権利の実質的根拠および機能に適合するように解釈すべきである。そうであるならば、本書で確定したように各求償権の実質的根拠および機能面に同質性が認められる限りは、それぞれの要件および効果も統一的な枠組の中で解釈すべきであろう。以上からすると、求償権の判断枠組を統一的に把握することは可能であり、かつそのように捉えるべき意義ないしは必要性が認められる。これにより、本書における所期の目的が達成されたと考える。

　次に第5章では、他人の債務の弁済が錯誤で無効の場合における求償権の判断枠組を探るため、ドイツにおける誤想弁済者の選択権理論を検討した。すなわち、誤想弁済者が受領者に対して給付型不当利得の返還を請求するのみならず、別途、真の債務者に対して求償型不当利得の返還請求権を行使できるか否かという問題である。その結果、これら両不当利得は並存の関係にあるのではなく、まずは錯誤無効を理由として受領者への給付型不当利得が

問題となるところ、誤想弁済者が追認によって自己の弁済を有効とみなし、受領者への給付型不当利得を放棄することで、真の債務者への求償型不当利得（不当利得による求償権）を行使する可能性が生じることを明らかとした。この関係を念頭におけば、本質的な問題は、錯誤で無効な弁済給付を有効とみなすことが可能かという点に帰着する。ドイツでは、錯誤取消の追認または行為基礎喪失論における追完が問題とされることに対して、日本では錯誤無効の追認可能性が問題となる。結論として、利害関係人保護の視点から、誤想弁済者が錯誤で無効な弁済給付を追認する場合には、追認の効果を将来に向かって有効と捉えると同時に、有効な第三者弁済に反する形態では追認を認めるべきではないと考える。このような結論を採ることは、受領者保護および清算関係の単純化をはかることにもつながる。さらに、当該理論は保証債務を負っていると誤信して代位弁済した場合など広義での他人の債務の弁済事例一般に適用可能であるといえる。

最後に第6章では、第4章までの検討によって得られた求償権統一化の視点にもとづいて、各求償場面を具体的に想定しながら、求償権の実質的根拠および機能を考察した。その結果、求償が問題となる各場面では、まさに本書第4章で指摘した実質的根拠にもとづいて求償権が成立し、かつ機能しているといえる。そして、少なくとも事後求償権の実質的根拠および機能面には、具体的な求償場面を想定した形で同質性が認められるということが確認できた。このような同質性をもとにして、さらにはドイツでのメディクスによる統一的求償制度論をも参照するならば、求償権本体の枠組が明らかとなる。それのみならず、錯誤無効の場面における求償権の判断枠組にも射程を広げて、さらに求償権の保護制度をも取り込んだ形で、統一的な求償制度の構築が可能となることを指摘した。

（3）　以上のように、本書では主に理論的な側面から求償権の実質的根拠および機能面での統一化という視点を得た。このことは、実際上の利点としても、序章で例をあげたような求償権の解釈にまつわる様々な問題点を解決するための共通の視点を得ることにつながる。たとえば、共同不法行為、使用者責任または土地工作物責任など、求償関係が問題となるにもかかわら

ず、民法上に詳細な求償権規定が存在しない場面では、詳細な求償権規定を有する保証および連帯債務の場面での求償権の要件・効果に関する規定および議論を比較対象とすることができる。さらには、使用者責任における逆求償のように求償権の成否に争いがある場合には、まさに本書で検討した求償権の実質的根拠および機能の理解が問題解決への一助となるであろう。そこで、このような統一化の視点について、再度まとめておく。

　たとえば、連帯債務での通説が「負担部分を超える弁済」を求償権の要件としていないことに対して、共同不法行為での通説は「負担部分を超える弁済」が必要であると解している。本書の視点に立てば、この両場面が相互保証理論を媒介として同じく「他人の債務を弁済した場面」と捉えうることからすると、基本的には同じ枠組で解釈すべきこととなる。もし別異の解釈が必要とあれば、個別の場面での相違を踏まえたうえで、それなりの理由が必要ということになる。少なくとも従来の見解では、両場面を見据えた相違にもとづく別異解釈の理由ないし必要性が明示されておらず、その意味で解釈手法としては不適切である。他方で、たとえば連帯債務と共同不法行為にみられるように、求償権の認められる実質的根拠は共通するにしても、複数債務者間における意思的要素の有無という実際上の相違点が存在する。そこで、このような相違点が効果面に反映した結果、両場面では求償の範囲が異なるべきものと考えられる。以上のように、第一次的には統一的な基本構造をもとにしつつ、第二次的に個別の相違を反映させることによって、求償制度を細部にわたって確定することが可能となる。このように求償制度が確立されれば、代位弁済者の保護を強化することへとつながり、ひいては代位弁済の促進によって債権者の債権回収機能の強化へと結びつくことになる。

　本書は、そのための基礎研究として、まずは統一的解釈の基本的な視点を提示するものであり、個別の解釈問題について具体的な結論を明示するわけにはいかない。これらの問題群については、これからの課題として、個別の求償場面の検討を踏まえて具体的に検討を進めるつもりである。そこで、最後に、今後の展開を見据えるためにも、とりわけ第6章での検討内容を踏まえて、本書の視点に立った統一的求償制度の概略および重要な課題についてまとめておきたい。

2 今後の展望

　日本における求償制度の大きな枠組として、まず(1)「固有の事後求償権」が財貨秩序の矛盾調整という原則から統一的に導かれる。そして、この固有の事後求償権を側面から保護・強化する制度として、(2)「事前求償制度」と(3)「弁済による代位制度」が存在する。まず、求償権者と義務者間に意思的要素の介在する場合にのみ、(2)「事前求償（または担保供与および免責制度）」が認められる。これにより、債務者から委託を受けて他人の債務を弁済するにいたった受託保証人の保護を強化することが可能となる。さらに言えば、意思的要素が介在するという意味で、場合によっては受託物上保証人や連帯債務者間にも類推適用の可能性が指摘できよう。他方で、意思的要素の有無によらず事後求償権全体を保護強化するために、(3)「弁済による代位」の制度が認められる。以上に対して、他人の債務の弁済が無効な場合には、一次的には受領者への給付型不当利得が問題となるが、誤想弁済者の選択権理論によって無効な弁済を有効とみなすことができれば、二次的に債務者への求償権が問題となりうる。

　続いて、求償制度内で中心的な位置を占める(1)「固有の事後求償権」の内容を確認しておく。まずは、他人の債務の弁済事例を広く統一的に捉え、その中でも狭義での第三者弁済の場面を基本に据えつつ、債権者の保護・強化のための変化形態として保証の場面を観念することができ、さらには同じく物上保証の場面が想定されることになる。この理は、使用者責任、土地工作物責任または錯誤での他人の債務弁済が有効とされる場合においても同様である。これに加えて、連帯債務および共同不法行為のように複数債務者が共同で全部義務を負う場合にも、相互保証理論を媒介とすることによって、統一的な実質的根拠および機能から求償権を捉えることができるのであり、他人の負担部分に関して、保証ないしは第三者弁済における求償権の基本構造[3]を同じように基盤に据えることが可能である。そして以上の各場面での求償範囲について、基本は②「出捐額」であるが、意思的要素の介在する場合には①「出捐額」に「利息」を付加し、逆に意思的要素がなく、かつ債

務者の意思または利益に反する場合には③「現存利益」とすべきである。なお、連帯債務の場面では、常に連帯債務者間に意思的要素が介在しているとみることが可能であるが、共同不法行為の場合には意思的要素の介在はみられず、被害者である債権者を保護するために法律が認めた連帯関係であるということができる。したがって、求償権の効果面における出捐額の問題は、各場面の事情を考慮してそれぞれ別異に検討すべきである。

　以上のように事後求償権の実質的根拠および機能面での同質性をもとに統一的な求償制度構築の展望を示した（求償制度の概略について、【図表4】を参照）。もとより、繰り返し述べているように、実質的根拠および機能面での同質性の当否という問題が前提として存在するのであって、現時点では求償型不当利得論の機能分化の考え方を前提とした財貨法秩序の原則にもとづいて、さらにはドイツにおけるメディクスの求償制度論を比較題材として、ひとつの展望を開示したにすぎない。このような見解を今後展開していくにあたっては、こちらも何度か述べてきたことではあるが、多くの問題点が存在している。そこで最後に、これからの課題と展望を提示しておきたい。

　各求償場面に存在するいくつかの問題について、その解決指針をみてきた。しかし、それ以外にも個別の場面ごとに外部関係を考慮しながら解決されるべき問題が存在している。本書では、債務者と弁済者間の内部的関係である求償権に関する統一化の視点を指摘したものであるが、場面ごとに債権者と弁済者間の関係である外部的要因が内部関係としての求償関係にどのように影響を与えるのかを個別に検討する必要がある。換言すれば、求償権が成立するための実質的根拠として指摘される「財貨秩序に矛盾した状態であるか否か」については、債権者との関係を含めた外部的法律関係を考慮することで判断されなければならないということである。たとえば、使用者責任における求償制限の問題、共同義務者間の負担部分決定規準の問題があげられよう。他方で、本書では弁済による代位によって移転する原債権と求償権とは異なる請求権であると指摘した。しかし、弁済による代位が具体的にどのような求償権保護制度であるのか、また求償権と原債権とはどのような関係にあるのかを検討する必要があろう。これは事前求償制度についても同様である。

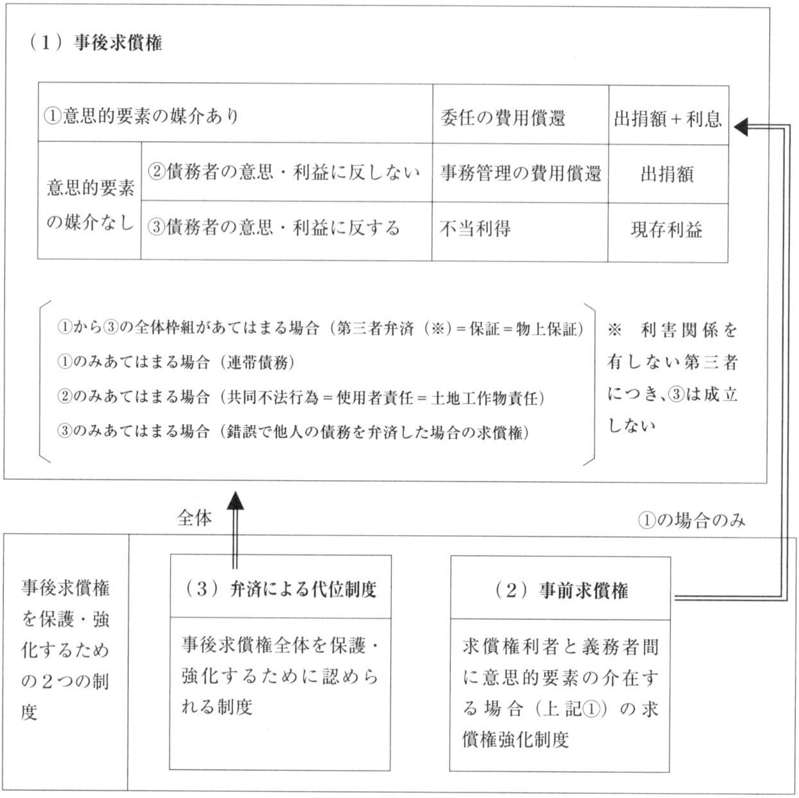

（1）事後求償権

①意思的要素の媒介あり		委任の費用償還	出捐額＋利息
意思的要素の媒介なし	②債務者の意思・利益に反しない	事務管理の費用償還	出捐額
	③債務者の意思・利益に反する	不当利得	現存利益

①から③の全体枠組があてはまる場合（第三者弁済（※）＝保証＝物上保証）
①のみあてはまる場合（連帯債務）
②のみあてはまる場合（共同不法行為＝使用者責任＝土地工作物責任）
③のみあてはまる場合（錯誤で他人の債務を弁済した場合の求償権）

※　利害関係を有しない第三者につき、③は成立しない

全体　　　　　　　　　　　　　　　　　　　①の場合のみ

事後求償権を保護・強化するための2つの制度

（3）弁済による代位制度
事後求償権全体を保護・強化するために認められる制度

（2）事前求償権
求償権利者と義務者間に意思的要素の介在する場合（上記①）の求償権強化制度

【図表4】　求償制度の概略図

このような求償関係に密接に関連する問題点ないし制度についても、諸種の権利および制度の実質的根拠および機能を明らかにすることによって一定の解決指針が立つものと思われる。とりわけ本書で明らかとしたように、事後求償権の実質的根拠および機能面に同質性が認められるならば、各種の求償場面を貫く比較の基礎が成立すると同時に、他の求償制度（弁済による代位・事前求償）との対比関係も明らかとなる。この点に本書公刊の最も重要な意味があると信じつつ、ひとまずページを閉じることにしたい。

注　結章

(1) このような意味からも、日本民法典における求償関係規定の不備および欠飲の問題性を強調しておきたい。序章で整理したように、規定の不備が著しいのは、使用者責任、土地工作物責任、錯誤での他人の債務の弁済の場面である。また、規定を欠くのは、被用者から使用者への求償（いわゆる逆求償）、共同不法行為、第三者弁済の場面である。本書は、主として理論面から解釈論を展開するにあたっての基礎研究であって、もとより立法論に踏み込むものではない。しかし、来るべき抜本的な民法改正に向けて、当該分野における議論の進展に多少なりとも寄与するところがあれば幸いである。

(2) もとより外部的法律関係と内部的法律関係とを完全に切り離した議論が成り立つわけではないが、その重点を代位弁済の「後」においた総合的な検討も重要であろう。

(3) 先に詳述したように、債務者に頼まれて代位弁済するという意思的要素の介在する場合には、具体的には委任の費用償還請求権が適用され、そのような意思的要素の介在しない場合には、債務者の意思に反しないときには事務管理の費用償還請求権、債務者の意思に反するときには不当利得の返還請求権が適用される。

〔初出一覧〕

序章〜第2章、第4章、第6章および結章
　「統一的求償制度・序説（1）（2・完）――実質的根拠および機能面での統合可能性」摂南 31 号 1 頁以下、32 号 71 頁以下（2004 年）

第3章
　「第三者弁済における求償権（1）（2・完）――ドイツ求償不当利得論に示唆を得て」名法 189 号 261 頁以下、190 号 176 頁以下（2001 年）

第5章
　「誤想弁済者による給付型不当利得と求償型不当利得との関係――ドイツにおける判例・学説の検討を通じて」伊藤高義教授退官記念論文集・名法 201 号 511 頁以下（2004 年）

索　引

[い]

イジールハイム事件　196, 206, 219
一元説　46-47
一部連帯　28, 61, 66
一部連帯責任論　61
一個説　46, 135
委任または事務管理説　121, 127

[う]

ウィルヘルム（Wilhelm）　209

[え]

エッサー・ヴァイヤース（Esser/Weyers）　157, 220

[お]

横断的検討　120, 122, 234, 238
押し付けられた利得　148, 150-153, 155, 157, **164**, **168-169**

[か]

解放請求権　44

[き]

機関保証　35, 103
企業責任　73, 83

危険責任　69, 71, 73, **75**, **254-255**
帰責単一体　199
帰納的手法　21, 266
逆求償　12-13, **67**, **80**, **83-84**, 235, **254-255**, 269, 273
逆求償権　67, 235
求償型不当利得　15-16, 20-21, 79-80, 90, 122, 132, 134, **141-**, 182-184, 186-187, 189, 193-195, **214**, 216, 218-219, 223, 227, 229-231, 242-245, 257, 266-268, 271
求償型不当利得論　15-16, 20-21, 25, 90, 122, 132, 134, **141-**, 182, 186-187, 230, 242, 244-245, 266, 271
求償権・求償関係
　　共同不法行為における――　13, **60**, 84, 93, 130, 180, 186, **253**
　　共同保証人間の――　12, 35, **48-51**, 241
　　錯誤による他人の債務の弁済――　22, **89**, 143-144, 165, 203
　　錯誤無効の場合における――　193, 256
　　使用者責任における――　12-13, 60, **67-**, 137, 139, 145, 237, **254**, 269, 271
　　使用者の――　**67-**, 145, 180, 235, **254-255**
　　代位による――　86-88, **95**, **99**, 128, 144, 156, 166, 232, **259**
　　第三者弁済における――　12, 15, 53, **85-88**, 130, 132, 141, 144, 147,

　　　　　182-184, 186, 188-190, 198, 201,
　　　　　205, 215, 239, 244, **246-249**, 266,
　　　　　270
　　土地工作物責任における—— 12,
　　　　90-93, 235, **255**
　　被用者の—— 67, **80-85**, 126, 180,
　　　　235, **254-255**
　　物上保証における—— **51-59**, 137,
　　　　140, 231, **250**
　　不当利得による—— 15, 20-22, 97,
　　　　100, 134, 141, 150, 153, 156, **166**,
　　　　169, **179-183**, 185, 189, 200, 219,
　　　　231, 245, 257, 266, 268
　　保証における—— 15, 32, **34-39**,
　　　　48, 50-51, 53, 57-59, 126-127,
　　　　160, 186, 231, **248-250**
　　連帯債務における—— 13, 18, **28
　　　　-34**, 49-50, 62-67, 76, 121, 125-
　　　　126, 133, 230, 236, 241, **251**
求償権の制限・拡張　238, 240
求償しうる範囲　12, 13, 37, 185, 247-
　　256
求償手段　155, 225-226, 231, 246
求償制限理論　68, 77
求償範囲　37, 46, 54, 93-98, 132, 186,
　　238-240, 247-256, 259, 270
給付型不当利得　22, 160, 194, 203-204,
　　207-208, 212, 214, 216, 218, 257, 267-
　　268, 270
給付の指示　155, 162, 228
共同保証　12, **48-51**, 99, 228, 230, 241

[け]

ケーニッヒ（König）　150, 207
ケメラー（Caemmerer）　**149**, 161, 166,
　　207, 212, 215

[こ]

行為基礎喪失論　215, 218, 221, 268
行為基礎の喪失　207, 215
衡平説　34, 122, 146
誤想弁済者の選択権理論　21-22, 90,
　　159-160, **193**, 205, 212, 267, 270
個別の法律関係説　67, 121, **123-124**

[さ]

財貨移転法則　146, 167
財貨帰属秩序　163, 185, 186
財貨帰属法則　146, 167-168
財貨帰属割当ての調整　86, 129, 134,
　　181
債権回収の保護・強化　14
債権譲渡　151, 153, 156, 164, 208-209,
　　211, 226

[し]

自己責任　69, 73, 75, 77, 81
事前求償権
　　受託保証人の—— 13, 32, **39-47**,
　　　　58, **134-136**, 184, 232-233, 236,
　　　　251-252, **257-259**, 270
　　物上保証における—— 15, **53-59**,
　　　　136-137, 231, 250
質権　52, 55-56, 155, 229
実質的根拠　4, 12-13, 18-19, **25**, 120,
　　129, 133-135, 141-142, 146-147, 162-
　　163, 167-168, **179-190**, 223-224, 233,
　　265-273
主観的関係　30, 102, 123
主従的競合関係　98-99, 259
シュナウダー（Schnauder）　210
新接木説　96
人的担保　31, 38, 126, 138, 264

索引

[せ]

請求権競合　50, 98-99, 166, 183, 232, 243
清算関係　20, 211, 217-218, 268
責任　52
責任財産　33, 38, 86-87, 128-129, 181
接木説　95-96
選択権　21-22, 90, 159-160, **193-**, 267, 270

[そ]

相互性アプローチ　98
相互保証　**30-34**, 67, 80-84, **121**, **125-132**, 181, **186-188**, 243, 251, 253, 266, 269-270
相互保証的性質　31, 34, 125, 129
訴権譲渡　149, 161
損害原因責任者　90-93, 255-256

[た]

代位制度　65, 86, **94-100**, 128, 147, 233, 270
代位責任　69-74, 75, 77, 80-81, 132
多数当事者間の不当利得　86, 141, 147, 167-168

[つ]

通知義務　240-242
通知による移転　155, 226, 230

[て]

抵当権　52, 54, 96, 228, 260-262
テーメ（Thomä）　206

[と]

ドイツ民法典（BGB）　149
統一的求償制度　21, 223-224, 232-, 246-260, 268-269
統一的視点　15, 18
当然説　122

[に]

二元説　46-47
二個説　46, 135
二分説　96

[は]

賠償者代位　64-65
判断枠組　14-15

[ひ]

非給付利得　25, 146, 153, 156
非債弁済　151-152, 156-157, 159

[ふ]

フィケンチャー（Fikentscher）　156
複数扶養義務者　143
附従性アプローチ　98
不真正連帯債務　18, **26**, 33, 60-, 93, 121, **124**, 157
不真正連帯債務の属性説　121, 124
負担部分　13, 14, 24, 28-32, 49-51, 64-66, 71, 121, 125-127, **234-238**, 241-243, 251-254, 266, 269-271
物上債務　52
物的有限責任　56
不等額連帯　28
不当な事務管理　152, 155, 159, 162, 165

-166
不当利得説　　67, 122, **128-129**
不当利得の補助性　　166, 168, 242-243
不当利得の類型論　　**20-21**, 38, 89, 134, **141-142**, 148, 163, 194
部分的因果関係　　66
不法原因給付　　61
フルーメ（Flume）　　206
分割責任論　　61
分別の利益　　48-49, 51, 241

[へ]

別個債務性　　132, 160-161
弁済による代位　　13, 23, 50-51, 86-88, **93-100**, 106, 122, 127-128, 232-233, **259**, 265, 270-273
弁済による代位説　　122, 127

[ほ]

報償責任　　69-71, 73, 75, 254-255
法的安定性　　17
法律擬制説　　97
法律行為上の譲渡義務　　155, 226, 230
法律上の債権移転説　　97
法律的根拠　　19, 88
保証部分　　66, 181
保証連帯　　48
本来的負担部分　　66

[め]

メディクス（Medicus）　　21, **154**, 160, 163, **223-232**, 246, 257, 259, 268, 271
免責請求権　　46, 232-233, 257

[ら]

ラーレンツ・カナリス（Larenz/Canaris）　　153, 208

[り]

リープ（Lieb）　　152, 208
両性的不当利得　　147

[れ]

連帯保証　　14, 17-18, 32, 34-35, **48**, 50, 79

[ろ]

ロイター・マルティネク（Reuter/Martinek）　　151
ローレンツ（Lorenz）　　151, 207

【著者紹介】

渡邊　力（わたなべ　つとむ）

1970年12月、香川県に生まれる。
1989年3月、大阪府立三国丘高等学校を卒業。その後，1990年4月、大阪大学法学部に入学、同大学大学院法学研究科修士課程を経て、2002年3月、名古屋大学大学院法学研究科博士後期課程を単位取得満期退学。摂南大学法学部専任講師を経て、現在、関西学院大学法学部専任講師。2005年3月、名古屋大学にて博士（法学）の学位を取得。

求償権の基本構造
──統一的求償制度の展望

関西学院大学研究叢書　第112編

2006年2月20日初版第一刷発行

著　者	渡邊　力
発　行　者	山本栄一
発　行　所	関西学院大学出版会
所　在　地	〒662-0891　兵庫県西宮市上ケ原一番町1-155
電　話	0798-53-5233
印　刷	協和印刷株式会社

©2006 Tsutomu Watanabe
Printed in Japan by Kwansei Gakuin University Press
ISBN 4-907654-82-0
乱丁・落丁本はお取り替えいたします。
http://www.kwansei.ac.jp/press